THE FINANCE WE LOVE

我们热爱的金融
重塑我们这个时代的中国金融

刘俏

机械工业出版社
CHINA MACHINE PRESS

人类历史上一次又一次的金融危机反复提醒我们，我们需要的并不是规模更大的金融，而是更好的金融。而判别一个金融是好是坏的标准在于它能否有效降低资金两端建立信任的成本，进而降低融资成本，提升金融中介效率。本书以金融发展的制度背景及历史沿革为基础，透过金融演进的视角，分析全球金融体系尤其是中国金融体系过去70年不断变迁背后的深层逻辑；并通过大量数据分析和实证证据，揭示出"没有形成给信贷、股票、政府信用、房地产及基础设施投融资等市场定价的锚"是中国金融体系最大的结构性问题。修复我们这个时代金融体系的断裂点，塑造高质量发展的新一代金融体系，要求我们转换金融发展思维，回归到金融演进的基本法则——建设能够有效降低金融中介成本的好金融。

北京市版权局著作权合同登记号：图字01-2019-6299

图书在版编目（CIP）数据

我们热爱的金融——重塑我们这个时代的中国金融／刘俏著. —北京：机械工业出版社，2019.11（2022.9重印）
ISBN 978-7-111-64351-7

Ⅰ.①我… Ⅱ.①刘… Ⅲ.①金融体系-研究-中国 Ⅳ.①F832.1

中国版本图书馆CIP数据核字（2019）第270032号

机械工业出版社（北京市百万庄大街22号　邮政编码100037）
策划编辑：朱鹤楼　赵　屹　　责任编辑：朱鹤楼　蔡欣欣　李新妞　刘洁
责任校对：李　伟　　　　　　版式设计：张文贵
责任印制：孙　炜
北京联兴盛业印刷股份有限公司印刷
2022年9月第1版·第4次印刷
169mm×239mm·22印张·3插页·334千字
标准书号：ISBN 978-7-111-64351-7
定价：88.00元

电话服务　　　　　　　　网络服务
客服电话：010-88361066　　机　工　官　网：www.cmpbook.com
　　　　　010-88379833　　机　工　官　博：weibo.com/cmp1952
　　　　　010-68326294　　金　书　　网：www.golden-book.com
封底无防伪标均为盗版　　　机工教育服务网：www.cmpedu.com

一棵树曾长在我的前额,
它向里生长,
根是静脉,
枝是神经,
而思想是它纠结的树叶。

——奥克塔维奥·帕斯(Octavio Paz)

序

> 明日永远新鲜如初，纤尘不染。(Tomorrow is always fresh, with no mistakes in it yet)。
>
> ——L. M. 蒙哥马利，《绿山墙上的安妮》

这本书的主题是中国金融的演进、演进背后的逻辑以及如何才能实现"中国好金融"。

经常在世界各地奔波的商务人士或是游客往往觉得各地新机场在建筑风格上很相似。从屋顶结构形式、内部功能区的设置到自然光的利用，整整一代新机场的设计都受到建筑大师诺曼·福斯特（Norman Foster）和伦佐·皮亚诺（Renzo Piano）及他们的模仿者或追随者的影响。[一]诺曼·福斯特认为这种相似性带来的熟悉感让经常旅行的人们感到轻松舒适。机场设计风格的相似性显然与金融中介模式的多元性形成反差极大的对比。**金融演进的终极目标是降低金融中介的成本，帮助实现一个美好的社会——旅客出入机场时需要的那种熟悉感恰是金融演进的大忌。万物生长，各自高贵。各个国家金融演进的底层逻辑并非一致，决定了全世界不会有一个统一的金融中介模型。制度基础设施、经济社会发展阶段、经济发展模式、科学技术水平和人力资本等因素决定着一个国家金融中介模式演进的方向**

[一] 诺曼·福斯特设计了香港赤腊角机场和北京首都机场第三航站楼；伦佐·皮亚诺设计了日本大阪关西国际机场。这些获奖建筑对机场航站楼的设计产生了深远影响。

和路径。

新中国成立至今,中国金融一直在演化变迁。计划经济时代,中国逐渐建立了高度集中的单一人民银行体系。改革开放40年来,中国金融高速发展,市场经济下的现代金融体系逐渐建立并成型。虽然,中国金融体系一直存在金融中介效率低、金融服务惠及性不足、金融体系结构不合理等痼疾;但是**短短40年间,中国金融广泛动员社会资本,为中国投资拉动的经济增长模式提供了大量资金,基本实现了"将储蓄转为投资,实现资金跨时间和空间交换"的金融本质**。

金融高速发展过程中,我们却逐渐形成了一个认知上的误区,总以为金融行业占GDP的比重越高越好、金融资产规模越大越好、金融机构数量越多越好,甚至金融中介的交易结构越复杂越好。在这种认知的引导下,中国金融业蓬勃发展,几乎各地政府都在建设金融中心,把提升金融业增加值的GDP占比作为重要的施政目标。刚刚出台的2019年上半年数据显示,上海和北京的金融业增加值的GDP占比都突破了19%。然而,金融业高歌猛进的同时,实体经济得到的金融支持并没有相应增加,金融中介的成本一直居高不下。

这其实是一个世界性的难题。数千年的金融演进中,金融中介方式越来越多元、金融产品和服务种类越来越丰富、金融创新的"科学技术含量"越来越充沛。然而,这一切并没有转化为更低的实体经济融资成本。金融中介的成本并没有随着金融大发展相应降下来,我把这一现象叫作"金融发展之谜"(The Puzzle of Financial Development)。**"金融发展之谜"的长期存在严重挑战着现有金融演进的底层逻辑,也挑战着现有的金融理论体系**。

金融无疑将继续演进。走向未来的中国金融如何在波诡云谲的大时代安置自己,回归到"坚定不移地降低金融中介成本"这个穿越岁月山河、旧时烟雨的朴素法则?哈耶克曾说:"在社会演化中,没有什么是不可避免的,使其成为不可避免的,是思想。"中国金融在继续演进的过程中需要新的金融发展思想,中国金融必须跳出"金融发展之谜"这样的陷阱——这是我们思考和建设金融的未来时必须严肃对待的问题。如果数千年的金融发展史能够给我们任何启示的话，那就是：当金融创新是由远远大于社会收益（Social Return）的私人收益（Private Return）驱动时，它们往往不带来社会价值。**降低金融中介成本的关键不是技术，而是技术背后能够定义美好和实现美好的人。技术从来不是答案，更可能是新的问题。**

我们这个时代正经历着一场大众对金融的信任危机。虽然大众对现有金融体系的指责甚至诋毁并非毫无依据，但缺乏对我们这个时代金融体系演进的底层逻辑的完整理解，无法在重要的实证事实面前形成共识，经常使本属理性的挑战变成情绪性的宣泄。承担起为金融辩护以及重新赢回公众信任的责任，要求我们改变过往的傲慢和冥顽不化，展现出强大的自我修正能力。而重新定义并塑造我们这个时代的金融的第一步，是打破原本封闭的金融思想和金融实践，回归到金融发展需要降低中介成本这个基本准则。当千千万万的个体在尝试建设我们热爱的金融时，中国金融的未来发展一定会留下不一样的轨迹。

科学研究的价值在于让人们意识到潜藏在复杂性后面的秩序和简单。一个狼奔豕突、碎片来不及整理的时代要在思想上留下印记，需要人们去研究并回答形成这个时代的第一性问题（first-order issues）。中国金融在演进过程中泛起的涟漪或是掀起的惊涛骇浪，需要一个严肃的科学研究者花费足够长的时间才能勉强消化其中十之二三。我一直希望学界、业界和政策界能对影响中国金融发展的第一性问题有更多的思考和辩论；我也想花些时间，把研究者们多年研究形成的重要问题和实证证据方面的共识整理出来，结合自己的思考提炼成便于理解和进一步研究的框架。作家托尼·莫里森（Toni Morrison）曾说过，"如果你想读一本还没被写出来的书，那么你一定是应该把这本书写出来的人。"这本书反映了这样的企图心。

是为序！

刘俏

2019 年 8 月 31 日于颐和园路 5 号

CONTENTS
目 录

序
图目录
表目录

导　言　好金融和坏金融 … 1
中国金融演进的逻辑 … 4
解析我们这个时代的中国金融 … 7
中国金融的未来 … 11
白蚁社会与建设好金融 … 16

第一章　我们面对的风险与收益的世界 … 19
被神圣化与被妖魔化的金融 … 21
从"发起并持有模式"到"发起并销售方式" … 25
好金融的本质是降低金融中介成本 … 28
杠杆是理解金融本质的关键 … 32
　　定义资本结构和杠杆率 … 33
　　什么决定合理的杠杆水平 … 36
金融发展与经济增长 … 38
　　学界观点 … 38
　　金融是怎样失去活力的 … 43

第二章　不断演进中的金融 … 47
亚历山大大帝与金融 … 48

金融的变迁	49
好金融的标准——降低金融中介成本	52
一个描述金融中介过程的基准模型	56
五组动态变化的交互决定金融中介模式	59
透过金融中介基准模型反思2008—2009年全球金融危机	63
2008—2009年全球金融危机	63
危机爆发的原因	65
反思2008—2009年全球金融危机	75
"明月直入，无心可猜"	77

第三章　我们这个时代的金融　　79

计划经济下的中国金融：1949—1978年	82
高度集中的单一人民银行体系的建立	82
计划经济时期的财政与金融	85
改革开放时期的中国金融：1978—1993年	87
中国经济发展道路	88
以人民银行为核心的金融体系的建立与发展	89
中国金融1.0版：1994至今	92
银行体系和非银行体系的变迁	92
金融管理体制的演进	96
宏观经济调控工具的变迁	98
我们这个时代金融的五个显著特点	100
好金融还是坏金融	112

第四章　金融发展之谜　　115

越来越大的中国金融	116
中国金融资产快速增长的原因	118
越来越不透明的中国金融	121
"金融发展之谜"	126
"金融发展之谜"的提出	126
中国金融发展并没有降低融资成本	128

金融发展与实体经济 133
　　金融资产规模与固定资本形成 133
　　金融发展与资源配置效率 135
中国语境下的好金融与坏金融 139
　　识别好金融与坏金融 140
　　好金融、坏金融与全要素生产率 143

第五章　泡沫金融 145

中国的货币超发了吗 147
高杠杆的形成和"麻将理论" 152
　　高杠杆问题的提出 152
　　"麻将理论" 154
低水平的投资资本收益率 155
金融资源的逆向流动 160
　　资本逆向流动之谜 161
　　谁是A？——中国金融资源的低效配置 162
　　中国资本逆向流动的原因 166
好杠杆和坏杠杆 167

第六章　A股市场距离好的资本市场有多远 171

乏善可陈的中国股市表现 173
中国资本市场的融资功能 175
中国资本市场价格发现的功能 177
　　"锚"在哪里 177
　　"母公司定价之谜" 179
　　R^2 181
　　对上市公司成长性的估值 183
　　中国认沽权证泡沫 185
透过"壳价值"看中国股票市场问题的根源 186
　　"壳"为什么有价值 187
　　"壳价值"有多大 191

建设好的股票市场	194
改革上市制度和退市制度是关键	196
不一样的上市公司	198
结语：哈耶克和中国股市	199

第七章　中国地方政府金融　　　　203

地方政府的"政绩锦标赛"	205
一个精心设计的制度	206
政府行为的政治周期性	207
地方政府金融概念的提出	208
地方政府债务问题的实质	214
是效率问题，不是规模问题	215
扭曲的地方政府债定价机制	215
一个中国城市的政府金融故事	217
中国地方经济、财政及金融动态综合一体化分析框架（CLEEF）	219
宁洲市资产负债表和财政收入支出表	221
结果讨论	224
地方政府信用评级	227
后续发展	229
建设好的地方政府金融体系	230

第八章　中国的影子银行和非正规金融体系　　　　233

影子银行的定义及其本质	235
如何量度影子银行规模	237
影子银行在中国的发展	239
中国影子银行规模迅速膨胀的原因	240
金融机构监管套利动机	241
金融体系和地方政府对周期性宏观政策和产业政策的回应	245
金融服务覆盖面不足，融资难、融资贵	246

中国影子银行带来了什么	248
高金融中介成本	249
金融系统的高风险	250
削弱货币政策的有效性	252
被阴影笼罩的影子银行业务	253
资管新规	254
影子银行的未来	255

第九章　重新塑造我们这个时代的金融　259

实体经济的断裂点	261
相对较低的投资资本收益率	261
收入分配不平等	262
人口老龄化	266
城市人口布局不合理	268
金融体系的断裂点	270
高杠杆及隐身其后的金融"过度发展"	270
衰退的企业资产负债表	272
金融资源低效配置	273
金融抑制背景下金融机构的道德风险	274
资产价格环节的断裂点——缺乏给资产定价的"锚"	275
宏观政策环节的断裂点——不断弱化的宏观政策边际效应	278
定义我们这个时代的中国金融	279
转变发展理念和经济增长模式，重新塑造中国经济微观基础	280
实行竞争中性原则，改变地方政府考核指标体系	282
为金融资产找到定价的"锚"，彻底实现资金的市场化配置	283
推动劳动力和土地配置的市场化改革	284
以REITs为抓手，为土地、房地产和基础设施寻找定价的"锚"	285
金融供给侧改革的其他举措	286

第十章　2035 年的中国金融　287

- 热力学第二定律和金融的演进　288
- 形成 2035 年中国金融的五个"必然"　289
  - 经济总量和金融资产规模的爆发式增长　290
  - 产业结构的巨大变迁　293
  - 来自需求端的剧烈变化　293
  - 信息技术和 AI 带来金融底层技术和中介模式的巨大变化　295
  - 金融思想的演进　297
- 建立信任比掌控信息更重要　301
  - 从一项学术研究说起　302
  - 解决问题的不是技术，而是信任　305
- 建设 2035 年中国好金融　308
- 结语：崭新的开始　312

后记　桃花依旧笑春风　313

致谢　319

参考文献　325

图目录

图 1-1	金融的本质	27
图 1-2	两种等价的金融中介模式比较	27
图 1-3	中、美两国金融业增加值的 GDP 占比（%），1952—2018 年	29
图 1-4	中国非金融部门杠杆率及其分布，2006—2018 年	35
图 2-1	金融演进模型	55
图 2-2	现代经济体系下的金融中介基准模型	57
图 2-3	危机前后金融机构的市值变化	64
图 2-4	标普/凯斯－席勒全美 10 城市房价指数和 20 城市房价指数：1987—2018 年	66
图 2-5	CDO（债务抵押证券）与原始抵押物信用评级比较（基于 3 912 个产品）	68
图 2-6	美国主要金融机构债务权益比，1993—2017 年	70
图 2-7	AAA 级 ABX 次级债交易指数，2006 年 3 月—2009 年 4 月	72
图 2-8	美国家庭收入分布，1913—2008 年	74
图 3-1	中国存量社会融资规模的结构分布（月度）	101
图 3-2	美国社会融资存量结构（年度）	102
图 3-3	中国金融业增加值与社会融资存量比例，2002—2018 年	105
图 3-4	中国小微企业贷款占比（月度）	107
图 3-5	中资大型、中型和小型银行资产占比	108
图 3-6	中国直接融资的结构分布	111
图 3-7	中国债务融资市场的结构	112
图 4-1	中国与美国金融资产与 GDP 的比例，2004—2018 年	117

图 4-2	中国各省（自治区，直辖市）金融业增加值的 GDP 占比，2017 年	121
图 4-3	美、德、英、法产生和维持单位金融资产的平均成本	127
图 4-4	不同类型银行提供信贷资产的成本	130
图 4-5	中国小微企业贷款余额结构（季度），2015—2018 年	131
图 4-6	省际层面金融业增加值的 GDP 占比与固定资本形成，2017 年	134
图 4-7	省际层面地方政府驱动金融与地方政府债，2000—2014 年	142
图 5-1	中国 GDP 与货币供给（M2），2000—2018 年	148
图 5-2	中国 GDP 与货币供给（M2）增速对比，2000—2018 年	148
图 5-3	世界五大经济体的经济规模与货币供给（万亿美元）	149
图 5-4	中国房地产投资规模与年增速，1999—2018 年	151
图 5-5	中国金融行业净利润占全部 A 股上市公司比重，2000—2018 年	152
图 5-6	全球主要国家金融业增加值的 GDP 占比，2018 年	154
图 5-7	中国 GDP 与上证指数对比，1999—2018 年	156
图 5-8	中国上市公司平均投资资本收益率（算术平均），1998—2018 年	157
图 5-9	中国上市公司加权平均投资资本收益率，1998—2018 年	158
图 5-10	社会融资增速（前瞻 4 个季度）和名义 GDP 增速，2003 年 3 月—2019 年 1 月	160
图 5-11	A 股主板市场上市的国有企业和民营企业投资资本收益率比较，1999—2018 年	163
图 5-12	中国新增信贷的流向，2010—2016 年	164
图 5-13	民营企业贷款余额与在各类人民币贷款中比例，2007—2018 年	165
图 5-14	上市国企和民企负债率比较，2002—2018 年	168
图 6-1	中国资本市场投资收益率，1990—2018 年	174
图 6-2	A 股市场融资总额和募集资金家数，2000—2018 年	176

图6-3	中国股市市场风险溢价（Rm-Rf），2002—2018年	178
图6-4	中国上市公司2016—2018年净资产收益率（ROE）直方图	190
图6-5	美国上市公司2016—2018年净资产收益率（ROE）直方图	190
图7-1	地方政府财政不充足程度与市委书记任期（按月计算）关系	209
图7-2	国有土地使用权出让收入与地方财政收入的比例，2010—2018年	210
图7-3	地方政府投资效率与债务水平	214
图7-4	中国地方经济、财政及金融动态综合一体化分析框架（CLEEF）	220
图7-5	宁洲市GDP，2008—2017年（基本情形）	222
图7-6	宁洲市资产负债表，2008—2017年	223
图7-7	宁洲市财政收入支出表，2008—2017年	223
图7-8	宁洲市政府未来净融资能力分析（基本情形）：2013—2017年	224
图7-9	CLEEF信用评级体系	228
图8-1	中国影子银行比重	236
图8-2	中国影子银行规模，2004—2018年	240
图8-3	中国的银行理财产品规模，2009—2018年	244
图8-4	不同银行理财产品规模占比（%）	244
图8-5	中国个人可投资金融资产总量	247
图8-6	贷款类信托产品预期年收益率与中长期贷款利率的对比	249
图9-1	多个数据来源显示中国的基尼系数在上升	264
图9-2	各国各收入人群实际收入平均增速，1978—2015年	265
图9-3	2010年中国城市人口规模合适度指数的分布情况	269
图9-4	中美非金融企业杠杆率对比（%）	273
图9-5	改革开放40年中国人均资本存量与高收入国家比较	281

表目录

表3-1　中国银行体系机构数量　　92

表3-2　中国非银行金融机构数量和资产规模　　95

表4-1　金融发展对城市层面资源配置效率和全要素生产率的影响　　138

表6-1　美国NASDAQ和中国创业板市盈率比较（2018年1月）　　184

表6-2　美国股票市场和中国A股市场市值最高的10家企业（2019年6月30日）　　198

表7-1　地方债与国债利率的差异：2014年6—9月　　216

表9-1　中国人口结构与预测　　267

表10-1　中国人均国内生产总值预测　　291

表10-2　金融中介成本与信任之间的关系　　304

导言 好金融和坏金融

这层出不穷的多样生活,与我若即若离,让我沉迷又厌恶。

——F. S. 菲兹杰拉德,《了不起的盖茨比》

我一直对金融有特殊的情结。从 1991 年本科毕业考入中国人民银行研究生部（现在叫清华大学五道口金融学院）算起，兜兜转转 28 年，一直没有离开金融领域，金融是我得以安身立命的专业。我这个年龄段的人运气确实不坏，有幸见证、经历了中国金融发展史上最激动人心的一个时代。28 年间，中国按 GDP 衡量的经济总量从 1991 年的 2.2 万亿元增加到 2018 年的 90 万亿元；按 M2 衡量的广义货币供给从 1.9 万亿元激增到 2018 年底的 182.7 万亿元；A 股上市公司的数量从 1990 年 12 月 19 日上海证券交易所首日开业的 30 家上升到今天的 3 600 多家；金融行业的增加值⊖从 1991 年的区区 1 188 亿元增长到 2018 年的 6.9 万亿元；此外，中国金融业增加值的 GDP 占比在 2014 年就已经超过 20 世纪掌握全球金融霸权的美国，在严防系统性金融风险和金融机构去杠杆的大背景下，中国金融业增加值占 GDP 的比例虽然在 2018 年下降到 7.7%，仍然超过同期美国的 7.5%，更是远远超过英国的 6.2% 和德国的 3.3%；2019 年《银行家》杂志（*The Banker*）发布的全球前 1 000 家银行排行榜中，136 家来自中国的银行赫然在列，中国工商银行、中国建设银行、中国银行和中国农业银行雄踞排行榜前四名……

⊖ 金融行业增加值即金融行业创造的 GDP。

导言
好金融和坏金融

不论是在人流如织的北京金融街和国贸 CBD、熙熙攘攘的上海陆家嘴、空间压迫但高效有序的香港中环和金钟，还是传统的全球金融中心纽约和伦敦，形形色色的金融机构是这个时代最优秀的年轻人们心仪的工作场所。一代又一代的精英们，在沃伦·巴菲特（Warren Buffett）、瑞·达利欧（Ray Dalio）、詹姆斯·西蒙斯（James Simons）等投资界传奇或是亨利·保尔森（Hank Paulson）、吉米·戴蒙（Jamie Dimon）、劳尔德·贝兰克梵（Lloyd Blankfein）等展现杰出领导才华的银行家的感召下，成群结队进入金融世界。2008 年，哈佛大学 28% 的本科毕业生选择进入金融行业，而这个数字在 1969—1973 年间只是 6%（Goldin 和 Katz，2008）。斯坦福的 MBA 毕业生如果在 20 世纪 90 年代选择进入金融行业，那么截至 2008 年他们会比在其他行业任职的同学多挣三倍多的钱（Oyer，2008）。中国的情况更是不遑多让。粗略估计中国有 800 万金融从业人员⊖，创造了 8% 左右的 GDP；剩下的大约 8 亿的各行各业从业人员贡献了剩余 92% 的 GDP。金融行业的人均产出大约是其他行业人均产生的 9 倍——这也轻易解释了金融行业的高工资和高福利。**金融制造梦想，也让梦想得以实现。**

几乎在任何文化中，金融其实都有两张脸——在被公众追捧的同时，却拥有并不那么光鲜亮丽的社会形象。金融的公众形象在 2008—2009 年全球金融危机之后降到了历史低点。一个汇聚了全世界最聪明头脑的行业，居然受困于行业"内生出来"的各类高深莫测的产品、服务、交易结构、创新金融思维等所带来的满地鸡毛，几乎拖垮了全球金融体系乃至全球经济。全球经济仍在艰难地从 2008—2009 年金融危机的泥沼中走出来，关于金融的叙事也在发生变化。类似"占领华尔街"这样的运动在纽约、伦敦等地风起云涌，金融似乎失去了往日的荣光，不再光鲜亮丽。"**真相像诗一样，但大部分人都很讨厌诗！**"⊖

关于中国的金融叙事却大不相同。中国于 2008 年开启了金融飞速发展

⊖ 当然，这 800 万人包括大量的保险经纪、银行柜员、金融机构客服、理财产品销售等。真正从事"发起并销售"的投行业务的从业人员不超过 50 万人。

⊖ 电影《大空头》中一句台词。

的阶段：11年间，金融行业的增加值从2008年的1.83万亿元增加到2018年的6.90万亿元，年均增速达到12.8%；中国非金融部门的债务占GDP的比例（即宏观杠杆率）从2008年的142%增长到254%，增加了相当于1.12倍GDP的各类债务；中国的影子银行业务更是蓬勃发展，其规模从2008年的3.6万亿元上升到2018年的61.3万亿元；在2017年，中国内地的31个省、自治区和直辖市中只有湖南和吉林两个省金融行业增加值不到GDP的5%，这意味着至2017年，金融业已经成为中国29个省、自治区或是直辖市的支柱行业；2019年上半年，金融行业GDP占比在上海和北京都超过了19%，五块钱的GDP里面有近一块钱是由金融行业贡献的……

中国金融大发展的同时，实体经济似乎并未明显受益其中。中、小、微企业融资难、融资贵的问题依然存在，甚至有加剧之势；贡献了中国60%的GDP和80%就业机会的民营经济到2018年年底的银行信贷余额只占到银行信贷余额总数的25%；伴随着金融大发展，中国金融中介的成本却一直居高不下，而且系统性金融风险在不断积聚。进入2018年后，上市公司质押股票爆仓、P2P暴雷带来的更是满地狼藉。

1949年后，中国金融经历了几轮巨大的变革，这些金融变革背后的逻辑是什么？金融演进的方向和"最优路径"在哪里？什么样的金融算是好金融？判别金融好或坏的标准是什么？中国金融体系最大的结构性问题是什么？如何修补我们这个时代中国金融体系的断裂点，从而更好地建设"好"的中国金融？什么样的金融能够促成中国的高质量发展？2035年，初步实现了经济社会现代化的中国将拥有什么样的金融？……

我将在本书回答这些问题。

中国金融演进的逻辑

金融的本质是中介（intermediation），是以简单、直接、有效的方式将储蓄转为投资，实现资金跨时间和跨空间的交换。○我在本书第一章中指出，人类社会有记载的金融历史可以追溯到7 000多年前。人类文明上下

㊀ 在本书中金融和金融中介是一个意思。

七千年，金融中介的形式变化万千，无论是商品货币时代还是信用货币时代，也无论是采用传统商业银行的"发起并持有模式"（originate and hold）还是证券化时代投资银行的"发起并销售模式"（originate and distribute），金融把处于不同空间和时间维度上的资金多余方和资金需求方连接起来这个本质从来没有改变过。

经济社会发展提供了大量的实证证据，表明金融发展是有助于经济增长的。新古典经济学的理论也用大量完美的模型证明，只要金融中介能够实现资金合理、有效的配置，更多的金融有利于更快的经济增长。然而，现实世界远非完美。金融中介过程需要降低资金供需两端因为信息不对称、道德风险或是其他原因所带来的"建立信任的成本"。**人类历史上一次又一次的金融危机反复提醒我们，我们需要的并不是规模更大的金融，而是更好的金融，而判别金融是好是坏的标准在于它能否有效降低金融中介的成本。**

金融是不断演进的。我在本书第二章的图2-1提出了一个描绘金融演进的分析框架。**图2-1是本书最重要的理论基础之一。**我是用进化的角度分析金融尤其是中国金融的演进的。漫长的金融演进史，一个国家所处的发展阶段、经济增长模式、宗教、文化社会习俗、法制传统、科学技术水平及支撑创造经济社会活动的知识和思想体系等**金融基础设施**，决定金融中介提供什么样的产品和服务、采取什么样的中介流程和操作以及通过什么样的组织形式来进行资金的融通；金融中介模式最终决定一个国家的金融体系能否降低融资的成本，成为我所强调的好金融。金融演进过程当然不是单向和被动的，这里面包括了一个积极的反馈机制（Proactive Feedback Mechanism）：金融中介过程中产生的任何关于中介结果、中介模式或是金融基础设施等方面的反馈，都将以程度不一的方式返回去影响金融基础设施或是金融中介模式的变化，最终导致一个新的、不同的结果的出现。当这个结果对应着更低的金融中介成本时，金融的演进就朝"好金融"的方向迈出了坚实一步。

本书第三章中运用图2-1提出的框架分析1949年开始的中国金融的演进。以1953年国民经济第一个"五年计划"实施为标志，志在完成工业化进程的中国实行计划经济。在资本极度匮乏且与国际金融体系完全隔绝的情况下,中国需要一个能够广泛动员社会资金,集中金融资源聚焦基础设施、重工业和大项目的金融体系。于是,高度集中的单一人民银行体系逐渐演进成型。在这个体系里,中国人民银行既是集中统一经营全国金融业务的经济组织,又是国家金融管理和货币发行的机构。虽然中间经历过多轮起伏,这种集中、垂直管理的架构一直延续到1978年中国开启改革开放。**大一统的人民银行体系,体现了国家对金融的绝对控制,有利于国家集中相对稀缺的资金全力支持国家发展战略确定的重大发展领域,利用信贷杠杆推进工业化进程。**但是这种体系下,国家意志主导经济发展和金融的演进,个人信用和商业信用基本被国家信用所取代,金融实质上是变相的财政。采用更为严格的表述,中国在这个阶段其实没有真正的金融。

1978年开始的改革开放开启了中国在现代经济体系下以中国人民银行为核心的现代金融体制的建立过程。这个阶段,影响和形成中国金融中介模式的最重要的因素是强调国家战略和市场经济相结合的中国发展模式。中国发展模式有几个突出的特点:①通过政府对改革与开放的顶层设计,同时激发自下向上的个体或是机构活力,中国庞大的人口和全球化市场使得制造业能快速崛起并扩张,涵盖诸多领域的制造业集群不断涌现——这一切使得大规模生产和产业的崛起成为可能;②积极参加全球产业链的分工布局,在这个过程中顽强地从价值链的低端向中、高端挺进;③从20世纪90年代中后期起,中国改革和经济发展的中心逐渐转向城市和国有企业,城镇化进程开始提速,基础设施建设和房地产投资逐渐成为经济增长的主要动能,以土地、房地产和基础设施为抵押的信用扩张带动了相关领域及其上下游投资的大幅上升,极大地推进了金融的发展,反映为金融资产规模和金融业GDP的迅速增长;④持续的制度创新和相对稳定的宏观经济社会环境有助于经济发展。

中国发展模式本身的特点和中国经济的阶段性特征,再加上中国改革开放期间特有的制度环境,大体上决定了我们这个时代的中国金融所采用的中介模式。1978年至今,中国金融体制改革和金融体系的建设为中国金融带来天翻地覆的变化。中国的银行体系和非银行体系、金融市场、金融管理体制、宏观经济调控工具、与国际金融市场的交互关系等经历了巨大的变革，林林总总的金融创新不断涌现，快速发展，逐渐成型。经过40年的变迁，具有清晰特色和阶段性特点的中国金融体系1.0版基本建立成型（见第三章）。在这一过程中，中国金融展现出强大的聚集社会资金投向经济建设的能力，为中国经济发展做出巨大贡献；与此同时，中国金融也呈现出中介效率不高（如融资难、融资贵）、金融服务覆盖面不足（如大量的中小微企业和个人家庭的金融服务需求得不到满足）和金融结构不合理（如直接融资不足、过分倚重银行体系提供的信贷）等问题。

客观评价改革开放起中国金融40余年的变迁，我们必须透过更长的时间维度，必须回归到金融演进的基本逻辑。需要指出，**我们这个时代的金融在经过了40年的高速发展之后，还没有形成给信贷市场、资本市场、房地产市场、基础设施投融资等市场定价的"锚"，这是中国金融体系1.0版最大的问题**。没有市场化的"定价机制"，金融体系无法顺利履行"价格发现"的功能，并以此为基础引导资源有效配置。在这种背景下，金融的快速发展不仅没有形成对实体经济更有效的支持，反而带来宏观杠杆率不断攀升、杠杆结构不合理、金融中介链条过长、融资成本居高不下以及系统性金融风险汇聚等危及中国经济社会可持续健康发展的断裂点。在中国经济从高速增长向高质量发展的转型过程中，中国金融必须对上述金融中介过程中已经出现、正在固化的断裂点做出积极的回应。

必须指出，**进化并不一定意味着升级，如果不能有效降低金融中介的成本，任何形式的金融演进都毫无意义**。

解析我们这个时代的中国金融

我们这个时代的金融为什么没有带来我们期待的理想结果？

第二章图2-2提出了一个描述金融中介过程的基准模型，它是本书另外一个重要的理论基础。图2-2指出了影响金融中介能否最终降低中介成本的五个重要维度：实体经济、金融系统、宏观政策、国际资金流动和资产定价。任何形式的金融中介活动都是通过这五个维度内部、彼此之间错综复杂的交互关系来完成的。实体经济的表现会影响到金融体系的健康；

金融体系向实体经济注入的信用量、金融市场流动性和金融资产价格等变化深刻地影响实体经济活动；政府的货币政策、财政政策和汇率政策会影响金融体系和实体经济的运行；金融市场上资金的流动在一定条件下会加剧金融体系和实体经济的波动性和脆弱性；资产价格的大幅变动，如Kiyotaki和Moore（1997）的模型所示，会通过实体经济的放大作用反过来影响金融体系的稳定。当上述五个维度有任何一个或是若干个遽然出现不利的变化时，正常经济活动和金融中介过程就可能受阻，严重时会触发金融危机或是经济危机。

金融的演进没有现成的地图可以依赖。我们这个时代的金融经过了一轮又一轮的创新、发展、恐慌、崩溃才成为今天的模样。对图2-2提出的五个维度的深度分析可以帮助我们正确理解我们这个时代的金融，包括它所取得的伟大成就以及本身的局限性。

本书第四章提供了大量的实证证据显示金融演进并没有带来更低的金融中介成本。这一现象普遍存在于世界各国金融体系，近些年尤甚。过去70年，人们对风险与收益之间的关系、金融资产价格的形成机制及背后的底层逻辑、最优杠杆率水平及其决定因素、金融机构普遍存在的道德风险问题、周期性金融危机爆发原因等都有了更深刻的理解；与此同时，信息技术革命和全球化的推进带来了层出不穷的金融创新和金融业大发展的机会。然而，这一切并没有转化成更低的金融中介成本，尤其是在中国。我把这一个有关金融发展的谜团称为"金融发展之谜"。"金融发展之谜"的长期存在严重挑战着现有金融体系演进的底层逻辑，也挑战着我们现有的金融理论体系。

通过图2-2提供的理论框架，我分析了我们这个时代的金融迷失方向、逐渐失去活力的根本原因所在。这里面有我们在金融发展上的思维误区，受"金融深化理论"的影响，一直以来，政策界和学术界形成一个认知，认为金融资产的规模越大越好，金融机构的数量越多越好，金融机构越大越好。然而，正如我在第四章中所分析的，**如果金融资产主要由大量投向投资资本收益率（ROIC）很低的部门的债务构成，这样的金融发展反而会遏制资源配置效率的提高。**

我在第四章尝试着把金融资产分解为地方政府驱动的部分和市场驱动的部分。我提供大量的实证证据显示，在中国现阶段，地方政府所驱动的金融资产（主要反映为地方政府和地方国企的债务）的增长不但不能提高资源配置的效率和全要素生产率，反而恶化了地方资源配置失效的程度、降低了全要素生产率的水平；市场驱动的金融资产增长促进资源配置效率和全要素生产率的提高。**在中国经济面临从高速增长向高质量发展转型的关键时期，市场驱动的金融更能提高经济增长的质量。**

凡是钱扎堆的地方，必然会有泡沫。本书第五章用大量的数据和实证分析显示，**实体经济的低投资资本收益率和金融体系的低效资源配置合力推动了"泡沫金融"**（bubblish finance）**在中国的出现**。泡沫金融在中国主要反映为居高不下的宏观杠杆率和极不合理的杠杆结构。前者反映为非金融部门债务的大幅上升，尤其是在2008—2009全球金融危机之后。后者反映为非金融企业的杠杆率太高以及地方政府和家庭的杠杆率上升太快。实体经济的低投资资本收益率导致了高杠杆的出现，杠杆居高不下加重实体经济的负担，进一步恶化实体经济的投资资本收益率，这种负向反馈机制导致中国金融中介效率进一步恶化。

股票市场是中国金融体系的重要组成部分。如图2-2所示，股市价格大幅波动不仅危及金融体系的稳定，也给实体经济带来巨大的伤害。第六章聚焦中国股票市场的两大功能：融资和价格发现，并提供大量的实证证据显示A股市场和好的股票市场距离甚远，其主要原因在于A股市场缺乏好的上市公司。**没有一大批具有高投资资本收益率的上市公司作为市场的压舱石，股市就像经济学家凯恩斯在《通论》中所说的，"只是实体部分的穿插表演（sideshow）"**，难以成为中国经济大舞台的一出大戏。我在第六章分析了A股市场缺乏好上市公司的底层原因——脆弱的资本市场制度基础设施。建设好的股票市场，要求中国加快推行股票发行制度和退市制度的改革，加强以信息披露为核心的公司治理改革，大力提高机构投资者的能力和对市场定价的影响力。

地方政府在中国经济生活中扮演重要角色。地方政府积极参与经济生活是中国发展模式的一个突出特点。从金融中介的角度分析，中国的地方政府对资金的供需两端都有重大影响。就资金的供给端而言，地方政府出售土地使用权，促进了房地产市场和基础设施投资的大幅上升，围绕房地产和基础设施的信贷为实体经济注入大量的信用量，拉动了中国经济的快速增长，而土地、房地产和基础设施的货币化、资本化，也推动了中国金融资产规模的迅速提升；在资金的需求端，地方政府通过直接举债获取资金。最近10年，地方政府债务快速上升已经成为中国金融最大的风险点之一。本书第七章用大量数据和实证分析显示：（1）中国地方政府对中国金融体系的演进有非常大的影响；（2）**中国地方政府债务问题不是规模问题，而是效率问题。为此，本书第七章建议围绕"给地方政府编制资产负债表和财政收入支出表"来重新构建中国的地方政府金融体系**。我在第七章详细讨论如何建设好的中国地方政府金融，并介绍了我们在中国南方某市试点调研的情况。我们的试点经验显示，建立中国地方政府金融体系的根本出发点和基本原则，并不是一味用"堵"的方法去限制规模，而是通过形成与地方风险相匹配的地方债定价机制，借助市场力量确定合理的地方债务水平，进而提高地方债务的使用效率和地方经济发展的质量。

中国金融演进近10年出现的一个突出现象是影子银行的快速崛起。2016年高峰时期，中国影子银行的资金规模达到GDP的86.7%。以银行为代表的金融机构的监管套利、金融机构和地方政府对周期性宏观政策和产业政策的"理性"回应以及金融体系本身存在的融资难、融资贵和金融服务的可获得性（access to finance）不足等原因合在一起，推动了影子银行业务在中国的蓬勃发展。影子银行业务本身固有的信用、流动性和期限错配等特性增加了金融体系的系统风险，给宏观经济政策的传导和执行带来大量困扰；此外，虽然有存在的合理性，但是中国的影子银行业务存在资金层层嵌套、中介链条任意拉长、底层资产不透明等严重问题，背离了"明月直入，无心可猜"的好金融本质，大大提高了金融中介的成本（详见第八章）。

中国经济增长由高速转向中高速，结构优化重点转到高质量发展方向。这个过程中，中国金融体系改革滞后于经济发展提出的要求。具体体现为：信贷投放的标准、流程、定价与风险防范等没有及时调整更新到位；不同种类银行机构的功能定位与普惠金融作用发挥还不够协调以及金融服务能力总体不足等方面。但是金融体系的问题并不仅仅局限在金融体系。回到图2-2提供的分析框架，中国金融中介在实体经济、金融体系、宏观政策、跨境资金流动和资产价格这五个维度存在一系列断裂点。这些断裂点的存在和不断发酵在很大程度上解释了为什么中国金融的演进并没有导致一个好金融的出现。**因此建设中国好金融必须从修补断裂点、夯实这五个维度内部及彼此之间的连接链条开始**。第九章在大量数据分析的基础上，指出影响中国金融成为好金融的十大断裂点，具体是：低投资资本收益率、收入分配不平等、人口老龄化、城市人口布局不合理、高杠杆及隐身其后的"金融过度发展"、衰退的企业资产负债表、金融资源的低效配置、金融抑制背景下金融机构的道德风险、缺乏给资产定价的"锚"以及宏观政策边际效应的不断弱化。"没有比正确地回答了错误的问题更危险的事情。"（德鲁克）。定义并建设中国好金融的出发点，就在于甄别这些影响中国金融成为"好金融"的第一性问题，并通过供给侧改革解决问题。我在第九章提出了相应的政策建议。

中国金融的未来

中国金融的未来会更好吗？金融无疑将继续演进。但是，除了形式上的精彩纷呈、概念上的推陈出新、思想上的天马行空和实践上的大开大阖，走向未来的金融能否破解"金融发展之谜"？怎样才能让未来的金融演进不再是一个"熵增"的过程？金融世界里汇聚了这个世界最聪明的头脑，金融领域的各类创新更是层出不穷，为什么作为衡量好金融的最重要指标——金融中介成本——却固执地保持在一个非常高的水平上呢？金融发展除了给金融行业带来远超出市场竞争所能容忍的高利润之外，它的社会价值和更大的意义在哪里？

带着这些问题回到图2-1提出的关于金融演进的分析框架。以2035年为时间节点倒推，未来16年，中国的金融基础设施，包括物理意义上和制度层面的基础设施，必将发生天翻地覆的变化。我在第十章中指出了未来将出现的五个"必然"（inevitables）。这五大趋势在图2-1所描述的积极反馈机制（proactive feedback mechanism）的作用下，将帮助形成2035年的中国金融；对这五个"必然"积极和正面的回应，很大程度上将决定2035年的中国金融是否能成为我们热爱的金融。

第一，中国的经济总量和金融资产规模还将迎来爆发式的增长。我估测至2035年，中国的GDP总量按2018年不变价计算将达到210万亿元，在2018年90万亿元的基础上增加133%。而中国金融资产的规模，即使保守估算，也将从2018年的351万亿元增加到2035年的840万亿元（按2018年价格）。① 中国金融的发展还有非常开阔的空间。但是，这一轮的中国金融演进能够破解困扰全世界各个国家的"金融发展之谜"吗？

第二，中国也将迎来产业结构的巨大变迁。中国未来增长的引擎将从投资拉动转向消费驱动，增长动能也将从要素投入转向全要素生产率。宏观经济趋势正在重新塑造中国的产业结构。服务业的GDP占比在2035年将可能超过65%，远远超过第二产业；伴随着产业结构的变迁，中国的劳动力市场也将出现结构性的变化，例如，现在农业就业人口占中国总劳动力人口的27%，未来16年，至少有20%的就业人口将从农业转向第二产业和服务业，而第二产业和第三产业内部也将发生大量的劳动力重新配置。这一切对2035年的中国金融将产生深刻的影响。

第三，中国金融服务的需求端将发生巨大的变化。主要反映在两个方面：一方面，人口结构和人口质量将与现在大不相同；另一方面，消费和消费结构的变迁将改变中国经济的需求端，进而深刻改变金融服务的需求端。关于前者，2035年中国人口老龄化程度将急剧恶化，65岁以上人口将占到中国总人口的23.29%以上，达到3.35亿人；但是另一方面，2035年中国在1990年后出生的人大约为4.7亿~5.0亿，其中有一半的人受过高等教育，而中国受过高等教育的总人数将达到3.2亿，其中约有2.5亿~2.7亿人仍为就业人口，中国劳动力质量将发生巨大改变。就后者而言，2035年，中国的居民消费占GDP的比重将从目前的38%增加到58%；其

---

① 具体分析参见本书第十章。

中,服务消费占比将由目前的 44.2% 上升至 60%。这意味着中国居民消费在 2035 年将达到 122 万亿元之巨,其中服务消费总额也将达到 73 万亿元。㊀人口和消费的变化将极大地改变金融服务的需求端。

第四,信息技术和 AI 带来金融底层技术和中介模式的巨大变化。随着移动互联网的普及,包括电子商务、云计算、移动支付、区块链等在内的数字化工具的不断崛起,大数据和人工智能等技术的发展,物联网的出现和发展,数字科技将全面参与金融中介活动。信息革命在对金融市场、金融机构或是金融产品和服务的提供方式产生重大影响的同时,也将带来新的风险,挑战现有基于传统金融中介模式构建的金融理论。

第五,金融新思想的涌现。金融的演进过程中,我们已经看到莫迪里安尼 – 米勒定理(MM 定理)如何指导企业甚至政府的融资决策,尤金·法玛(Eugene Fama)的"市场有效性假说"怎样催生出规模巨大的指数基金市场,布莱克-斯科尔斯期权定价模型(Black-Scholes Model)对金融衍生品市场发展的重大影响……迎面而来的鲜活的金融实践将为新的金融思想和理论的涌现提供土壤;而新的金融思想一旦形成,将以极大的力量引领现实世界中的金融实践和创新。未来的金融新思想可能源自数字货币的实践。脸书拟发行的加密货币 Libra 严重挑战现有的信用货币创造理论,甚至可能改变货币的定义;央行直接发行数字货币则可能彻底改变商业银行在货币创造中的作用,甚至威胁到商业银行存在的合理性。类似的理论创新的可能性将随着实践接踵而来,冲击我们对金融的认知,改变未来金融中介的方式。

中国未来的金融演进能够跳出"金融发展之谜"这个陷阱吗?在我的整个职业生涯中,我一直受到哈罗德·德姆塞茨以及和他同时代的那些杰出的市场研究者和捍卫者学术思想的影响。**市场竞争或许是提高效率最有效的途径**(approach)。我们这个时代的金融体系太大、太臃肿、太不透明。我们需要更多的"行业闯入者"——他们更可能对现实生活中各式各

㊀ 预测数字来自北京大学光华管理学院《2035 远景目标和长期展望报告》。

样的金融服务需求做出回应。我们需要更多的"进入新市场的竞争"（competition for the market），而不仅仅是"市场内竞争"（competition in the market）。**如果未来的金融演进能够破解"金融发展之谜"，我更愿意把希望放在那些"幼稚甚至笨拙，但是本意真诚"的成长中的新进入者（new entrants）身上。**

当然，笃信科技革命的技术主义者相信大数据、物联网、区块链、人工智能，甚至数字货币等的力量。但是，我们有足够的信心相信历史不会重演。这一轮的金融演进仅仅只是反映了那些由私人回报来驱动的（过度）金融创新吗？这一轮的金融演进会不会带来金融系统的"熵值"的增加？未来的科技巨头在全面进入金融领域后，我们靠什么确保它们不会成为阻碍市场竞争的新金融寡头？**技术是答案，还是新的问题？**

在电影《大空头》（*The Big Short*）中，布拉德·皮特饰演的数据分析极客本·瑞科特（Ben Rickert）对他的合伙人说，"如果我们这次对于次级债的判断是正确的，那意味着很多人将失去住房，失去工作，失去为退休准备的储蓄，失去养老金。你知道我为什么如此憎恨投行吗？——他们将活生生的人抽象并矮化为数据！让我告诉你一个数据——美国的失业率上升一个百分点，就会有 40 000 个人死去，你知道吗？"

类似大数据和人工智能这样的科学技术突破可以极大地消除信息不对称，**但是降低金融中介成本的关键在于降低资金两端建立信任的成本。**技术能够解决信任问题吗？未来的金融创新能否回归到"降低建立信任的成本"这一基本法则？怎样才能有效促进信任的建立呢？

除了有为政府和有效市场之外，我们还有别的途径解决面临的问题吗？我们如何恢复这个时代正在迅速流失的对市场、政府、全球化、技术进步等曾经有过的"信任感"？前国际货币基金首席经济学家和印度中央银行行长，芝加哥大学金融学教授拉古拉迈·拉詹（Raghuram G. Rajan）在 2019 年 2 月出版了他的新书《第三支柱》（*The Third Pillar：how markets and the state leave the community behind*），对以上问题做出了深刻的思考。一个人出生、成长、生活和工作的社区赋予他或她对身份的清晰认知、自尊、强烈的归属感和认同感以及对生活意义的珍视。除国家和市场之外，社区是另一个重要的社会基石。拉詹认为，一个能够实现可持续发展和包容性成长的社会，需要在充满活力的市场竞争、诚实有效的政府以及健康的社区之间找到一个有效的平衡。然而，经济高速增长、全国性市场甚至全球市场的崛起、收入分配不平等、政府强力进入经济活动等严重削弱了社区的重要性。最近20多年，信息科学革命、高歌猛进的全球化、人和资本的自由流动等更是使得传统社区在经济社会生活中曾经扮演的积极作用日益式微。社区的衰落带来价值观的迷失、怨憎之气的弥漫、民粹情绪的复燃，当然还包括"信任"的丧失。怎样恢复"社区"这个重要的"第三支柱"曾经有过的活力是每一个政策制定者需要去严肃思考和面对的重要问题。

因而恢复"社区"曾经有过的活力、建立更有效的归属感，是"降低建立信任的成本"的有效路径之一。我和邓家品、汪小圈今年联合完成的一项研究显示，在中国现阶段，文化割裂程度更高的地方其金融中介的成本也更高。我们用一个地区方言的数量来衡量当地的文化割裂程度——不同的亚文化导致了"信任"的缺乏，进而增加金融中介的成本。[一] 如果文化、宗教信仰、社会习俗等能够在经济活动之上进一步增强社区的凝聚力，那么恢复了活力的社区是能够降低"建立信任的成本"的。这对我们这个时代的金融意味着什么？金融未来的演进怎样与"重振社区"这样一个挑战结合起来？更进一步，在全球化和移动互联网的时代，我们是否需要重新定义"社区"？我们又能通过什么样的方式增强人们对"社区"的认同感和归属感？

建设未来的好金融，我们最大的困惑不是不知道要去哪，而是不知道怎样才能到达那里。十分遗憾，在讨论金融的未来时，我甚至没有可以叫作答案的东西，我只是小心翼翼地指出我们需要认真回答的那些第一性的问题。

[一] Deng，Liu 和 Wang（2019）。我在本书第十章将详细讨论这篇文章及其政策含义。

白蚁社会与建设好金融

经济学家在研究经济系统（包括金融体系）的演进时往往从生物界找到灵感。南非学者尤金·马拉斯（Eugene Marais）早在20世纪30年代就出版了《白蚁的灵魂》（*The Soul of the White Ant*）一书，对非洲白蚁的群居生活进行了细致入微的描述。该书于2009年由纽约大学出版社再版后，再度引起了学界关注，给社会科学研究者包括金融经济学家以极大的启示。（Roll，2012）

马拉斯注意到非洲白蚁总是把蚁窝打扫得干干净净，特别是当蚁巢洞口有草叶或是泥土时，大批白蚁会立刻出现，努力把它们移走，以保持洞口的清洁。马拉斯一直好奇白蚁是通过什么样的方式移走草叶的？有一次，他故意放置了一些草叶在蚁巢洞口，果不其然，大批白蚁出现在洞口，每只白蚁都抓住草叶往外拖。令人惊讶的是，这种努力往往杂乱无章，草叶的每一边都有大量白蚁努力地把草叶往后拖，处于不同位置的白蚁似乎陷入了混乱的拉锯战——看不到任何组织和协调，也观察不到什么策略与逻辑；一片草叶可能被拉到蚁巢的一端，接着又被拉回到另外一端，甚至循环反复。经过长时间观察后，马拉斯发现每只白蚁拖草叶的方向都是绝对随机的。当马拉斯用镊子把白蚁拔拉到一边，白蚁会立即返回，换个角度继续拖草叶。既然毫无协调且杂乱无章，那么草叶究竟是怎样被拖开的呢？长时间观察后，马拉斯给出了他的解释，白蚁们遵循一个非常简单的行为准则：只要蚁巢里有草叶，就抓住草叶开始往外拖。当所有的白蚁都遵循这一行动原则时，草叶迟早会被拖走。

人们常常感叹白蚁部落复杂的社会分工与协作带来的清洁和有序，把白蚁部落理解成具有高度智力的社会组织。事实上，白蚁部落的每一个成员只是在遵循一个非常简单甚至不那么理性的行为模式。然而，只要它们的行为中包含有一丝理性，当有大量的白蚁在工作时，它们略显偏执、毫无效率的努力最终将促成一个美好结果的出现——清洁的蚁窝。马拉斯对非洲白蚁的研究给研究者们一个启示：**要得到好的结果，其实并不需要复杂高深的逻辑和理论，只需要参与者们遵循一个简单、但带有一点理性的**

行为准则。对于白蚁,这或许来自基因;对于人类,简单的行事准则来自文化信仰、社会习俗、教育或许还包括对人类苦难不可遏制的同情心。

这个例子基本反映了我对金融演进的看法。**我们无法用仔细的规划、精心设计的激励机制来确保未来金融的进化能够带来我们期待的结果。我们能做到的是将历来封闭的金融体系打开,鼓励新的进入者,鼓励市场竞争,鼓励新的尝试**,只要金融中介服务的提供者们、金融监管者们和金融思想的创造者们能像非洲白蚁一样遵循简单的行事准则——把建立信任的成本降下来——那么,在千千万万带有一线理性的尝试中,我们或许能迎来一个不一样的金融。

第一章 我们面对的风险与收益的世界

人类其实就只有那么两三个故事,但它们每次都以不同的面目在重复着,好像之前从未发生过似的。这好比乡间的云雀,千百年来反复吟唱的都是那五个音调。

——薇拉·凯瑟,《哦,拓荒者》(Willa Cather, *O Pioneers*)

发生在我们身边的金融故事应该就属于人类的那两三个故事中的一个吧。金融出现在人类最早的文明之中，其历史至少可以追溯到七千多年前的古西亚时期，当时人们使用的楔形文字后来被普遍认为是用来记账的。金融在中国的历史同样由来已久。考古学者们在殷墟考古挖掘中发现了用来陪葬的贝壳，这将金融在中国的历史确立在三千多年前的殷商时期。

在人类文明漫长的演进过程中，金融在不断发展变化着。金融不仅一直在以各种直接或是间接的方式参与着人类文明的塑造，自身也成为人类文明的一部分。浩如烟海的创新推动着金融数千年的演进，其间有无数值得纪念、具有里程碑意义的事件。例如，公元1024年中国北宋时期出现的世界最早的纸币"交子"；1494年复式记账法的发明；1602年世界第一家股份制公司荷兰东印度公司在荷兰开始运营；1807年著名的《拿破仑法典》在欧洲强化了有限合伙人制度的实施；1964年威廉·夏普（William Sharpe）在《金融期刊》（*Journal of Finance*）发表了后来为他带来诺贝尔经济学奖的资本资产定价模型（Capital Asset Pricing Model，简称CAPM），为金融市场找到了简单、有效的描述风险和收益关系的量化模型；尤金·法玛（Eugene Fama）在1965年提出有效市场假说，使得人们对金融市场行为的理解更为深刻，让投资变得更为透明化和系统化，直接带来指数投资基金（Index Funds）的出现和繁荣；1973年芝加哥期货交易所成立，同年，费希尔·布莱克（Fischer Black）和迈伦·斯科尔斯（Myron Scholes）

发表了基于"无套利原则"构建的给金融期权定价的数学模型,为"天下没有免费的午餐"找到了完美的数学表达,这两个事件合力催生了一个规模庞大的金融衍生品市场在全球的出现……

人类历史上下数千年,金融产品和服务乃至金融业态在不断丰富着,与人类经济社会活动的相互影响在不断深入着。金融在不断改变着人类文明的进程和风貌。耶鲁大学金融学教授威廉·戈兹曼（William N. Goetzmann）在 2016 年出版了风靡全球的世界金融史巨著《金钱改变一切》,他采用的副标题即是"金融如何塑造文明"。在导论中,威廉·戈兹曼写道:"金融对城市文明的诞生、古典帝国的兴起以及对世界的探索都发挥了至为关键的作用。"㊀

被神圣化与被妖魔化的金融

在推进经济社会演进、成就了数不胜数的财富传奇的同时,金融也带来了诸如高杠杆、市场泡沫、金融危机等问题。在人类社会的经典叙事里,金融经常和贪婪、欺骗、骄奢、邪恶等联系在一起。虽然千百年来,金融的本质没有改变过,但人们对金融的认知乃至对金融的态度,却一直在周期性地摇摆着。一方面,我们看到这个社会最优秀的年轻人,被金融机构的高薪和成就感所吸引,成群结队地涌向华尔街、伦敦城、中环、金融街或是陆家嘴——2016 年,美国哈佛大学 18% 的本科毕业生和 28% 的 MBA 毕业生选择在金融行业工作（Mihir Desai, 2017）。另一方面,我们也不断听到类似诺贝尔经济学奖获得者詹姆斯·托宾在 1984 年发出的告诫,"我们正把越来越多的资源,包括年轻人中的精英,投入到远离商品和服务生产的金融行业中。（金融活动）只为社会生产力带来了和个人回报不成比例的贡献。"甚至,人们很轻率地就能把金融活动划归为"寻租

㊀ 威廉·戈兹曼的著作的中译本名字是《千年金融史:金融如何塑造文明,从 5000 年前到 21 世纪》（中信出版社,2017.5）。

活动"（rent-seeking activities）。

金融能创造价值吗？在最近一轮的全球金融危机爆发之后，美联储前主席保罗·沃尔克在接受《华尔街日报》记者采访时，将矛头直接指向金融体系本身："我希望有人能够给我哪怕只是一点点不带主观色彩和中立的证据，证明最近发生的这一系列金融创新是有利于经济增长的。"⊖他对金融创新还有另外一个著名批评——他认为，最近几十年种类庞杂的各类金融创新中唯一有价值的是自动提款机（ATM）。同样，英格兰银行前行长墨尔文·金（Melvyn King）在2016年出版的《金融炼金术》一书中，强烈批评危机爆发前金融机构通过低息借款增加杠杆，去追逐价格持续上涨的金融资产，以谋求更高的"投资"回报。这些通过疯狂地扩张资产负债表来获取货币收入的"金融炼金术"增加了整个金融体系的风险暴露，非但并没有给实体经济带来资金上的支持，所形成的金融风险甚至还加剧了实体经济的大幅下行。

对金融认知方面的种种矛盾和纠结，同样也频频出现在现代中国人的话语体系中。中国在1978年实施改革开放之后，正式开启了现代意义上的金融体系的建设。金融逐渐摆脱了计划经济下财政的简单附庸形象，不断发展起来。中国金融体系为推动中国的工业化进程、实现年均近40%的固定资产投资率提供了大量资金。这段时间，中国金融业增加值的GDP占比——一个国际上常用的用来衡量金融规模和重要性的指标——从1978年的2.1%增加到2018年的7.7%。中国这个指标的取值水平在2016年第一季度末达到峰值9.5%。中国目前金融业的GDP占比已经超过美国1870至2010这140年平均水平的6%，甚至高于金融危机爆发前的2006年的7.6%的水平。**根据2017年省际层面的数据，上海和北京金融业增加值的GDP占比都超过16.5%（上海是17.4%，北京为16.6%），高于公认的国际金融中心伦敦、纽约和香港的水平——这三个国际金融中心的金融业增加值的GDP占比都在14%左右。中国A股市场上3 500多家上市公司**

⊖ 华尔街日报，"*Paul Volcker: Think More Boldly,*" 2009年12月14日。

中金融机构并不多,而且利润构成主要以上市的30多家商业银行为主。2018年A股所有上市公司的税后利润总额为36 774亿元,为数不多的上市金融企业贡献了其中的17 719亿元,占到整个A股上市公司利润的48.2%。

金融高速发展的同时,我们却不断观察到金融让人不堪的另一面:林林总总的金融创新给金融行业带来高利润,但金融中介的成本却始终降不下来,金融体系对实体经济支持乏力这一痼疾一直被诟病着。"融资难""融资贵""为富不仁""钱空转"等是人们轻易就能给现代中国金融贴上的标签;在获取公众极大关注度的同时,关于金融机构或是金融市场的种种调侃之词屡屡出现在现代中国人的话语体系中。当我们这个时代大量优秀的年轻人选择学习经济和金融以便于未来投身于金融业时,社会开始表达各种各样的担忧。事实上,人们倾向于形成一种认知:当一个社会最稀缺的资源和最优秀的人力资本被花费在"不创造价值"的活动上,是对社会资源极大的浪费。

这种对金融的矛盾态度是否与我们对金融认知存在的一系列误区有关?作为现代经济体系的重要组成部分,金融无疑在经济社会生活和推动人类社会进化的过程中扮演着重要作用。但我们真的了解金融吗?金融流光溢彩的表象下面隐藏着什么样的本质?如果把景象万千的金融世界理解成一幅大的拼图,我们是否找到了构成这个拼图的所有模块?我们是否理解把这些模块拼在一起的合理的内在逻辑?

芝加哥大学布斯商学院的两位金融学教授拉古拉迈·拉詹(Raghuram G. Rajan)和路易吉·津加莱斯(Luigi Zingales)在2003年合著的《从资本家手里拯救资本主义》一书中说,"金融市场是整个资本主义制度中人们批评最多,但了解最少的一个部分。"12年后,在经历了2008—2009全球金融危机之后,时任美国金融学会会长的路易吉·津加莱斯在2015年的美国金融学会年会的主旨演讲中引经据典,进一步表达了对当今金融体系的担忧(Zingales,2015):

"《经济学人》杂志57%的读者都不认同如下叙述:金融创新有助于经

济增长！……在一项抽样调查中，美国48%的成年人认为金融创新事实上伤害了美国经济……对于金融的作用，金融专业人士和圈外人士在认知上存在巨大的落差，这个落差足以摧毁构建一个良好运行的金融体系所需要的政治合理性。"

对金融的质疑不仅存在于以知识精英和专业人士为主的《经济学人》杂志的读者群，也广泛存在于社会大众中，而且由来已久。理查德·基尔和朱丽叶·罗伯茨主演的《漂亮女人》（*Pretty Woman*，又译为《麻雀变凤凰》）1990年上映之后，大受欢迎，是近30年最成功也最受欢迎的浪漫电影之一。影片中，理查德·基尔扮演事业有成、专职企业收购与兼并的投资银行家爱德华，外表光鲜亮丽内心却始终不快乐。爱德华在洛杉矶出差期间邂逅了站街女薇薇安（朱丽叶·罗伯茨饰演），展开一段浪漫爱情。当然，影片最终没有脱离好莱坞电影大团圆的结局（这不是我在这里讨论的重点），最终麻雀变凤凰，两人修成正果。有趣的一点是，在两人交往过程中，薇薇安的单纯和善良不断地唤起爱德华对自身价值的审视（对金融价值的审视），"薇薇安，我买企业，然后把它分成若干部分，再卖出去；我不生产机器，不生产食品，我不创造任何东西！""呃，也不完全对，你创造钱！"至此，影片给大众留下了一个问题——究竟是谁在救赎谁？

金融真的不创造价值吗？不是所有的金融学者都秉持如此负面的立场。诺贝尔经济学奖获得者耶鲁大学教授罗伯特·席勒（Robert Shiller）在其著作《金融与好的社会》（*Finance and Good Society*）中说过：

"我必须郑重指出，金融绝对不是我们社会的蛀虫，恰恰相反，金融是我们社会能够用来解决社会问题、提高福利水平最有力的工具。"

"我们需要更多的金融创新，绝不是更少的金融创新；金融应该更活跃地帮助我们的社会实现其应该实现的目标。"

不论秉持什么样的立场，我们不能否认一个基本事实——一个活跃、有效、充满流动性的金融体系确实能让经济高速发展，让创新不断涌现，通过创造财富提升人们的整体生活水准。就此而论，**金融是创造价值的！** 我们批评金融或金融市场，主要原因在于某些金融工具、金融创新或金融发展其实并没有给社会经济带来福祉，相反，它们带来了系统性金融风险的汇聚和金融危机，带来更加不平等、不包容的经济发展。

抛开情绪的宣泄和声色俱厉的一面倒的指责，我们需要回答的问题并不在于争辩金融是否有用、是否创造价值。**我们真正需要回答的问题是如何定义并建设能够真正支持实体经济发展、提高资源配置效率、助力实现发展更为均衡和包容的金融。** 不需要担心国家最优秀的年轻人去学习或从事金融，我们真正需要担心的是这些优秀的年轻人前赴后继、殚精竭虑去做的是不是不创造价值的坏金融。总而言之，我们需要提出并认真回答的问题是：什么样的金融才是我们需要的金融？

从"发起并持有模式"到"发起并销售方式"

金融是什么？先引用 17 世纪由葡萄牙犹太商人约瑟夫·德·拉·维加（Joseph de la Vega）撰写的《困惑之惑》（*Confusion de Confusiones*）中关于金融市场的一段话。在这部作品中，德·拉·维加用股东、商人和哲学家三个人对话的方式，留下了世界上最早关于股票交易市场的描述。这段对话中，股东向哲学家解释什么是金融市场。他说：

> 我的朋友，它是全欧洲最公平也最具有欺骗性的神秘行业，它是世界上最高贵也是最声名狼藉的行业，它是这个地球上最美好也是最粗俗的行业；它既有学术的本质，又是欺诈的典范；它既是聪明人的试金石，也是胆大之徒的墓碑；它是有用的宝藏，也是灭顶之灾的根源；它是永不休息的西西弗斯（Sisyphus），也是被绑在永动轮上的伊克西翁（Ixion）。

和德·拉·维加生动而充满文学性的描述一样，现实生活中的金融（finance）生机勃勃，而且富有多层含义。金融可以是名词，特指由金融机构和金融市场构成的金融体系；也可以是动词，指金融中介过程

(financial intermediation)，即将资金的需求方和资金的供给方联结在一起的过程；当然，金融作为名词，经常用来表述经济学的一个分支——金融学，一门研究如何在不确定条件下实现资源优化配置的学科。即使是金融学这个我个人浸淫其中逾20年的学科，人们对它的定义也有多义性，金融学另一个常见的定义是"一门研究如何实现资金和财富跨时间和空间转换的学科"。

透过这些从不同角度对"金融"的阐释，我们可以发现，和人类社会其他经济活动一样，金融涉及的是交换关系。现代金融体系实际上是从支付体系中衍生出来的。在金融世界里，交换的是货币化的、以多种形式展现的资金或财富。无论这种经济交换关系以何种形式呈现，交易结构是何种复杂，从最初的资金来源和最终的资金使用角度来说，**金融的本质是将储蓄转化为投资。金融本身是一个中介过程，它通过简单、直接、有效的方式将资金的供给方和资金的需求方连接起来，满足资金需求方的融资需要。**金融本身不是目的，而是促进投资、创新、增长和繁荣的工具。抛开金融究竟是"诗和远方"还是"眼前的苟且"不论，其本质就是将资金的供给方和资金的需求方以简单、直接、有效的方式连接起来。

如图1-1所示，将储蓄转换成投资的方式有两种。如果这种转换是通过在金融市场直接买卖股票和债券等金融产品和服务来完成的，人们把它叫直接融资；如果转换是通过商业银行或是类似信托公司、小贷公司这样的非银行金融机构来完成，就叫间接融资。无论是直接融资或是间接融资，都是有成本的。这种交易成本源于资金提供者和资金使用者这两端的信息不对称，例如，资金需求方的投资项目能否产生收益，从而给资金提供者合理的投资回报；交易成本的另一个来源是金融市场参与者和金融中介机构普遍存在着道德风险，例如，资金使用方的恶意欺诈，或是中介机构出于自身利益考虑，在竞争不充分的情况下设置较高的定价或收费水平，增加将储蓄转换成投资的交易成本。金融中介成本体现的是资金两端建立"信任"的成本。

图 1-1 金融的本质

图 1-1 给出的是教科书版的金融中介示意图。现实生活中金融中介的模式数不胜数。图 1-1 简单的描绘只反映出冰山一角。为做进一步的阐释，我在图 1-2 中引用纽约大学金融学教授托马斯·菲利蓬（Thomas Philippon）关于传统商业银行"发起并持有模式"（Originate and Hold）和近些年更为盛行的"发起并分配模式"（Originate and Distribute）比较的示意图。图 1-2 中，无论是采用图中左边或右边的中介模型，金融中介的成本都是由两部分组成：r 和 ψ。其中，r 是给资金提供方的投资回报（例如：存款利率），ψ 是中介服务的提供者（们）所收取的费用。以商业银行的运营模式（发起并持有模式）为例。商业银行把 100 元资金从储户手里转给借款人，r 是银行支付给储户（资金提供方）的存款利率；而 ψ 则是存贷利差（interest spread）。如果一家商业银行的存款利率是 5%，贷款利率是 7%，那么 r 是 5%，反映中介成本的 ψ 取值是 2%。如图 1-2 的左侧图示。

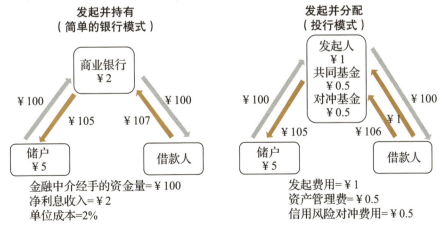

图 1-2 两种等价的金融中介模式比较

来源：Philippon（2015）。

在发起并分配模式下,把同样 100 元从资金提供方转到借款人手里,证券化的发起人(例如,投资银行)收了 1 元的组织发起费;资产管理公司(共同基金)收取 0.5 元的资产管理费;类似对冲基金这样的金融中介机构再收取 0.5 元,作为帮助对冲风险的收费;整个过程中产生的交易利润为 1 元。在这个例子里,证券化并没有降低借款人的融资成本(还是 7%)。但是,金融中介过程中发生的费用,并不以利差的形式体现,而是反映为所有参与中介过程的金融机构(例如,投资银行、资产管理公司、对冲基金等)的工资、租金和利润,其成本仍然为 2%。在这两种不同的金融中介模式下,金融中介的费用 ψ 是一样的,都为 2%。即不论用什么形式,在将 100 元储蓄转换成 100 元投资的过程中发生的交易成本始终是 2 元。

图 1-2 给人的启示在于,无论是用发起并持有模式(商业银行模式)还是运用发起并分配模式(投行模式),金融中介的成本 ψ 是可以一样的。因此,投行模式并没有比商业银行模式更有效地降低金融中介成本——判断中介模式孰优孰劣的关键在于看它能否有效地降低 ψ,而非其他。

在现实世界,ψ 反映为产生和维持单位金融资产所发生的成本。托马斯·菲利蓬研究了美国在 1880—2010 年这 130 年的金融发展史,发现不管金融业态、具体的金融产品和服务、外部经济环境在这期间发生什么样的变化,美国金融体系每年产生和维持 1 美元金融资产的成本(即 ψ)其实非常的稳定——绝大部分年份都稳定在 1.5% ~ 2% 之间。值得指出的是,产生和维持单位金融资产的成本乘上金融资产与 GDP 的比例,大致等于金融业增加值的 GDP 占比,即金融业对一个国家 GDP 的贡献。

好金融的本质是降低金融中介的成本——ψ

我在图 1-3 给出了中、美两国在 1952—2018 年的金融业增加值的 GDP 占比。如图 1-3 所示,在有数据的 1952—2018 年,中国金融取得了很大的发展。金融业增加值的 GDP 占比从 1952 年的 2.1% 增加到了

2018年的7.7%。其中，1978年改革开放是一个分界点。1978年以前中国实施的是计划经济，金融在很大程度上是财政的附属部分。当时，中国金融中介的模式也很简单，即通过国家金融机构吸收储蓄，然后按"统存统贷"或是"定存定贷"等方式将存款转换为投资或是用于其他建设开支。改革开放期间，中国开始发展现代意义上的金融体系，金融机构种类逐渐增多，金融产品和服务也逐渐丰富。1984年工商银行从中国人民银行分离出来，中国人民银行专门行使央行职能，标志着中国商业银行体制建设的开启。随后，债券市场开始发展。而1990年上海证券交易所和深圳证券交易所的诞生则极大地推进了中国资本市场的发展。至2019年7月17日，中国已经拥有3 650家上市公司，股票总市值达到了53.4万亿元。金融业增加值的GDP占比相对清晰地反映了中国金融业的巨大发展，1978—2018年，金融业增加值的GDP占比从2.1%增加到7.7%，超过美国同期的7.4%的水平。中国金融业增加值的GDP占比在2015年达到峰值8.4%。

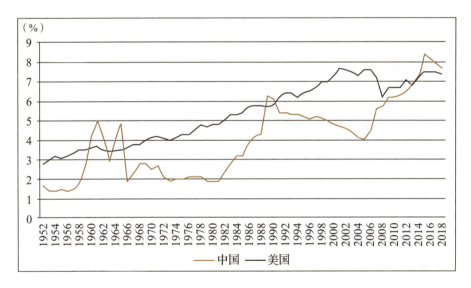

图1-3 中、美两国金融业增加值的GDP占比（%）：1952—2018年
来源：国家统计局网站；U.S. Bureau of Economic Analysis（BEA）；作者分析。

事实上，中国在2014年金融业增加值的GDP占比达到近7.3%，超过美国的7.2%。从2014年起，中国金融业增加值的GDP占比始终是超过美国的。美国最近50年的峰值出现在金融危机爆发前的2006年，金融业的GDP占比该年达到7.6%。2008—2009年金融危机爆发后，随着金融体系去杠杆，该比例一度下滑到7%以下，2014年后开始回升，2018年恢复到7.5%的水平。

金融业增加值的GDP占比越高越好吗？**在国民经济核算体系中，金融业增加值的核算方法是各法人活动单位的劳动者报酬（含工资、奖金、五险一金等）、生产税净额、固定资产折旧以及营业盈余四项指标加总求和。**换一个角度，金融业增加值反映的是各类金融机构在某一年度通过提供金融服务创造的价值总量，由融资服务增加值和中间服务增加值组成。融资服务增加值是金融机构提供吸收存款和发放贷款、发行和购买证券等资金融通活动形成的增加值；中间服务增加值是金融机构从事证券交易、投资管理、结算、外汇交易等不具有融资性质的中间服务时产生的增加值。

我们再看金融业增加值的另一面。如图1-2所示，金融业增加值同时也衡量金融中介过程中发生的交易成本。在金融资产规模给定的情况下，金融业增加值的GDP占比越高，表明产生所需规模的金融资产所需要的成本也就越高。这种情况下，高金融业增长值对GDP比例隐含着另一种可能性——金融中介过程的中间环节太多，金融中介成本（融资成本）太高。因此，**不讨论金融资产的规模和结构，不仔细甄别金融资产的来源，过度强调提升金融业增加值的GDP占比，是我们在金融认知上存在的巨大误区。**

过高的金融业增加值的GDP占比不一定对实体经济形成有效支持。首先，金融是一个高风险行业，金融业占GDP的比重越高，潜在的风险其实越大。因为金融机构的逐利需求，大量资金如果被配置到高风险的资产上，将会带来整个金融体系的高风险。美国次贷危机发生以前，因为相对宽松的流动性，再加上高收益的金融资产比较缺乏。在追逐利润的动机驱使下，像次级债这样信用评级较低、风险较大的金融资产成为投资者竞相配置的热点。当金融机构通过短期资金，利用杠杆大量投资高风险的金融资产时，整个金融体系的风险水平呈现大幅上升趋势。

金融业的高增加值完全可能对应着越来越长的金融产业链、越来越复杂的交易结构和越来越不透明的金融机构，容易形成大量的监管盲区，给监管造成巨大的挑战，使得监管的难度越来越大。一方面，国家向监管体系投入的资源越来越多；另一方面，监管机构在监管过松和监管过度之间也很难拿捏，稍有不慎还会造成监管不当的风险，导致经济不稳定甚至发生钱荒，或是股灾和债灾等。最后，过度追求金融增加值带来的另一个后果是，大量的实体企业被金融繁荣的假象所吸引，争相以产融结合之由大举进军金融业。这不仅加剧了金融领域的低质竞争，使得金融中介效率更趋低下，还导致金融对实体经济投资的挤出效应。

在反思最近一轮的全球金融危机时，英国中央银行英格兰银行行长马克·卡尼（Mark Carney）曾说："**危机爆发前，各类金融机构推波助澜——银行业务不再由商业需求来推动，而是由银行自身的需要来推动；资本市场的各种交易不再关乎客户利益，而变为纯粹的交易；新金融工具的设计不再是为了实体企业对冲信用风险，而是利用各种可能性增加金融机构本身的利润。**"类似马克·卡尼所描述的金融中介（financial intermediation）模式虽然能够增加金融资产的规模，从而增加金融业增加值，但这种金融背后是巨大的风险汇聚，不仅让金融体系更不安全，而且由此产生的高风险溢价还会推高实体企业的融资成本。

"贪婪是好东西；贪婪是正确的东西；贪婪在人世间起到了不起的作用；贪婪让事情变得更清晰，一针见血地捕捉到人类进化的精神本质。各式各样的贪婪，对生活、金钱、爱和知识的贪婪，是使人类向上的原动力。记住我的话，贪婪不仅可以拯救那个叫 Teldar Paper 的公司，还能拯救这个叫作美利坚合众国的疲弱不振的国家。"

在电影《华尔街》中，迈克尔·道格拉斯饰演的投资银行家戈登·葛科（Gordon Gekko）狠狠地说道。迈克尔·道格拉斯因为扮演葛科这个角色，获得了当年的奥斯卡最佳男演员奖。他所饰演的葛科身上所折射出的算计、冷酷的理性、对获胜的执着、对个人私利令人畏惧的追逐，几乎已成为20世纪80年代那个杠杆收购（leveraged buy-out）时代投资银行家的典型形象。"门口的野蛮人""垃圾债券"等给本属中性的金融涂抹上了戏剧化的负面色彩。

哈耶克（Hayek，1967）在研究社会规范的演进时曾提出，当从事某类活动的个人收益（private return）远远超过社会能获得的收益（social return）时，这类活动一般不会具有好的社会声誉。类似葛科这样把简单逐利作为最高准则的所言所行，势必一而再、再而三地影响到金融业的整体声誉。

认为金融的规模（金融资产的规模或是金融业增加值规模）越大越好，是我们对金融本质认知方面最大的误区之一。**好金融的出发点在于降低将储蓄转换为投资这个过程中所发生的交易成本ψ**。贯穿人类文明始终，金融以不同形式展现出的底层逻辑似乎复杂甚至晦涩，其最深层的动力始终是找到更好的中介方式，降低融资过程中发生的交易成本。金融创新，无论是新的金融产品、服务的推出，或是新的交易流程和运营方式的引入，抑或新的组织形式的出现，如果最终能够降低金融中介的成本ψ，那么它们就能够更好地支持投资、创新、增长和经济繁荣，就有可能历经岁月磨砺，成为广为接受的金融产品和服务、标准流程和标准操作、金融活动的组织形式及更为广义的金融规范和标准的组成部分。

而降低金融中介的成本ψ，需要降低资金两端因为信息不对称或是道德风险所导致的建立信任的成本。**高质量的金融能够从金融中介的底层技术、金融活动的组织形式、业务流程和规范、金融活动所需的制度基础设施建设等方面，大幅降低金融活动的参与方建立信任的成本。**

杠杆是理解金融本质的关键

金融市场和金融机构都可以将储蓄转为投资。金融在漫长的演进过程中不断创造出新的产品和服务、新的中介模式、新的金融机构组织形式以及新的金融思想。漫长实践中不断发生着的演进一方面丰富着金融的内涵，使得金融体系能以更多元的方式服务实体经济；另一方面，它也可能导致更为复杂的金融体系和大量我们并不熟悉的风险的出现。

定义资本结构和杠杆率

在图 1-1 所描述的金融中介过程中，资金提供方对其所提供的资金的索取权以各式各样的金融资产的形式存在，主要包括**股权、银行贷款、信托贷款、委托贷款、企业债券等**。后四者被笼统归称为债务。虽然数千年的金融创新给人类经济生活留下了诸如期权、期货以及金融危机前风靡全球金融市场的 CDS 等品类庞杂的金融资产，但它们均属于衍生产品，是从基础金融资产衍生出来的金融资产。当统计金融资产的规模时，为了避免重复计算，人们一般只考虑基础性的金融资产，即股东权益和债务这两类金融资产。

对于一个企业而言，金融创新在很大程度上是围绕着将企业一部分未来现金流（cash flow）转让给他人以便获得资金去将企业做得更大这一目的。企业可以通过出售股东权益的方式将这部分未来现金流转让出去（股权融资），也可以将现金流包装后以债权的方式转让给愿意出资的人（债务融资）。与这两种融资方式相对应，底层金融资产主要包括债务和股权这两类。也即在金融中介过程中，资金多余方是以股权或是债务的形式将多余资金转移给资金需求方的。

在现实生活中，一家企业或是一个国家怎样确定债务融资和股权融资的最佳比例？经济学家们引入了资本结构（capital structure）和杠杆率这样的概念来衡量债务和股权在融资中所占的比例。[一]债务对股权的比例（债务权益比）于是被用来衡量企业或是宏观经济的资本结构或杠杆。当杠杆率高时，融资中债务占的比重较高；杠杆低时，融资中股权占的

[一] 在这一章节的叙述中，资本结构和杠杆率指的是同一个意思。

比例较高。因此，当我们讲去杠杆时，指的是降低融资中各类债务所占的比重。

宏观经济学者在讨论宏观政策时经常提到宏观杠杆率这一概念。一个经济体的广义货币供给 M2 与 GDP 的比例（M2/GDP）经常被用来描述宏观杠杆率。在这里，广义货币供给（M2）包括流通中的现金、企业活期存款、定期存款、居民存续存款和其他存款。在讨论宏观杠杆率时，一个更为常见的指标是非金融部门债务与 GDP 比例（非金融部门一般包括非金融企业、家庭、政府）。从定义可以看出，较高的宏观杠杆率往往对应着经济微观单位（企业、家庭、政府机构）较高的债务率。微观杠杆率和宏观杠杆率之间往往存在着显著的正向关系。

金融发展史是一部金融危机史。如果说我们曾经从上下几千年数不胜数的金融危机中学到些什么，那就是金融危机底层的原因是居高不下的杠杆率。国际著名投行贝尔斯登和雷曼兄弟公司在 2008 金融危机爆发前的**债务权益比**高达 30~40 倍。通过短期借贷获得大量资金投入风险较高的金融产品，在这些金融产品价格大幅下跌时蒙受重大损失，进而丧失再融资能力，流动性不足最终倒闭——过高的杠杆率是这两家投行率先倒闭的重要原因。1997 年亚洲金融危机爆发前，受危机影响最大的韩国三十大财团（chaebol）的平均债务权益比高达 600%，而且大量债务是美元债务，在国际对冲基金大幅卖空韩元之际，这些财团失去再融资能力，债务尤其是美元债务到期不能还本付息，被迫宣布违约……金融危机对实体经济伤害深远，过高的杠杆率是根本原因。

图 1-4 给出了 2006—2018 年中国非金融部门杠杆率及其在居民、非金融企业和政府之间的分布情况。截至 2018 年年底，中国非金融部门的债务总额达到 228 万亿元，与 GDP 的比例高达 254%。相较于美国或是其他一些发达国家，中国的宏观杠杆率并没有特别高。但是，中国的宏观杠杆率增速却很快，2007 年非金融部门债务只有 39 万亿元，占 GDP 的比重只有 146%，短短 12 年，至 2018 年非金融部门总债务已经增加到 254%，增幅达到 108%。

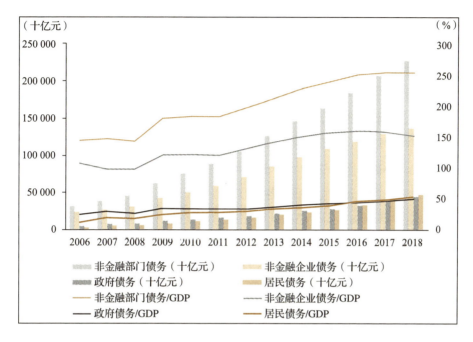

图 1-4　中国非金融部门杠杆率及其分布，2006—2018 年
来源：国际清算银行；作者分析整理。

此外，中国债务的结构分布也不合理。主要表现为非金融企业债务占比太高，中国的高杠杆主要反映在非金融企业的资产负债表上。截至 2018 年年底，中国非金融企业的债务存量已经达到 136 万亿元，占 GDP 的比例达到 151.6%，而同期美国这一指标只是 74.4%。显然，非金融企业的高杠杆是中国当前最大的金融风险。按目前的非金融企业债务水平，如果一家企业平均融资成本是 6.6%，那么中国非金融企业作为一个整体一年用来支付利息的费用将达到 GDP 的 10%。国内产出的 10% 用于偿还利息，实体经济的负担不可谓不重。

实体经济的发展需要金融体系提供信用量（credit），但实体经济发展所需要的资金也可以通过股东权益融资或是债券的方式获得。具有"刚性约束"特性的债务如果规模太大，会给企业带来较高的信用风险，加大企业违约的可能性。杠杆不等同于信用量，杠杆不是做金融的必要条件。我们现在已经知道杠杆本身不带来任何价值，只有注入实体经济的信用才能让经济增长。当货币政策非常宽松时，经济生活的参与者往往倾向于过度借贷以便追求更大的利润。过高的杠杆率带来巨大风险,底层资产价格微小的下滑都可能让过度借贷者陷入困境。**金融发展必然需要高杠杆,这是我们对金融本质理解的一个误区。**

值得关注的是中国的居民债务上升速度也很快,2007年至2018年从5万亿元上升到47.3万亿元,占GDP的比重从18.8%上升到52.6%。同期中国的政府债务(包括中央政府和地方政府)从7.9万亿元增加到44.8万亿元,占GDP比例从29.3%增加到49.8%。

2008年全球金融危机后,各国监管当局反思危机成因并采取相应举措加强监管。各国加强监管思路的变化最为显著的一点是对杠杆率的认知和重视。金融危机之后,几乎所有的监管措施都强调增加资本充足率和降低杠杆。中国政府在2015年年底确定将包括去产能、去库存、去杠杆、降成本、补短板在内的"三去一降一补"这五大任务作为供给侧结构性改革需要解决的最大结构性问题。其中,去杠杆更成为防范金融系统性风险的最重要任务,反映出对高杠杆危害性的清晰认识。

什么决定合理的杠杆水平

正确理解杠杆率水平是理解金融本质的关键。一个企业或是一个国家最优的杠杆率水平应该是什么样的?这是困扰金融学发展的一个重大问题。金融学界对企业最优杠杆率的认知在1958年取得里程碑式的突破。这一年,两位意大利裔的美国经济学家弗兰科·莫迪利安尼(Franco Modigliani)和默顿·米勒(Merton Miller)合作在《美国经济评论》上发表了一篇著名的论文,回答什么是最优资本结构这一问题。这篇论文分别为莫迪利安尼和米勒于1985年和1990年带来了诺贝尔经济学奖。一篇论文两次得到诺贝尔经济学奖的承认,足见其研究问题的重要性——**理解杠杆率由什么因素决定,是金融学里的一个核心问题。**

仅仅从结论判断,莫迪利安尼和米勒的研究似乎让人失望。他们发现在一个没有税收、没有信息不对称、没有道德风险而且市场是完备(complete market)的理想世界里,债务权益比与企业价值没有任何关系。也就是说,在莫迪利安尼和米勒设定的理想世界里,杠杆率水平与企业的价值没有任何关系，任何杠杆率都可以认为是合理的。因为这个原因，后人把他们的发现称为 MM 不相关定理，简称 MM 定理（Modigliani-Miller Theorem）。

莫迪利安尼和米勒的伟大贡献不在于他们关于资本结构与企业价值不相关这一结论，而在于他们提供了一个基准性的理论，帮助人们理解影响资本结构的重要因素。既然在一个理想世界里，资本结构（杠杆率）与企业价值无关。那么，使得一个世界不完美的那些因素，就可能影响企业杠杆率的选择。莫迪利安尼和米勒提供了一张地图，帮助人们寻找那些可能影响资本结构的因素。后来的学者正是在 MM 定理的指引下，通过大量的理论和实证研究，历经 60 年的辛苦努力，找到了一个又一个杠杆率的影响因子。迄今，我们知道企业所得税税率、企业规模、有形资产在资产中的占比等和杠杆率之间是正相关关系；而企业经营环境中的风险、企业的成长性、无形资产占比、利润率等和杠杆率之间是负相关的。我们现在还知道，企业融资时会把握市场时机——熊市时更多采用债务融资，杠杆率倾向于上升；而牛市时更多采用股票融资，杠杆率会下降（Baker 和 Wurgler，2002）。最近几年，行为金融学进一步拓展了人们对杠杆率决定因素的认知——企业家的行为特质、社交圈子、成长经历等都在一定程度上影响杠杆率水平。

然而，杠杆率（资本结构）到底由什么决定可能是金融学里一个永恒的命题。迄今为止，把所有已被发现的影响企业杠杆率的因素统统加在一起，也只有不到 30% 的解释能力。也就是说，超过 70% 的影响企业杠杆率的因素还不为我们所知。事实上，在企业层面，不论是横向比较不同企业在杠杆率上的差异，还是纵向比较同一企业杠杆率随时间的变化，虽然有超过 60 年的学术研究，我们对背后的决定因素都知之甚少（Lemmon，Roberts，Zender，2007；DeAngelo 和 Roll，2015）。在 1984 年美国金融学会的年会上，麻省理工学院金融学教授斯图尔特·迈尔斯（Stewart Myers）作为学会主席发表主题演讲，致辞的第一句话就是"企业如何选择资本结构？"紧接着，他回答道，"其实我们并不知道！"这虽然是金融学界一个让人失望的自白，但它坦陈了一个事实：**给定资本结构或是杠杆率在金融**

中的重要地位，我们知道的和我们期望知道的之间存在着巨大的落差。

如果把一个国家比作企业，那么上述关于企业杠杆率的讨论也应该适用于国家。什么因素影响一个国家的杠杆率水平？美国哥伦比亚大学金融学教授帕特里克·博尔顿（Patrick Bolton）在2016年美国金融学会的年会上做主席专题演讲时，选择的就是这个主题。用22个国家1980~2015年的数据，帕特里克·博尔顿去研究是什么因素决定国家间总债务与GDP比例（即宏观杠杆率）上的差异性。他的发现更令人沮丧：把所有已被发现的影响宏观杠杆率的因素统统加在一起，它们对宏观杠杆率的解释能力只有20%——我们对什么决定国家间宏观杠杆率的差异所知甚至更少（Bolton，2016）。

如何选择适当的杠杆率去降低金融中介的交易成本，是我们正确理解金融时必须面对的核心问题。

金融发展与经济增长

金融在解决问题的同时也在不断地制造问题。以金融危机作为一个时间节点，每一次危机之后，人们对金融的质疑、批评甚至鞭笞接踵而至。而累积的民意最终几乎都是以戏剧化的方式影响到金融发展政策和金融监管方式的改变。于是，我们几乎无一例外地观察到金融危机爆发前以资产泡沫为典型特征的金融繁荣和隐身其后的松散监管，以及危机爆发后的资产价格紧缩和对"金融创新"约束的不断强化，直至现实生活中来自各方的力量开始不断突破强监管带来的约束，继而再现金融繁荣，开启新一轮的周期。马克思在《路易·波拿巴的雾月十八日》的开篇写道，"**黑格尔在某个地方说过，一切伟大的世界历史事变和人物，可以说都出现两次。他忘记补充一点：第一次是作为悲剧出现，第二次是作为喜剧出现。**金融的演进过程，是一部悲喜交织的连续剧。"

学界观点

过去200多年的全球经济发展史呈现出一个事实：经济增长和金融增

长之间有紧密的关系。那些经济增长比较快的国家一般都拥有较为活跃的金融市场，以及一定规模的金融中介机构。在传统经济增长理论比如索罗模型（Solow Growth Model）中，推动经济增长的因素主要包括资本和劳动力，经济学家把不能被资本和劳动力解释的增长部分归结于全要素生产率，其主要来源是科学技术进步和资源配置效率提高所带来的增长。索罗模型统治了近60年的经济增长理论，迄今仍是经济学家分析经济增长最重要的理论框架。索罗模型对金融的作用并没有太多涉及。当然，资本形成需要金融的支持；实证研究也陆续发现，有效的金融发展有助于全要素生产率的增长。但是，金融究竟以什么样的方式促进经济增长？这个重要的问题在索罗高度精练的模型中被抽象掉了。

经济增长理论后来的发展也没有明确考虑金融的作用。在保罗·罗默（Paul Romer）后来获得诺贝尔经济学奖认可的内生性经济增长理论（The Endogenuous Growth Model）中，人力资本等要素对增长的作用被纳入理论框架。但是，金融发展对经济发展的作用仍然没有被明确考虑。金融发展是经济增长的原动力之一吗？

《金融时报》的评论员费迪南多·久里加诺（Ferdinando Giugliano）在评论全球金融体系面临的问题时曾经讲过一段著名的话，"中世纪的大夫们滔滔不绝地分析疾病的起因时，其实对细菌或病毒知识一无所知；现在的学院派经济学家们何其相像！在滔滔不绝地讨论经济怎样运作时，他们其实对金融体系和它所包含的风险一无所知"（Mohamed A. El-Erian, 2016）。面对来自不同阵营的各种各样对金融作用和价值的质疑，即使是那些自负且不愿让公众情绪影响理性思维的学院派经济学家，也不敢怠慢，关于金融作用的研究成为金融学过去20年关注的一个热点。金融是否对经济和社会发展有用？实证研究方法的成熟和各类数据变得越来越普及，为科学理性地思考这一问题提供了相当的便利，涌现出大量的研究成果，对这个问题的判断逐渐浮现出一个相对清晰的轮廓。

其实多年前，凯恩斯就已经留下了现代经济学里最早的关于金融重要性的论述。在著名的《通论》中，他明确提出资本市场只是实体经济的穿插表演（sideshow），并不是正剧，金融对实体经济影响并不大。另一位伟大的凯恩斯学派经济学家琼·罗宾逊（Joan Robinson）也认为，只要有好的投资项目，存在足够强大的企业家精神，项目总能找到资金。因而，实体经济引导金融的发展。（Robinson，1973）显然，在相对早期的学界讨论中，金融的地位和重要性都不算突出。

金融发展在现代经济学理论体系中的地位变得重要起来，归功于威廉·戈德史密斯（William Raymond Goldsmith）开启的一系列有关经济与金融发展关系的研究。戈德史密斯在1969年出版的《金融结构与金融发展》一书中研究金融跟经济之间的关系。通过分析35个国家的数据，他发现金融发展水平与经济发展水平之间有正相关关系，金融发展能促进经济发展水平。戈德史密斯的研究和麦金龙（R. I. McKinnon）在1973年的研究合在一起形成"金融深化理论"，对随后的金融发展、金融结构的选择和有关政策制定起到了极大的推动作用。

"金融深化理论"早期的研究相对粗糙。例如，戈德史密斯因为数据获得方面的限制，只能考虑35个国家；同时，他的一系列研究并没有考虑金融发展与收入水平提高之间的因果关系。金融发展与经济发展是同步的？甚至，是否是经济水平的提高促使金融更加发达？早期的研究无法回答这些问题。这些研究还有另一个致命伤：它们大都把金融规模（例如，金融资产与GDP比例）作为衡量金融发展的指标，没有考虑金融中介的效率、金融资源配置的合理性等衡量金融发展质量的指标。金和莱文（King和Levine）在1993年发表的文章在这方面做了极大的改进。利用世界银行统计的80个国家横跨1960~1989年的数据，他们编制了多个从不同维度衡量金融发展水平的变量，对金融发展水平做了更为全面的衡量。他们发现金融发展对长期经济增长有显著的正向影响。具体而言，当一个国家的金融发展水平从全球倒数第25个百分位提升到正数第25个百分位时，该国人均GDP的年增速能提高一个百分点。考虑到20世纪大部分时间全球人均GDP的年增速不到三个百分点，金融发展对经济增长的推动作用极为显著。

金融对经济的促进作用也体现在芝加哥大学的金融学教授路易吉·津加莱斯（Luigi Zingales）和他的合作者在2004年发表的一篇文章中

（Guiso，Sapienza 和 Zingales，2004）。在这项研究中，他们提供的证据显示了区域性的金融发展对当地经济的促进作用。利用意大利各个地区的微观数据，津加莱斯等发现一个地区的金融普惠性越好（例如，个人或家庭更容易从金融体系获得信用支持），该地区的经济表现总体上也会更好，具体表现为：该地更容易出现创业企业，新企业更容易进入，市场更有竞争性以及经济增长速度更快。**他们同时发现，区域金融发展水平高的地区更利于中小企业的成长。**

金融在行业和企业层面支持经济发展的证据也不断被挖掘出来。著名经济学家拉古拉迈·拉詹（Raghuram Rajan）和路易吉·津加莱斯（Luigi Zingales）1998年在《美国经济评论》上发表了一篇重要文章。他们引用跨国数据发现在金融发展水平比较高的国家，对外部资金需求比较高的行业增长更快。原因在于这些行业发展过程中对资金的需求容易得到满足，而且融资成本更低。基于同样逻辑，学者们发现金融发达环境下的企业增长更快。纽约大学金融学教授杰夫·沃格勒（Jeff Wurgler）在2000年提供证据表明，有效的金融中介提高了投资资本的使用效率，有利于资本的有效配置。金融学大量的文献显示，一个企业如果得不到金融支持，将不得不放弃大量的有效投资机会，这最终会给经济和社会发展带来伤害。

金融发展对实体经济的支持作用也反映在其他方面，包括更好地管理风险、降低信息不对称、化解管理层的委托－代理问题、促进创业创新的发展、提高教育的普及率和教育质量、消除贫困、降低收入和财富分配不平等的程度等。[一]例如，哈佛商学院教授戴维·沙夫斯泰恩（David Scharfstein）在1988年发表的一篇文章中指出，来自并购市场的压力会迫使管理层（代理人）按照企业价值最大化的目标做决策，有效的并购市场能够让委托人（股东）和代理人（管理层）的利益变得更加一致，从而化解委托－代理人问题。

[一] 这里的代表研究包括 Froot 等（1993）；Jensen 和 Meckling（1976）；Myers 和 Majluf（1984）；Guiso 等（2004）；Flug 等（2008）；Levine 和 Rubinstein（2014）；Beck 等（2007）。

由两位诺贝尔经济学奖获得者本特·霍姆斯特罗姆（Bengt Holmstrom和让·梯若（Jean Tirole）1993年发表在《政治经济学期刊》（*Journal of Political Economy*）上的论文，更是指出充满流动性的股票市场对实体经济的一大贡献——在一个充满流动性的市场，因为利益驱动，投资者愿意花费更多的资源和精力去收集、分析与企业相关的信息，在此基础上形成的股票价格包含更多的信息含量，更能反映企业的真实情况，从而能更好地指导企业管理层做出更好的投资决策，进而促进经济增长。这两位经济学大家对发达、有效的股票市场（金融发展的一种具体形式）的价值描述，与哈耶克将近半个世纪前的分析遥相呼应。1945年，伟大的哈耶克在他最著名的《知识在社会中的运用》一文中，详细论述了金融市场的另一个重要功能——通过市场交易所形成的价格整合了千千万万个体层面的信息，包含比中央计划者更多的信息，从而能够更好地指导决策，实现资源的优化配置。霍姆斯特罗姆和梯若1993年的工作是对哈耶克思想严谨的数理模型表达。

依据与霍姆斯特罗姆和梯若（1993）类似的逻辑，我和康强2010年发表在《管理科学》（*Management Science*）的文章从另一个维度研究股票市场与实体经济的关系。我们强调信息创造及传递更为发达的股票市场在提升企业价值方面存在另一个渠道——信息含量更高的股价能够帮助董事会制定更有效的市场化的股权激励机制，从而有效化解委托代理人问题，进而提升企业价值。

我和戚戎在2008年发表的一篇论文中发现，股票在市场上的交易能够解释"多元化折价"之谜（diversification discount）——即多元化企业比专业化经营的企业在股市估值上存在10%左右的折价这一现象。在信息成本相对固定的情况下，投资者只有在其收益大于信息成本的情况下才愿意花费精力和资源去获取关于该企业的信息，成为有信息的投资者（informed investors）。我们的模型显示，一家多元化企业只有一只股票在二级市场上交易，有信息的投资者的数量较专业化的企业要少，因此其股价的信息含量相对会低一些，不能更好地指导企业管理层做出更有效的投资决策，这将导致估值折价（discount）的出现；如果将这家多元化的企业分拆成几家独立的上市公司，在同样的信息收集成本下，更多的边际投资者愿意分别成为有信息的投资者，这些单独存在的企业的股价包含了更多的信息含量，从而能更好地指导企业管理层做出更好的投资决策，其价值自然会更高。当把这些企业的市值加总后，总价值要高于多元化企业的市值。多元化折价由此产生！

金融是怎样失去活力的

金融发展支持经济发展。这方面的理论和实证证据汗牛充栋。它们似乎已经足以让人相信发展金融是有利于经济增长和社会发展的。然而，过去的一个多世纪，金融危机在不同国家、不同时期频频出现，对实体经济形成了巨大的破坏。由各类金融创新来推动的金融发展，在扩大了金融规模的同时，并没有带来一个更有活力的金融。金融发展的推动力似乎不再是满足实体经济的需要。金融正日益变成一个自我循环的封闭系统。2010年，在反思金融危机为什么爆发时，时任英国金融服务管理局局长的阿代尔·特纳（Adair Turner）说："发达世界的金融体系在过去 20~30 年变得越来越大、越来越复杂，但是并没有清晰的证据显示这些变化与经济增长和稳定有任何关系。更可能的情况是大量的金融活动只是在从实体经济中攫取好处，而非创造价值。"

金融业增加值是衡量金融业重要性或是金融体量和规模的重要指标。仔细阅读图 1-3 中美国金融业增加值的 GDP 占比随时间的变化。在 1952~2018 年，美国金融业增加值的 GDP 占比从 3% 增加到 7.4%。这表明这一段时期美国金融业的发展速度是高于用 GDP 来衡量的经济增长速度的。美国历史上，1950~1980 年这段时间，金融业增长和经济增长基本上是一个正相关关系；但是 1980 年后，按金融业增加值来衡量的金融规模的增长速度远远超过 GDP 的增长速度。金融发展与经济发展之间的同步关系变得越来越弱。同样的趋势也出现在英国、法国、加拿大、荷兰和日本（Philippon 和 Reshef，2013）。金融规模脱离实体经济的需要过度发展，背后的驱动因素很多。但是**对长期趋势的背离本身，似乎意味着金融体系正变成一个自我循环的封闭体系。对于实体经济而言，这或是金融失去活力**

的一个明证。

1880~1980年这100年,是以美国为代表的工业国家完成工业化进程并实现人均生活水平最大提高的100年。这段时间的人均收入和生活水平的提高伴随着一个在规模上相对节制的金融体系,而且金融规模的增长与经济增长的速度大致是同步的。与之形成鲜明对比,如今的金融正在失去活力,正变成凯恩斯在80多年前形容的实体经济的穿插表演(sideshow)。现在,如果说金融真的重要,原因更可能出于金融风险的汇聚和金融危机爆发给实体经济带来的巨大伤害。金融正与其本质背离,变得更脆弱、更让人担忧。

现代金融失去活力的原因有很多。缺乏竞争和新生力量的进入是其中最大的一个缺环。以美国为例,1988~1997年间,美国金融机构的数量下降了30%,前八大金融机构持有的金融资产比例从总资产的22.3%提高到35.5%。各类金融创新尝试着绕开对跨州经营和混业经营的限制,使得金融机构越变越大。(Berger等,1999)进入21世纪后,金融业迎来了一个并购大爆发的历史阶段。截至2011年,美国在联邦存款保险公司承保的商业银行数量从20世纪80年代的14 000多家锐减至6 300家;美国前三大商业银行资产在整个商业银行的占比从1990年的10%增加到2007年危机爆发前的40%。(Philippon和Reshef,2013)然而,大量的并购重组并没有显著降低融资成本,反而使得银行业的竞争不像20世纪80年代那么充分。仔细研究这些大的并购,我们可以发现背后的真实动机并不在于更好地创造价值,而在于获取TBTF(too big to fail,即大而不倒)的地位。(DeYoung等,2009)与此同时,金融中介过程变得越来越不透明。对于任何一个行业,如果成本高昂的同时效率低下,局面将很难延续。而金融业似乎是一个例外,原因不外乎是监管失效、规模效应、金融交易的零和特性,当然,还包括严格的金融管制所形成的进入壁垒。

芝加哥学派的经济学家们倾向于认为高行业集中度和少数寡头垄断的产业结构并不一定意味市场竞争不足(Demsetz,1968、1973)。但这里面隐含了一个前提:现有的大机构和潜在的进入者之间存在着激烈的市场竞争。金融业的独特商业特质和高进入壁垒使得这个前提经常缺席。

UCLA 已故著名经济学家杰克·赫舒拉发（Jack Hirshlefer）1971 年在《美国经济评论》发表的著名文章或许有助于我们理解金融是怎样失去"活力"的。赫舒拉发的论文与金融本身并没有直接关系，他关注的焦点是私人信息（private information）与公众信息（public information）的价值。赫舒拉发用完美的逻辑、无懈可击的模型推导证明了如下结果：当创新者（inventors）的私人信息能让他更好地估测创新会给自己带来的收益（private return）时，创新者会更积极地投入创新活动；在完全竞争的市场条件下，全社会可能会存在过度创新的现象，而社会并没有从这些私人信息中获得任何好处。换个角度表述，**创新者的私人收益（private return）和社会收益（social return）有所不同，当创新者的创新活动是基于私人回报方面的信息进行时，一定会出现过度创新的现象，而且社会并不能从这些创新中受益。**①

跌宕起伏的金融发展史，这个社会一代又一代最优秀的精英涌入金融行业，各类金融创新层出不穷。当这些创新的初衷或侧重是为了获取更大的私人收益时，这些创新是否能够带来相应的社会价值？金融的演进是否存在过度创新？我们这个时代的金融演进是否只是充分反映了那些由私人回报来驱动的金融创新，以及由它们所带来的"熵值"增加呢？

到了去正确理解金融本质的时候。金融规模的不断扩大，如果背后的推动力量只是不断上升的杠杆率和不能带来成本下降的金融过度创新，那金融就无法形成对实体经济的有效支持。捍卫金融的最好方式是深刻理解金融的本质，找到真正能够有效服务实体经济的好金融。金融人的真正使命因而是——**定义并建设我们热爱的金融**！

---

① 赫舒拉发（Hirshlefer，1971）证明了在均衡状态下，获得公众信息（public information）并没有太大价值。

第二章 不断演进中的金融

万物都是一种语言的词汇,
某人或某物用它们夜以继日地,
写下那无尽的谵言呓语,
亦即世界的历史。纷乱间发生的
是伽太基和罗马,我,你,他,
我自己也领悟不了的一生,
那种身为神秘,机运,密码,
和巴别塔的全部混乱的痛苦。

——博尔赫斯,《罗盘》

我喜欢的作家、诗人博尔赫斯在他著名的《罗盘》一诗中用感性的方式谈到语言、构成语言的丰富词汇和语言书写的神秘命运。我们观察到的也置身其中的金融世界里的风云际会、景象万千,又是用哪一种语言、用什么样的词汇写下的呢?金融伴随着人类文明的发展不断演进着。我们怎样理解金融数千年的变迁及背后的推动力量?用热力学第二定律的表述,金融的演进到底是一个"熵值"不断增加、逐渐陷入混乱的过程,还是一个吐故纳新、不断自我革新的开放过程?⊖金融演进遵循什么样的规律?怎样判别一个金融是好金融还是坏金融?我们能够从 2008—2009 的全球金融危机中学到些什么?

亚历山大大帝与金融

当一个金融体系能够降低提供金融服务的成本、更好地把储蓄转为投资时,经济能够更好地发展,人们的生活水平也能不断提高。人类文明史上这样的例子数不胜数。我在这引用富兰克林·艾伦(Franklin Allen)和格伦·耶戈(Glenn Yago)在他们合著的《为未来融资》(*Financing the*

⊖ 我在本书第十章将详细梳理金融过去的演进历程和未来可能发生的变化。

Future)一书中详细描述的亚历山大大帝的扩张故事来强调金融的重要性。(Allen,Yago,2010)亚历山大大帝(公元前356—前323年)20岁时成为古希腊北部马其顿的国王。公元前334年,他带领40 000大军向波斯帝国统治的小亚细亚地区发起进攻,开始长达十年的东征。他最终击败波斯,推翻大流士三世的统治,征服了整个波斯帝国。在这个过程中,亚历山大大帝积累了大量财富,仅从波斯就掠取了价值相当于现在的5亿美元的黄金和白银。他将这些钱投入巨大的工程项目,包括修建庙宇、道路、水利灌溉和大量的船只。尤其重要的是,大量以前并未流通起来的货币进入了经济生活,为实体经济注入了信用量,促进了贸易和产业的发展。富兰克林·艾伦(Franklin Allen)和格伦·耶戈(Glenn Yago)戏谑称这像是现代意义上的量化宽松政策。据史学家考证,大量的黄金和白银进入经济生活后,循环流通起来,带动经济繁荣的同时更是极大地降低了融资成本——针对工商业(私营板块)的贷款利率长期维持在6%左右;而对城邦(国有板块)的贷款利率反而更高一些。后者反映出当时的工商业者在社会中有较高的地位,在政客面前有比较强的讨价还价能力。

金融成就了亚历山大大帝的历史伟业。30岁时,他已经创立史上最大的帝国之一,其疆域从爱奥尼亚海一直延伸到印度河流域。亚历山大大帝一生未尝败绩,被认为是历史上最成功的军事统帅之一。在他统治期间,金融不仅促进了经济繁荣,还推动了希腊文明向东的延伸,给人类文明留下了大量的宝贵遗产。遗憾的是,随着亚历山大大帝的英年早逝,他缔造的帝国被部下们迅速瓜分。成就了亚历山大大帝文治武功的金融,随着帝国的衰落和瓦解,也慢慢地走向没落。金融的作用,静静地躺在史籍之中,多年后才被经济史学家们重新挖掘出来。

金融的变迁

在这本书里,我始终在避免给出一个关于金融的终极定义。去追溯、整理、区别金融不同的含义,甚至重新定义金融这个概念,将无法回避不同定义下面隐藏的叙述角度和关注侧重的不同。在我的理解中，**金融是一个思想探索和实践探索的集成；是一个不断在流动的概念；是我们对现实生活的一直关注和理解**。我们真正需要做的是正确认知金融的本质，思考什么样的金融能够最大限度地践行金融的本质，为人类的福祉服务。

第一章的图1-1描述了金融的本质——以简单、直接、有效的方式将储蓄转换为投资。**金融的本质虽然简单，但金融实践却千姿百态，而且一直在演进着**。如果我们把金融理解为围绕着把储蓄转换为投资所发生的一系列活动的总和，那么这些活动的参与者（个人、家庭、企业、社会团体、国家等）之间的多重交互关系，规范这些活动的宗教文化、社会习俗、法律制度、公共治理体系等，以及这些活动置身于其间的经济社会发展阶段，还有支撑这些活动的科学技术和知识思想体系，聚合在一起形成了人类历史色彩斑斓的各类金融。如果我们仔细梳理人类几千年的金融发展，能大致看到上面提到的各种力量在金融的不断演进中所扮演的作用。

金融丰富且复杂。但是，我们可以尝试着从三个维度去描述某种金融：**具体采用的金融工具和提供的金融产品和服务**（例如，普通股、优先股、大宗商品期货、信用违约掉期合约CDS等）；**金融中介流程、操作及背后的金融思想和技术**（例如，MM定理、市场有效性假说、资本资产定价模型、布莱克-斯科尔斯期权定价模型、大数据和人工智能、分布式账簿等）；**金融活动的组织形式**（例如，股票交易所、商品期货交易所、对冲基金等）。上下数千年，跟金融相关的各种思想和实践在这三个维度上千差万别的呈现，构成了随时间流逝而不断演进的金融大千世界。

亚历山大大帝时代的金融与目前的金融在呈现形式上显然有着巨大差别。亚历山大大帝东征西战的那个时期，已经有了商业银行业务的雏形，人们已经深刻地理解了金融跨时间和空间实现财富转移的功能，黄金和白银已被广为接受，作为一般等价物履行货币的计价、流通、财富储藏等功能。但是，人类社会要等到公元1024年中国的北宋时期才能看到纸币（交子）的出现；世界第一个现代意义上的商业银行1781年才诞生；纽约股票交易所成立于1792年；人们直到1829年才看到现在已经被广为运用的存款保险制度的诞生;世界上第一只优先股的发行要等到1838年;标准普尔,作为世界上第一个信用评级机构,成立于1860年;第一只现代意义上的共同基金——马萨诸塞投资信托基金(Massachusetts Investment Trust)——于1924年正式成立……

进入20世纪80年代之后,我们更是见证了金融业态的巨大变化。金融创新层出不穷,不仅改变着金融业态本身,更改变着金融与实体经济之间的动态关系。标准普尔股指期货于1982年开始交易;尤努斯的普惠金融机构格莱珉银行(Grameen Bank)于1983年成立并投入运营;世界上第一家线上银行于1995年推出;在2008年全球金融危机中几乎毁灭了整个金融体系的信用违约掉期合约(Credit Default Swaps,CDS)诞生于1997年;2008年11月,神秘的中本聪(Satoshi Nakamoto)发表的一篇名为《比特币:一种点对点式的电子现金系统》的论文描述了电子货币"比特币"及其算法,并于2009年推出世界上第一批比特币,在全世界掀起"挖矿潮"的同时,也促使人们去思考货币甚至金融的本质;2019年6月18日,在全球拥有27亿用户的Facebook发布了加密货币项目Libra。按照其白皮书的描述,Libra的使命是"建立一套简单的、无国界的货币和为数十亿人服务的金融基础设施。"按脸书的规划,Libra将锚定一篮子法币,面向全球用户提供支付功能。Libra的腾空出世将严重挑战现代金融理论尤其是货币理论,冲击现有的跨国监管架构。虽然各国金融监管机构对这样一种基于算法型账本的数字货币大多持否定态度,Libra的推出也仍面临众多难以克服的障碍,但它开启了一扇封闭已久的大门,重新启发人们去思考货币的本质以及构建在货币发行基础之上的现代金融体系的未来发展之路。

金融在演进着。农耕时代的金融与工业化时期的金融以及后工业化时代的金融当然不同;同样是后工业时代的金融,也因文化习俗、制度基础设施、主流价值理念等差异而各有不同。人类社会虽然一直没有放弃找到一个模板统一的金融模式的尝试,但迄今的努力似乎并不成功。我们可以用一句话、一个简单的图示(图1-1)点出金融的本质,但我们无法提供一部操作手册、一个标准模板、一条最优的路径图,指导人们如何更好地践履金融的本质,在尘世生活中去实践好金融而非坏金融。

更有甚者,金融的进化本身还充满着周期性。仅以20世纪的金融实践为例。1929年大衰退爆发后,美国于1933年通过的《格拉斯-斯蒂格尔法》,明确规定分离商业银行业务和投行业务,实行分业经营。这一法案一直延续到1999年才被废止。类似花旗集团这样的"一站式"金融混业经营模式蔚然成风。然而,2008年金融危机爆发后,监管者将矛头指向混业经营带来的风险不透明、"大而不倒"(TBTF)等,2010年美国又通过了《多德-弗兰克法》——其中的沃尔克规则禁止商业银行从事某些证券自营业务。**监管的周期性带来金融实践的周期性;而金融实践的周期性又可能导致监管的周期性。**

好金融的标准——降低金融中介成本

1950年,经济学家阿门·阿尔奇安(Armen Alchian)在《政治经济学期刊》(*Journal of Political Economy*)发表了名为《不确定性,进化,和经济理论》(*Uncertainty, Evolution, and Economic Theory*)的论文。这篇论文的价值随着时间流逝愈发显现,是公认的现代经济学文献中最重要的文章之一。在这篇论文中,阿尔奇安用自然界的进化理论研究人和企业行为的变化,并探讨经济学里的"经济人假设"是否合理。

当时的经济学界正在激辩"个人效用最大化"和"企业利润最大化"等假设的合理性。质疑者认为,在存在不确定性的情况下,企业无法预先知道真实的需求和供给情况,更无法据此制定能够实现利润最大化的产品价格;个人的情况也是如此,没有确定的信息,很难做出让个人效用最大化的最优选择。因此,经济学里的厂商理论和个人效用理论中关于经济人的假设——即个人或是厂商在约束条件下追求利益最大化的选择——是错误的。对基础假设的动摇可能撼动整个学科的合理性。作为价格理论大家,阿尔奇安自然会想方设法捍卫"经济人假设"的合理性。

阿尔奇安沿用的是达尔文的进化论。在达尔文描述的生物世界里,优胜劣汰,物竞天择,如果资源配置效率太低,该物种就会消亡,剩下的物种表现出更高的资源配置效率。将自然界的优胜劣汰、物竞天择引申到经济生活中，也存在着一系列具有更高资源配置效率的"最优化条件"（optimality conditions），比如，企业利润最大化和个人效用最大化等。当企业或是个人做决策时，他们并不需要知道这些"最优化条件"是什么。事实上，因为不确定性的存在，他们也无法预先知道。以企业为例，阿尔奇安指出，企业并不需要把利润最大化作为决策的出发点。当大量的企业出于不同动机做出各种各样的决策时，那些做出与"利润最大化"距离最接近的决策的企业就更可能在竞争中生存下来，而背离"利润最大化"的企业可能就会在竞争中被淘汰。和失败者相比较，竞争中的获胜者具备一些符合"最优化条件"的特征。由于不确定性的存在，企业会模仿那些获胜者的特征，而胜利者们也会有极大的可能性坚持那些使得它们成功的特征。于是，经济生活里面的"物竞天择，适者生存"开始发挥作用，经过长期进化，生存下来的企业最终会趋同到经济生活中的最优化条件，按利润最大化来决策。**在阿尔奇安看来，我们不需要假设企业是完全理性、先知先觉的，进化的力量会让它们逐渐培育出那些和"最优化条件"极其接近的特征。**

我用了不小的篇幅讨论一个似乎与金融并不相关的话题。事实上，阿尔奇安文章中关于经济社会进化的分析讨论，能够启发人去思考金融演进背后的逻辑。我在这里提出一个理论架构去理解金融的演进。贯穿人类文明发展，经济生活的参与者对金融服务的需求始终存在。上下五千年，由于经济发展水平、宗教文化习俗、科学技术发展、法律制度和公共治理体系的变迁等原因，使得金融往往呈现出不同的实践形式。数千年的实践为人类社会提供了种类庞杂的金融产品和服务、各式各样的中介方式、操作和千奇百怪的组织形式去实现金融的基本职能——将储蓄转化为投资。但是，哪一类金融能够穿越岁月山河，历经磨砺，成为能够有力支持实体经济发展的好金融呢？用阿尔奇安的术语，金融活动的"最优化条件"是什么呢？

林林总总的各类金融创新的出发点或许并不是降低金融中介过程中的交易成本。寻租冲动——利用信息不对称或是制度设计上的漏洞去大肆逐利，是很多金融创新得以出现的原动力。历史反复教育我们，资产泡沫往往最容易出现在那些信息不对称最严重的领域,正是各种各样的泡沫让少数人有了在短期内攫取暴利的可能性。我在第一章中提到《华尔街》里的葛科和他那著名的"贪婪是美德"和"贪婪是人类进步的动力",站在道德高度审视我们生活中的金融及不断出现的各类金融创新,动机能够经得起即使是最宽泛的道德标准审视的又有多少?

我们应该就此悲观吗?其实,阿尔奇安在1950年发表的论文已经给出了答案。按照阿尔奇安的分析,如果"以简单、直接、有效的方式将储蓄转为投资"是金融中类似阿尔奇安提出的企业或是个人决策的"最优化条件"。那么,我们有理由相信社会进化的力量。大量的金融创新和金融业态的巨大变迁背后的推动力量或许不是"降低成本",但在漫长的历史演进过程中,适者生存。那些没被历史淘汰掉、存活下来的金融机构或是金融业态更可能具备跟"最优化条件"极为接近的特征,这些特征使得它们最终趋向"降低融资成本"。也只有这样,它们才会在优胜劣汰的竞争中存活下来。存活下来的必有其合理性,降低融资成本或许就是我们看到的金融合理性的重要来源;它也是我们最终判别一个金融是好是坏的标准。毕竟,我们都希望金融有人性(humanity)的一面存在。

我在图2-1中给出了一个金融演进的框架。这里特别需要强调金融基础设施的重要性。金融的基础设施包括物理意义上的基础设施和制度基础设施两个维度,提供了现代经济体系下金融活动的一个大背景。金融基础设施包括规范金融活动的宗教、文化和社会习俗;法治传统(例如,信托责任、契约精神、对私有产权的保护等);公共治理体系和全球治理架构;当然,它还包括支撑、创造各类金融中介活动的知识和思想体系。我在后文将分析到,制度基础设施对于建设好的金融有第一阶(first order)的重要作用。按照图2-1所揭示的逻辑,在金融的演进过程中,金融基础设施决定金融中介模式,包括金融产品和服务、流程和操作、金融活动的组织形式及其背后不断发展深化的金融思想等;金融中介模式进而决定金融在经济社会生活中所起的作用是好或是坏。

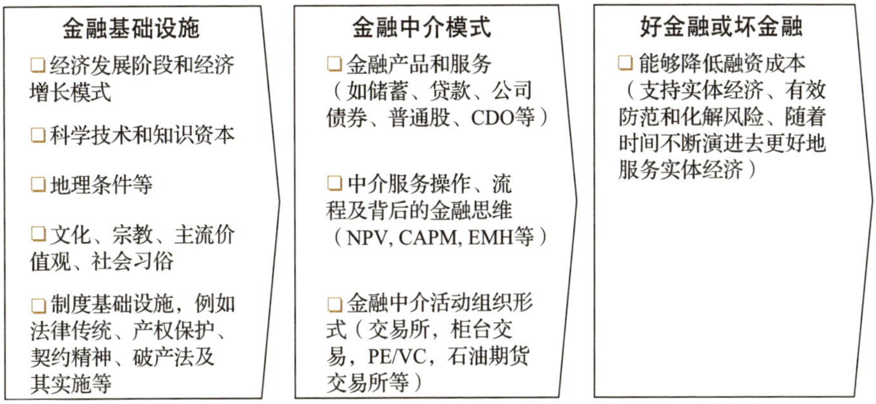

金融基础设施	金融中介模式	好金融或坏金融
☐ 经济发展阶段和经济增长模式 ☐ 科学技术和知识资本 ☐ 地理条件等 ☐ 文化、宗教、主流价值观、社会习俗 ☐ 制度基础设施,例如法律传统、产权保护、契约精神、破产法及其实施等	☐ 金融产品和服务(如储蓄、贷款、公司债券、普通股、CDO等) ☐ 中介服务操作、流程及背后的金融思维(NPV, CAPM, EMH等) ☐ 金融中介活动组织形式(交易所、柜台交易,PE/VC、石油期货交易所等)	☐ 能够降低融资成本(支持实体经济、有效防范和化解风险、随着时间不断演进去更好地服务实体经济)

图 2-1 金融演进模型

关于各类金融中介模式背后的金融思想,我想特别强调始于20世纪50年代、推进金融经济学量化革命的一系列金融理论的重要性以及它们对金融实践所产生的深远影响。从哈里·马科维茨(Harry Markowitz)的最优资产组合理论,威廉·夏普(William Sharpe)的资本资产定价模型,到尤金·法玛的有效市场假说,费希尔·布莱克(Fisher Black)、迈伦·斯科尔斯(Myron Scholes)和罗伯特·默顿(Robert Merton)的期权定价模型,这些金融思想共同构成了金融经济学中量化革命最重要的部分。这些看似深奥的理论不仅改变了经济学家对金融市场和金融机构的思考方式,更帮助人们理解股票和债券那些神秘的市场行为,使得普通大众更容易进入这些市场。资本资产定价模型为企业管理者和投资者提供简洁的方法计算资本成本和投资的预期收益率;有效市场假说带来了指数共同基金业务的出现,如今在金融行业中占据了数万亿美元的份额,并且仍在强劲增长;期权定价模型则催生了数额庞大的金融衍生品市场的飞速发展。

从金融基础设施到金融中介模式,再到金融体系的表现,不断演进的金融形成一个闭环系统。金融中介的具体表现不断地提供反馈,帮助调整或改进金融中介模式,它也能提供若干反馈去改善或修正金融基础设施,当然,这个过程会更漫长一些,反馈所起的作用也相对弱些。

一个描述金融中介过程的基准模型

金融的本质,如第一章中的图 1-1 所示,一直没变。然而,金融中介的实现形式及金融体系的呈现形式却一直在变化。随着国家的出现及其在经济生活中扮演越来越重要的作用,政府有强烈的动机动用财政政策或是货币政策去干预经济,实现政府制定的政策目标,宏观政策的制定和实施自然而然会影响到金融中介的过程和结果。在全球化时代,各个国家通过商品和服务贸易、资金和人员的跨国界流动紧密联结在一起,国境不再是金融活动物理位置上的界限,资金在全球的自由流动也会影响到金融中介的具体形式、过程和结果。金融资产价格的变动同样可以使得金融中介过程更趋复杂和脆弱。最典型的例子是各类金融资产泡沫的产生及破灭。泡沫的存在意味着资产价格开始背离金融资产的真实价值,一旦出现价格的大幅调整,金融体系的稳定性受到冲击,正常的金融中介过程受阻,金融把储蓄转化为投资的功能就难以顺利实现……

图 2-2 提供了一个在现代经济体系下描绘金融与实体经济动态关系的框架图。[一] 这里,我在上文中讨论过的金融基础设施为金融中介活动提供了一个大的背景。金融中介的本质虽然可以用不同的角度去表述,但都绕不开向实体经济注入信用量(credit)这一实质。特别提醒,信用量和杠杆是两个完全不同的概念,认为向实体经济注入信用量必然要用杠杆或是必然要通过高杠杆率来实现这样的观点是错误的。向实体经济注入信用这一过程看似简单,但在现实世界中,许多因素都会导致向实体注入信用的正常秩序受阻,从而使得金融体系和实体经济都不能顺畅运行,而极端情况就是金融或是经济危机。某种程度上,正如我在下文将论述,高杠杆率正是使得向实体经济注入信用量这个过程受阻的原因之一。

[一] 这个框架图是我和 Douglas Arner, Paul Lejot 在 2013 年出版的《Finance in Asia: Institutions, Regulation and Policy》一书中提出的金融中介分析框架的一个拓展。

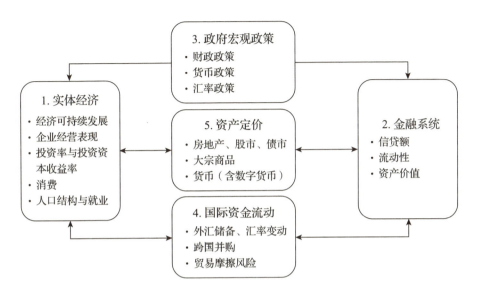

图 2-2 现代经济体系下的金融中介基准模型

需要对图 2-2 进行详细解释。首先是实体经济。我们需要明确实体经济是金融系统创造的流动性的接受方。但是必须指明，实体经济与金融体系之间的互动绝非单向度。当实体经济运行效率出现问题，增长乏力，失业率上升，实体经济的微观基础——企业——投资资本收益率不足时，实体经济的风险很容易传递到金融体系，导致金融风险的聚集，影响金融中介的顺利进行，甚至催生金融危机。例如，中国金融体系当前最大的一个风险点是杠杆率尤其是企业杠杆率的居高不下，而高杠杆率的根源之一是中国企业相对较低的投资资本收益率。我在本书第五章将会提到，1998 年至 2018 年这 21 年间，中国上市公司平均的投资资本收益率按照简单算术平均计算只有 3%，根本不足以覆盖企业的融资成本。

按照经济学的重要分析框架——增长率 = 投资率 × 投资资本收益率，投资率和投资资本收益率都能驱动经济增长。改革开放初期中国经济发展的起点较低，资本相对稀缺，资本的边际收益率保持在一个较高的水平。随着我国工业化进程的接近完成和高速增长阶段的结束，投资资本收益率开始下降。以与投资资本收益率密切相关的全要素生产率（Total Factor Productivity，简称 TFP）为例，最近六年中国 TFP 的年均增长速度已从改革开放最初30年的4.0%降到2.3%。当资本收益率下降时，为了完成较高的增长目标，只有靠提高投资率。最近几年，房地产投资和基础设施投资成为稳定增长的重要手段即为明证。在这种经济增长逻辑下，中国经济对融资特别是银行信贷的依赖度不断加强。2018年全年中国的社会融资总量增量达到19.3万亿元，而该年的GDP增长率为6.6%，按照2017年不变价，GDP的增量部分为5.5万亿元。19.3万亿元的融资总量带来5.5万亿元的GDP增量，拉动1元钱的GDP需要3.5元的融资，足见货币政策的边际效应在大幅度减小。融资对经济增长的边际作用正变得疲弱时，保增长需要更大剂量的资金投入经济生活，形成金融"繁荣"，但这种金融繁荣背后往往是风险的集聚。

其次，政府有可能采纳了错误的货币政策或是财政政策，最终影响金融系统和实体经济的健康，甚至导致金融危机。阿兰·格林斯潘就任美联储主席的20年间（1987—2006年），持续减息，大量的流动性注入实体经济，虽然在一定程度上促进了经济强劲增长，而且多余的资金注入似乎也没有导致物价指数上涨，但是持续宽松的货币政策最终还是使得大量资金流向房地产市场和股票市场，这两个市场尤其是前者的"非理性繁荣"，加上大量金融创新推波助澜，为2007年次贷危机及后面全球金融危机的爆发埋下了种子。以房地产市场为例，泡沫期间美国家庭债务因房贷而大幅增加，而当美国家庭因经济衰退而无法维持自身债务之时，房产被大量抛售进而造成房价大幅下跌，最终家庭债务、经济下行、房价下跌叠加在一起，使得以家庭为单位的支出大大减少，经济出现衰退。

再次，国际金融市场上资金的跨境流动虽然可以支持一个国家金融和经济的发展，但是当外国资金突然撤出时，却可能危及金融系统的安全。1997年，以索罗斯为代表的国际对冲基金看空固定汇率下泰国经济的增长前景，开始大量卖空泰铢，导致泰铢汇率大幅下跌，美元资金此时也大量撤离泰国。雪上加霜的是紧接着发生的一系列银行挤兑，导致大量银行倒闭，然后危及实体企业，泰国经济几乎崩溃。同一年，发生在韩国的情况也极其相似。当对冲基金大量卖空韩元时，韩元大幅贬值，严重动摇投资人继续持有韩元资产的信心，银行挤兑大量发生，银行开始从企业提前收回美元信贷……国际资金的逆向流动可能导致金融中介出现梗阻，甚至导致金融体系的瘫痪。

复次，金融资产价格的大幅变动也会危及金融体系的安全，影响金融体系向实体经济提供必要的融资。史上最有名的泡沫之一，密西西比泡沫事件即为一明证。1717年，苏格兰银行家约翰·劳得到法国政府授权成立了密西西比公司，通过公开发行股票来募集资金，号称主要用来开发美洲的财富。约翰·劳是讲述财富故事的高手，也是金融操作的天才。当然，北美广阔肥沃尚未开拓的土地也给投资者们提供了巨大的想象空间……**信息不对称程度最高的地方最容易出现资产泡沫**，密西西比公司的股价在各类投资人的争相追捧下一路狂升，最后铸成史上最大泡沫之一。然而，是泡沫必然破裂，只是时间问题。到1720年5月，人们终于意识到股价一直上涨这样的神话是不可能永远持续的。市场慢慢形成一种预期——股价的大跌迟早会发生。终于，一个偶发事件触发了密西西比公司股价的大幅下跌——短短13个月间股价跌幅高达95%。泡沫破灭彻底摧毁了法国人对金融机构和金融市场的信心。

最后，金融机构本身的问题也可能加剧金融风险的聚集，导致金融危机的爆发。最近一轮全球金融危机最大的肇因之一就是金融系统的脆弱性。当时，金融机构道德风险泛滥，不负责地任意提高杠杆去投资高风险的次级债等金融产品，雷曼兄弟公司和贝尔斯登在2008年倒闭之前杠杆率长期维持在30~40倍。整个金融市场的投资者所具备的高风险偏好和商业银行对短期批发性融资的过度依赖造成了金融系统的脆弱性。危机爆发时，这种脆弱性直接导致了市场恐慌情绪和信贷紧缩，最终形成系统性金融风险，在2008年几乎拖垮了全球金融体系。

五组动态变化的交互决定金融中介模式

在以全球化为背景的现代金融体系里，实体经济部门和金融系统的各类参与者，包括国际金融机构、跨国金融机构、本国及外国政府、各国央行和金融监管机构等，都在以不同的方式参与到金融中介的过程之中。由于参与者众多，动机和目标不一，现实经济生活中把储蓄变为投资的过程链条更长，涉及的中间环节更多，牵涉的动态变化远较图 1-1 复杂。我在图 2-2 中给出的是一个分析金融体系与实体经济交互关系的基本框架。在这个关于金融中介的基准模型里，我引入现代经济体系里与金融中介活动密切相关的五个维度，分别为：实体经济动态变化（real economy dynamic）、金融体系动态变化（financial sector dynamic）、宏观政策动态变化（macroeconomic policy dynamic）、跨境资金流动的动态变化（cross-border funding dynamic）和资产价格的动态变化（asset pricing dynamic）。任何形式的金融中介（financial intermediation）都是通过这五个层面错综复杂的交互关系来完成的。而这五组动态变化自身以及它们之间存在着的有很大纵深度的交互关系，很大程度上决定了金融体系是以什么样的方式服务实体经济。①

过去 30 年，特别是 1997—1998 年亚洲金融危机爆发后，经济学家和政策制定者们逐渐认识到一个经济的微观基础是否健康对持续稳健的经济发展有至关重要的意义。**实体经济动态变化**主要看一个经济体的微观基础是否健康。这里，衡量经济微观基础是否健康最常用的一个指标是投资资本收益率（return on invested capital，简称 ROIC）。当大部分企业的投资资本收益率不高甚至低于融资成本时，这些企业的还本付息最终会成为问题。这会影响到金融体系的健康和金融中介的顺利进行。此外，实体经济的其他问题也可能会影响到金融中介。例如，收入和财富分配不平等、劳动力市场的不利变化、产业结构的变迁等。

金融体系动态变化主要有三个来源。其一，金融系统向实体经济注入的信用量的周期性变化，包括银行信贷、股票发行量、债券发行量和到期赎回量、其他类型的融资量变化等。例如，中国目前的社会融资总量主要包括人民币各项贷款、外币各项贷款、信托贷款、委托贷款、金融机构持有的企业债券、非金融债券、保险公司的赔偿和投资性房地产；也包括实

---

① 在本书第九章，我将用图 2-2 提供的分析框架详细梳理中国现在的金融体系，讨论其断裂点，并探究修补的方法。

② 请注意，我在这里用的是金融资产价值这样的表述，而非金融资产价格。

体经济利用规范的金融工具，在正规市场通过金融机构所获得的直接融资，例如，银行承兑汇票、非金融企业股权融资和企业债的净发行；同时包括小额贷款公司贷款、贷款公司贷款、PE、对冲基金、产业基金投资等。其二，市场流动性的周期性变化，包括股票市场流动性，债券二级市场交易量，及银行信贷的二级市场流动性变化等。其三，金融资产价值，包括股票价值、债券价值、信贷价值以及其他金融资产如衍生产品价值的变化。当整个金融体系处于健康状态时，信用量、流动性及资产价值都在有利于实体经济发展的范围内变动；当金融体系发展不充分或是中介效率不高时，金融体系很难给实体经济提供可持续发展所需的支持，实体经济发展受挫，又会反过来影响金融体系的健康。

金融监管机构、中央银行和财政对金融中介的顺利进行有至关重要的作用。美联储已故副主席爱丽丝·里夫林（Alice Rivlin）曾经戏谑央行的作用，"中央银行的主要工作是担心"（The job of the Central Bank is to worry）。中央银行出于对经济形势的预判，对可能的风险的疏解或防范，往往通过调整利率、控制信贷量等手段影响货币供给，这最终将影响实体经济的产出和商品服务的价格；监管机构通过制度、规则或直接干预（如限制对某类企业或是某类行业的贷款）等手段确保整个金融行业的稳定，控制金融体系风险。此外，政府采纳的财政政策和汇率政策等也会影响到金融服务实体经济的方式、力度和效果。**宏观政策的动态变化**是现代经济体系下金融中介基准模型里的重要一环。

资金流动的动态变化同样至关重要。在全球化时代，金融体系以简单、直接、有效的方式向实体经济注入信用量。亚洲经济危机爆发初始，大量的美元资金撤离亚洲国家，让这些国家的金融机构雪上加霜，大量倒闭，深陷危机之中，最终影响到向实体经济注入生产和维系运营急需的资金。资金撤离比人员或机器设备撤离要快速得多，因而跨国资金的流动对金融体系和实体经济的影响会被远远放大，进一步加剧金融体系和实体经济的波动性和脆弱性。

金融资产或是实物资产价格的变动同样是金融中介基准模型里重要的一环。我前面提到的密西西比河公司泡沫和2008—2009年全球金融危机爆发前的美国房地产泡沫即为明证。泡沫破灭后,不但给实体经济,而且给金融体系带来了长期的、难以愈合的创伤。一直以来,学界对金融资产价格的变动如何影响实体经济和金融并不了解。经济学家清泷信宏(Nobuhiro Kiyotaki)和约翰·摩尔(John Moore)于1997年在《政治经济学期刊》发表了一篇重要的文章[一],找到了资产价格变动影响实体经济和金融体系的机制,回答了这个问题。在这篇著名的文章中,两位学者分析了实物资产或是金融资本被用来作为银行信贷抵押品这种情况。他们的模型显示,当资产价格发生变动时,会影响到企业在银行抵押品的价值,从而影响到企业从银行进一步获取融资的能力,这不仅影响到实体经济,也通过实体经济的放大作用反过来影响金融系统的健康。资产价格的不利变动,加剧了金融中介过程中的摩擦,使得中介成本增加,金融风险汇聚,极端情况下形成金融危机。**资产价格的动态变化**显然影响金融中介效率和金融体系的稳定。

正如图2-2所示,人类社会早期通过简单、直接的方式向实体经济注入信用量,随着人类文明的进步和经济活动及经济关系的日益复杂,金融中介的形式越来越复杂。这五组动态变化——实体经济的动态变化、金融系统动态变化、政府宏观政策动态变化、跨境资金流动的动态变化和资产价格的动态变化——在丰富金融中介的手段、操作与流程以及组织形式的同时,不断产生新的金融思维和金融智慧,甚至推动着新的金融技术的出现(例如,金融科技)。但是,我必须指出,金融的动态演进,同时使得更多的中间环节和不确定性进入金融中介过程,金融开始变得越来越不透明,越来越不直接。

一个能够很好地服务实体经济的金融,能在这五组动态变化的交互关系中形成一个相对稳定的均衡,使得金融中介的成本处于一个相对合理的水平。然而,当这五组动态变化中有任何一组或是若干组出现不利的遽然变化时,金融体系向实体经济注入信用量这一正常过程就可能受阻,导致

[一] 媒体和学界一直在猜测,这两位经济学家迟早会因为这篇文章的贡献获诺贝尔经济学奖。

金融风险汇聚，发生金融危机的风险就可能加大。建设能够有效降低融资成本、有效防范金融危机风险的好金融，需要夯实加固连接实体经济和金融系统的各个链条，在这五组动态变化的交互中形成稳健的均衡。

透过金融中介基准模型反思2008—2009年全球金融危机

我在图2-2中提出了一个关于金融中介的基准模型，指出一个能够有效降低金融中介成本、有效防范金融危机风险的好金融，需要夯实加固连接实体经济和金融系统的各个链条。这个模型能否解释真实世界？必须坦承，经济学理论和分析框架与物理学一样复杂，但是我们无法把经济或是金融体系的运行放在实验室进行试验。但是，经济学者的幸运之处在于我们有时候会遇到一些"自然实验"（natural experiment）——现实生活中发生的一些事件让我们可以直接使用科学方法来检验我们的理论。2008—2009年爆发的全球金融危机提供了这样一个自然实验，让我们可以去检验图2-2中提出的模型是否反映了我们这个时代金融中介的本质。

2008—2009年全球金融危机

全面爆发于2008年的全球金融危机持续数年，重创全球经济。以实体经济受危机影响最深的2009年为例。在这一年里，发达国家的平均经济增长速度为负，工业产出也出现负增长；而发展中国家也只是勉强维持着2%的低速增长，而且其中绝大部分是由中国贡献的。全球贸易量在2009年下降了30%左右。受危机影响，衡量国际航运景气程度的指标——波罗的海干散货指数——从2008年最高的11793点，一路下滑到2009年的850点，反映出全球经济的严重不景气。2009年第一季度，长期保持经济高速增长的中国，受全球经济积弱不振的影响，GDP增速也降至6.9%。而危机的肇事者即全球主要金融机构受危机影响，更是深陷困境，2008年3月，美国第五大投行贝尔斯登宣布破产，9月，第四大投行雷曼兄弟公司也宣布倒闭。

图2-3给出了全球主要金融机构2007年2月（危机爆发前）和2009年2月（危机中）的市值变化。短短两年间，全球主要金融机构市值巨幅降低。花旗集团的股票市值两年时间内从2 590亿美元跌至80亿美元，其他金融机构市值也同样大幅缩水。尤其值得一提的是，2008年9月15日，熬过包括大萧条、石油危机、亚洲金融危机等在内的一系列金融危机的老牌金融机构雷曼兄弟控股公司，根据美国破产法，向美国联邦破产法庭递交破产保护申请。

雷曼兄弟公司成立于1844年，1887年即获得纽约股票交易所席位，并于1889年第一次承销股票发行。雷曼兄弟于1994年更名为雷曼兄弟控股公司，并在纽约和太平洋股票交易所上市，1998年雷曼兄弟成为标准普尔500股票指数的成分股。2005年，Euromoney更是将雷曼兄弟评为年度最佳投资银行。就这样一个豪华、不可一世的金融帝国在瞬间崩溃。长期以来压抑在金融系统和实体经济中的各类结构问题最终以火山爆发的方式喷薄而出。

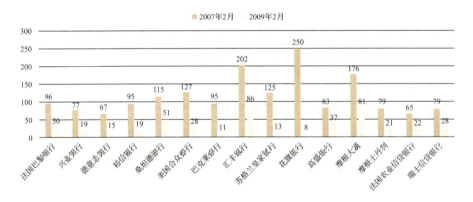

图2-3 危机前后金融机构的市值变化（单位：10亿美元）

来源：Bloomberg；作者计算。

美国媒体在反思这一切时曾做过一个有趣的类比——金融帝国的坍塌好比泰坦尼克的沉没。曾经，泰坦尼克被认为是人类历史上最大、最豪华也是最安全的游轮：船上有足够容纳三分之一乘客的救生艇，完全符合安全规定；泰坦尼克号的股东们和融资者亲自参加首航——他们也绝对相信泰坦尼克的安全性。出于安全考虑，泰坦尼克首航时选择更南边的航线以避开冰山，但船上的无线电操作人员却忽略了附近有冰山的警告电报……史上最大的海事灾难就这样出乎所有人意料地发生了。近1 500人死亡，包括船长在内的工作人员几乎全部死亡，与此同时，大量的救生艇并没有坐满。

曾经，全球金融体系似乎也像泰坦尼克号一样坚固、安全。这是无数商业精英们用智慧和专业技能精心打造的完美体系。当2007年8月次贷危机爆发时，人们普遍认为这是小规模的局部危机，对整个金融体系并无大碍。然而，随着危机逐步发酵，金融机构逐渐发现，相互缠绕、盘根错节的资金往来已经将局部风险转换为整个体系的系统性风险，没有谁能够置身事外。惨烈而富有戏剧性的"泰坦尼克撞冰山事件"，就这样在21世纪的全球金融体系里真真切切地发生了。

危机过后，满地狼藉。仔细思考危机的酝酿、爆发及对全球经济甚至其发展趋势的深刻影响，不难发现我在图2-2中所描述的五组动态变化在这一过程中都出现了一系列不利的变化，使得实体经济与金融体系的链接变得更加脆弱，直至最终断裂。根据图2-2提供的框架分析危机成因，可以帮助我们找到更好的方法夯实金融与实体经济的各个界面和各种连接，从而为建设更为有效和稳健的金融体系提供思路。

危机爆发的原因

2007年美国次贷危机爆发，很大程度上源于美国家庭资产负债表的恶化。美国在2007年危机爆发前经历了较长一段时间的房地产泡沫。如耶鲁大学著名金融学教授、诺贝尔经济学奖获得者罗伯特·席勒（Robert Shiller）主导编制的衡量美国主要城市房价变化情况的标普/凯斯-席勒房价指数（图2-4）显示，[一]美国20个城市综合房价指数从1999年的100点开始一路上涨，到2006年已经达到203.33点。8年时间，美国最大的20个城市的平均房价上涨一倍多。美国最大的10个城市房价涨幅更是惊人，

一 这是席勒和凯斯合编的一个房价指数，后出售给标准普尔公司。

10 城市综合房价指数从 1999 年的 100 点增长到 2006 年危机爆发前的 222.39 点。当然，图 2-4 也显示，在房地产泡沫破灭之后，美国 20 城市综合房价指数一路下滑到 2011 年的最低点 136.60 点。如果历史能给予我们什么启示的话，一个值得关注的现象是 2018 年美国 10 城市综合房价指数已经超过危机前 2006 年的最高点，达到了 227.77 点。

我们把时间拉回到 2008 年危机爆发前。当时，美国国会陆续通过一些法案，为低收入家庭购买房屋提供各种便利。大量低收入家庭得到各种金融机构的优惠，取得住房抵押贷款，进入房地产市场，需求上升不断推高房价。这个过程中，由于激励机制设计之故，收取佣金的经纪人（broker）不厌其烦地鼓励居民购房、积极撮合房产交易。危机爆发后许多关于经纪人的丑闻被披露出来——他们甚至帮助一些目不识丁的购房者填写虚假表单，或者伪造收入证明以获取银行的大额贷款。经纪人出于私利其行为尚可理解。问题在于，那些贷款银行为什么也乐意参与其中？其中的逻辑很简单，从银行的角度，由于当时美国的低利率环境，正常贷款带来的收益不高，贷给风险较大的低收入家庭可以享受较大的利差。

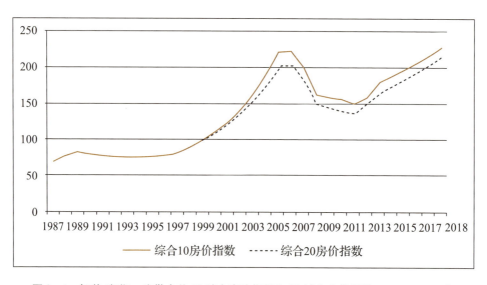

图 2-4　标普/凯斯－席勒全美 10 城市房价指数和 20 城市房价指数：1987—2018 年
来源：Bloomberg；作者计算。

第二章
不断演进中的金融

阿蒂夫·迈恩（Atif Mian）和阿米尔·苏非（Amir Sufi）的研究所示①，房地产繁荣期间的债务积累，让家庭特别容易受到其净资产变化的影响，家庭的资产负债表质量对房价变化特别敏感。当房价下跌，作为购买者主要抵押品的房产的净值开始收缩，直接影响着购买者再得到新的信贷资金的机会，而当他们的资产和收入纷纷下跌时，情况更是如此，接下去的情况就是信贷进一步收缩，接踵而来的是消费下降。

随着美国经济 2007 年进入衰退，房价开始下跌，美国家庭的资产负债表开始恶化，导致违约率上升，直接影响到以住房抵押贷款为底层资产的金融产品的价格，最终造成高负债的金融机构的巨大损失。问题的焦点在于，如此简单的金融逻辑下，为什么银行会放松贷款标准？原因简单，为了对冲风险，银行采取的策略是将贷款打包卖掉，将风险转移给贷款包的购买者，提前回收现金同时转嫁风险。以投资银行为主体的金融机构大量购买这些贷款包后，将其分类并重新打包，最终"生产"（originate）出大量的标准化证券产品，卖给投资机构。现在人们已经耳熟能详的 CDOs（colleteralized debt obligations，债务抵押证券）和 ABS（asset-backed securities，资产支持证券）等即是以资产证券化技术为基础，对住房抵押贷款或其他金融资产进行结构性重组后产生的创新金融产品。在"生产"这些结构化金融产品的过程中，投行赚取从银行收购打包贷款获得的折价和以溢价出售证券化产品所带来的双重利润，同时成功向下家转移风险。

以保险公司、基金公司、投行等机构为主的投资人出于高收益目的大量购买这些证券化产品。为什么这些聪明世故的金融天才们会忽略结构化产品本身所包含的高风险？事实上，最初低收入家庭的住房抵押贷款已经通过层层中间环节变成了一个个标准化的证券化产品，风险的真实面目已经模糊不可辨认。我在图 2-5 中直接引用了美国哈佛大学的两位经济学家埃夫瑞恩·本梅尔奇（Efraim Benmelch）与詹妮弗·德乌戈什（Jannifer Dlugosz）在 2009 年发表的一篇文章。他们对 2007 年至 2008 年之间金融机

---

① Atif Mian 和 Amir Sufi 2014 年出版的著作，"House of debt: how they (and you) caused the Great Recession, and how we can prevent it from happening again."

构发行的结构性金融产品的信用评级进行了研究。在图 2-5 中，他们比较了原始抵押物的平均信用评级（灰色）和以这些原始抵押物为底层资产"创造"出的结构化金融产品的信用评级（黄色）。

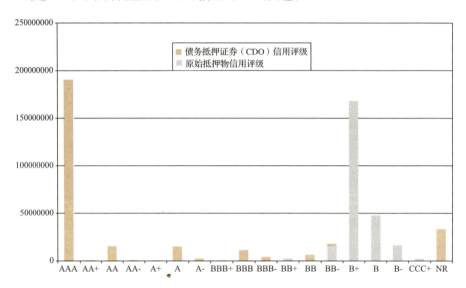

图 2-5　CDO（债务抵押证券）与原始抵押物信用评级比较（基于 3 912 个产品）
来源：Efraim Benmelch 与 Jannifer Dlugosz（2009）。

作为典型的结构性金融产品，CDO 信用评级和基础抵押物的平均信用评级之间具有较大差异。虽然样本中 CDO 总量的 70.7% 最初被评为 AAA，但支持这些结构化金融产品的抵押品的平均信用评级为 B+。同样的抵押品（如住房抵押贷款），包装并重新归置之后，信用评级却有云泥之别，严重误导了投资者。包括穆迪和标准普尔在内的信用评级公司的失误在于，风险在传递过程中虽然被分散了，却从来没有离开过这个体系，这背后当然有信用评价机构的道德风险作祟——提供好的评级容易带来更多的业务，获取更大的利润。

就这样，市场不断向外围吞噬，每一个中间参与者——购房人、经纪人、贷款机构、投行、投资机构等——都兴致勃勃参与这个游戏，沾沾自喜，获取利益的同时笃信风险已经被成功地转移给下家。但他们都忽视了这样一个事实：**风险其实从未离开过整个金融体系**。在证券化的投资盛宴中，游戏的参与者看到了利益，忽略了风险。再以危机中倒闭的雷曼兄弟为例。雷曼兄弟公司自身资本有限,为了筹集资金来扩大业务,它严重依赖债券市场和银行间拆借市场——在债券市场发债来满足中长期资金的需求,在银行间拆借市场通过抵押回购等方法来满足短期资金的需求(通常为隔夜、7天、一个月等)。然后将这些资金大量投资于按揭贷款及房地产相关的资产。在2007年次贷危机爆发时,这些资产占比仍高达35.5%。当市场崩溃时,房价下跌,资金匮乏,流动性紧张,巨大的系统风险直接引发了雷曼兄弟的危机,直至倒闭。

这一轮的全球金融危机中穿插着许多有趣的小插曲。花旗集团2007年通过放大杠杆大量投资诸如次级债这样的结构性金融产品。2007年7月花旗集团时任CEO查尔斯·普林斯(Charles Prince)接受《金融时报》(*Financial Times*)记者的采访。当记者问他是否担心次级债风险时,普林斯回答,"这好比你参加一个毕业舞会,只要音乐还没有停,你能做的唯一正确的事是站起来,找到那个最漂亮的女孩子,和她一直跳下去……我们现在还在跳着呢!"查尔斯·普林斯想一直跳下去,可是音乐在一个月后突然停下来。2007年8月,出于对金融风险的担心,国际银行间市场的流动性突然出现紧张,利率大幅上升,次级债的价格开始大幅下滑,很多大量依赖短期流动性资金去投资次级债的对冲基金和金融机构遭受重大损失。2007年8月9日,BNP Paribas不再允许投资者从投资美国次级债的货币市场基金中赎回资金,类似事件进一步加剧了市场恐慌,导致次级债价格再度下滑,终于,危机蔓延,逐渐演化为全球性的金融大风暴。2007年11月,查尔斯·普林斯从花旗集团辞职,而花旗为此支付了高达数千万美元的"分手费";花旗集团的股票市值从危机爆发前的2 000多亿美元一度下滑到只剩下80亿美元,相当于工商银行当时市值的1/17(2009年2月)。

图2-6显示了几家著名金融机构在金融危机前后的杠杆率分布情况。以危机爆发的2007年为例,全球五大投行中高盛的债务权益比(总债务除以股票市值)为21.4倍,摩根士丹利为32.4倍,美林为30.9倍,雷曼兄弟公司为29.7倍,而贝尔斯登是32.5倍。30倍左右的债务权益比意味着这些金融机构每拥有1元自有资本就借入了30元的债务。如此高杠杆下,如果市场运作顺利,金融资产价格不断上涨,通过杠杆可以达到利润

倍增的效果；但是，如果金融资产价格出现不利变化，亏损同样会因为杠杆而急剧放大。例如，2008年第二季度末，雷曼的总资产为6 394亿美元，但其负债也达到了6 132亿美元。22亿美元净资产，显然无法帮助雷曼在紧急时期渡过难关。

图2-6中杠杆率最高的几家金融机构在2008—2009年的金融风暴中受创最深，贝尔斯登和雷曼兄弟于2008年3月和9月分别倒闭；美林急需资金注入以缓解流动性不足之虞，最终股东们答应美国银行的收购邀请，当然美国银行为此也背负了沉重的债务负担；摩根士丹利和高盛一度濒临倒闭，最终通过不良资产救助计划（TARP）得到美国政府注资，危机中得以幸存；与雷曼兄弟有许多业务往来的房利美和房地美两家大公司亦濒临倒闭，所幸它们最终也得到了美国政府的救助。高杠杆的双刃剑特征在这个过程中表露无遗。

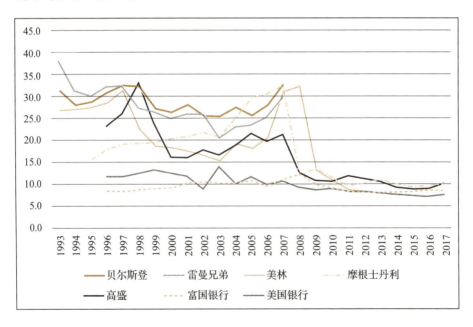

图2-6　美国主要金融机构债务权益比，1993—2017年

来源：Bloomberg；作者分析。

图2-6中值得关注的一个现象是商业银行的债务权益比相对要低很多，这也是它们在席卷全球的金融危机中能够保全的重要原因。2007年，

美国最大的两家金融控股公司美国银行和富国银行因为受到《巴塞尔协议》关于商业银行资本充足率的约束,杠杆率都严格控制在一定范围之内。美国银行2007年的债务除以股票市值为10.7倍,而富国银行的债务权益比为11.1倍。细心的读者会发现,高盛和摩根士丹利的债务权益比在金融危机后大幅下调,逐渐趋近商业银行的水平。高盛的债务权益比从2007年的21.4倍迅速下调至2009年的10.8倍;而摩根士丹利同期从32.4倍下调至13.6倍。劫后余生,高盛和摩根士丹利或许是意识到高杠杆的危害,开始系统整理自身的资产负债表,大幅降低负债,这或是问题答案的一部分?然而,更真实的故事可能是这样的:雷曼兄弟公司倒闭之后,美国政府终于认识到这不是个别金融机构的问题,而是整个金融体系的问题。如果不能够给高盛和摩根士丹利注入资金的话,这两家金融机构岌岌可危。但注入资金需要法律上的合理性,商业银行因为吸收公众存款之故,受《联邦存款保险法》的保护,政府可以据此向商业银行注资。余下的故事读者能猜出来,为了得到政府资金的救助,高盛和摩根士丹利宣布"易帜",重新注册为金融控股集团,承接吸收公众存款的业务,自然它们也受《联邦存款保险法》的保护,能够合理合法接受联邦政府救助。任何安排都有代价,巴塞尔协议关于资本充足率的要求从2009年起也开始适用于高盛和摩根士丹利,杠杆率非降不可!

  回到我们关于金融危机的叙述。2007年前后,因为经济低迷,失业率上升,许多低收入购买者无力支付贷款,丧失了抵押品的赎回权(foreclosure)。大量以住房抵押贷款为底层资产形成的结构化金融产品的价格大幅下跌。图2-7显示的是衡量AAA级次级债券价格的ABX指数在危机前后的变化情况。ABX系列指数由市场机构Markit于2005年11月推出,它将住房抵押贷款债券每半年合成一批,上半年的一批用后缀-1,下半年的一批用后缀-2,每个级别的债券需要20家以上的机构分别提供有评级机构认可的、不少于5亿美元的债券包,再由信贷衍生品交易公司制做成标准化、指数化的交易标的。图2-7显示的是AAA级的债券包的平均价格。

  如图2-7所示,ABX指数在2007年7月后出现的戏剧性下跌,价格大幅下滑，至2009年4月，图中四个系列都已经跌至20点附近。可以设想，大肆举债去购买次级债的金融机构在这个过程中投资损失有多惨烈。在一系列和次贷相关资产的风险披露之后，市场恐慌开始蔓延。在各种复杂的证券中，高风险的次级抵押贷款与其他类型的信贷结合在一起，让投资者不仅对次级贷款失去信心，甚至对所有由私人信贷支持的证券都失去信心。于是，多种融资形式下的投资者紧随其后，急于进行资金的挤兑，涉及的产品包括资产支持商业票据、结构性投资工具、证券借贷和货币市场基金等。回购市场受到的冲击尤为严重，回购市场对许多中介机构（尤其是投资银行）的日常融资操作具有至关重要的作用。挤兑和融资收缩状况紧接着导致了大量与房地产市场无关的证券也遭遇了大面积的抛售，比如公司债券以及学生贷款和信用卡支持的证券等。资产价格变动给金融体系带来的冲击由此可见一斑。

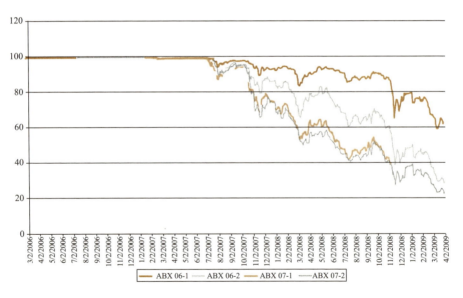

图2-7　AAA级ABX次级债交易指数：2006年3月—2009年4月
来源：哈佛大学经济学教授Andrei Shleifer个人网站。

回到我在图2-2中提出的分析框架，**任何金融体系的乱象背后，都是实体经济的进退失据。** 美国实体经济最大的问题在于收入分配不均等（income inequality）。图2-8来自经济学家安东尼·阿特金森（Anthony

Atkinson)、托马斯·皮凯蒂（Thomas Piketty）和伊曼纽尔·赛斯（Emmanuel Saez）于2009年发布的一项关于美国收入不平等情况的研究。有几个特别值得注意的现象。第一，美国收入最高的1%的人群其收入在所有收入中的占比在过去100年间起伏非常大，而其他收入群体的总收入占比相对稳定；美国收入最高的10%的人口在过去100年的收入占比在50%以上；第二，过去100年，美国收入最高的1%的人口在所有人口收入中的占比曾有两次迅速上升阶段，一度趋近25%，其中一次发生在1928—1929年，另一次发生在2007—2008年。这两次收入不平等情况急剧恶化后美国都发生了金融危机。事实上，哈佛商学院教授戴维·莫斯（David Moss）在一项研究中也有类似发现，他的研究显示，银行破产数量与收入不平等之间有直接的正相关关系，收入不平等加剧时，倒闭的银行数量会大幅提升；第三，美国收入分配处于前10%~5%的家庭在1988—2008年这段时期其收入占比并没有发生明显变化，2003年起甚至连续几年下滑。这些家庭显然并没有从经济增长和全球化中明显受益。值得注意的是，高收入家庭尚且如此，中产家庭的收入情况可想而知。

图2-8反映的是收入分配不平等的情形。收入是流量，如果考虑财富分配，那么美国的财富不平等现象会更严重得多。当一个社会中有一批占据大量财富的阶层出现时，大量资金会不可避免地被投入虚拟经济中，实体经济很难提供有足够高投资回报的投资机会。这带来的一个直接后果是金融资产价格的大幅上涨，于是，房地产泡沫和股市泡沫相继出现。2008—2009年的金融危机还有另外一个原因——大量低收入家庭受政策鼓励进入购房市场，促成了美国主要城市房地产市场的繁荣。如图2-4所示，1988年—2006年，美国10个主要城市的综合房价指数从77.6点增长到222.4点，增加了1.87倍。房地产市场的繁荣使得住房抵押贷款大幅增长，大量债务出现并沉淀在金融市场中，这进一步催生房地产和金融市场泡沫的出现。房地产繁荣期间的债务积累，让家庭尤其是中产和低收入家庭特别容易受到其净资产变化的影响。也就是说，家庭的债务偿还能力与其资金来源的稳定性息息相关。当房价下跌，作为房主的主要抵押品也就是房产的净值就开始收缩，这群人也就很难再得到新的信贷资金，而当他

们的资产和收入纷纷下跌时,情况更是如此,接下来的情况就是信贷收缩进一步导致消费下降。美国实体经济的主要问题看起来是家庭资产负债表质量恶化,实质上与收入分配不平等密切相关,大部分人并没有从全球化和长期经济发展中受益。

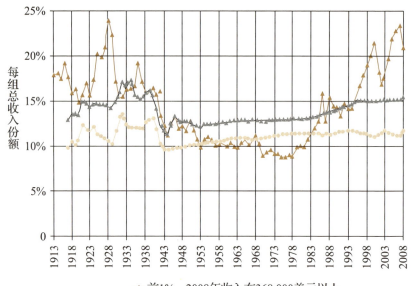

图 2-8 美国家庭收入分布,1913—2008 年

来源:Atkinson, Piketty and Saez(2009);作者整理。

实体经济的另外一个问题在于美国产业结构空心化。随着美国完成工业化进程,服务业的 GDP 占比增加到 80% 左右,制造业占比下降到 11%~12% 的水平。在这种背景下,多余的资金没有别的投资去处,只能涌向房地产和股市。此外,进入 20 世纪 90 年代之后,金融领域的证券化浪潮改变了美国货币创造的机制,一切可以被证券化的底层资产几乎在"发起并销售"这种金融中介模式的安排下被转换成支持性证券(ABS),派生出的货币供给在没有实业投资机会时,大量涌向房地产。实体经济的问题和金融体系的问题交织在一起,2008—2009 年的金融危机不幸成为美国经济的"灰犀牛"。

反思 2008—2009 年全球金融危机

图 2-2 给出了现代经济体系下一个高度凝练的金融中介的基准模型。在这里，反映实体经济部门和金融体系交互关系的五组动态变化，在其中任何一组出现不利变化时，金融系统以简单、直接、有效的方式向实体经济注入信用量这个过程就可能受阻，正常的秩序被扰乱，产生的负面影响被金融体系放大之后，最终触发金融危机的爆发。反思 2008—2009 年全球金融危机，可以清楚看到实体经济、金融体系、宏观政策、跨境资金流动和资产价格的动态变化是如何一步步导致金融风险的汇聚，最终引发波及全球的金融危机的。关于 2008—2009 年金融危机的成因分析和反思，读者可以参考刘鹤（2013）。

回顾 2008 年金融危机爆发前，反映实体经济和金融体系交互的五组动态关系都发生了最终必定导向危机的不利变化。当这五组动态变化中有任何一组或是若干组出现不利变化时，金融中介的正常秩序都会受到伤害。我在这里结合图 2-2 再度简单梳理上文关于金融危机的叙述。在**实体经济**层面，美国在 20 世纪 70 年代完成工业化进程之后，服务业增加值占国内生产总值的比重已接近 80%。经济增长模式变化影响消费模式，以信贷来推动消费成为美国经济的重要特征，导致整个经济体的杠杆很高，尤其是政府和家庭。

此外，美国的贫富差距持续扩大。美国的低收入群体虽然偿债能力有限，但仍能获得消费信贷。在实体经济增长乏力、收入差距加大的背景下，大量资金涌向房地产和资本市场，推动了泡沫的出现。收入分配不平等的加剧，房地产市场泡沫和随后市场价格的修正，家庭杠杆的大幅上升等都是导致风险汇聚的原因。

在**金融体系**动态变化方面，金融混业经营使得金融中介业务的趋同性及相关性增强，放大了金融体系的系统性风险，增加了金融监管的盲点；金融业集中度加大，阻碍竞争，助长了大机构的"道德风险"，使得资本配置更不合理，加剧了实体经济和金融体系中的结构问题；金融机构公司治理机制缺失，高管激励机制扭曲，宽松信贷和高风险投资泛滥，推高了金融和实体部门的债务水平；金融机构过度业务创新，表外业务盛行，影子银行体系繁荣，发展过度的结构性金融产品极大地增加了金融体系的不透明性并汇聚了大量风险；金融机构的高杠杆进一步放大了金融风险；而诸如信用评级公司和雷曼兄弟公司这样的金融机构出于种种原因没能对风险做出正确评估与管理……这些原因合在一起，进一步推动了系统性金融风险在整个金融体系里的聚集。

资产价格动态变化方面，2007年前房地产价格不断攀升，但因为实体经济持续不振，低收入购房者大量违约，对以住房抵押贷款为底层资产的CDO等金融产品的价格形成向下压力，金融机构的资产负债表质量恶化，市场上出现恐慌性抛售，进一步压低了结构性金融产品价格，形成恶性循环。

资金流动的动态变化方面，因为价格大幅下滑，投资者对结构性金融产品的信心大幅下滑，市场开始失去流动性，这对大量依赖短期融资解决资金需求的金融机构无疑是雪上加霜；与此同时，大量银行出现挤兑现象，不再提供贷款，最终形成全球性的资金匮乏。雷曼兄弟公司正是在这样的资金环境下丧失融资能力，无力偿付到期的债务，不得不宣布破产的。

宏观政策的动态变化方面，危机爆发前，由于全球贸易不平衡长期存在，大量来自贸易顺差国的资金流入美国。诺贝尔经济学奖获得者、芝加哥大学经济学家罗伯特·卢卡斯在20世纪90年代初提出的"资本流动之谜"——即大量资本从急需资金的国家流向资金相对富裕国家——长期存在。大量资金流入使得美联储能够长期采用较宽松的货币政策，全球金融市场上的真实利率长期保持在较低水平。低利率环境下大量低成本资金的存在有两个作用。一方面，它刺激了家庭和金融机构的借债需求，直接导致高杠杆的出现。时任美联储主席的格林斯潘在若干年后反思金融危机的成因时也坦陈，低利率导致了高杠杆的出现；另一方面，金融机构和投资者出于追逐利润的原始冲动，将通过短期借贷获取的资金大量投入风险高但收益也高的次级债或类似的金融衍生品，形成这些领域的资产泡沫。

2008—2009年全球金融危机是一面镜子，清晰地照出了人类认知上的偏狭和盲点。盲目自大的行为、恶意的寻租和僵化的监管制度等结合在一起，共同催生出一场前所未有的灾难。

"明月直入，无心可猜"

金融危机并非只是单一原因所致。现代经济体系下的金融中介模式使得实体经济和金融体系之间的交互关系在变得复杂的同时也更加脆弱。理解金融危机成因，以史为镜、反思现在，为我们定义并建设更好的金融提供了指南。**未来取决于我们现在的选择**。如果我们了解成因，并做出足够聪明的选择，我们完全有能力规避下一次危机。在金融发展过程中，如果我们能够找到方法去规避导致金融危机的种种诱因，我们将为建设更为有效的好金融找到更切实可行的路径。

不可否认，随着人类经济活动变得越来越复杂，金融中介的方式在不断演进。**新的金融产品和服务**，伴随着中间环节的增加不断涌现：从最初的储蓄和信贷，演化出股票、债券、期权、风险投资、证券化产品；金融创新还在不断地创造出新的产品与服务。**金融中介（financial intermediation）的操作与流程**在新的金融理论和金融思想的引导下也在不断丰富：净现值（net present value）思想的出现为跨时空的价值交换提供了探寻的基础；资本资产定价模型（CAPM）使得人们可以更加准确地衡量风险与收益之间的关系；市场有效性假说极大地推进了指数基金的发展，对市场有效性假说的证实或是证伪为投资者提供了大量基于"异例"（anomaly）的投资交易策略；一价定律和 Black-Scholes 期权定价模型的发现催生了一个数以万亿美元计的金融衍生品市场；大数据和人工智能的发展为金融创新提供了新的可能性。**金融活动的组织形式**不断翻新，从简单的存贷机构发展到现代商业银行，金融控股集团，包括股票、债券、各类金融衍生品甚至碳排放权在内的各类交易所、对冲基金、股权投资基金、杠杆收购基金、产业投资基金等。

2008—2009 年的金融危机在留下一地鸡毛的同时，也促使人们反思——我们究竟需要什么样的金融？我在第一章的图1-1描绘了"通过简单、直接、有效的方式将储蓄变为投资"这一金融本质。当金融随着人类文明的不断进步、经济活动及其组织形式的不断丰富而变得越来越复杂时，我们更应该去思考如何回归到金融的原始本质。**金融的本质不仅仅在于实现跨时空的资源配置与交换，如果运用得当，金融能够推动社会和经济发展，将思想转换成技术、产业和工作机会。金融甚至有极大的潜力帮助我们应对人类发展目前正面临的一系列全球性的挑战——生存环境恶化、贫困问题、疾病、发展不均衡等**。从图1-1到图2-2，数千年的金融演进，浓缩成简单的平面图示。而简单图示的背后，是金融世界的波诡云谲和景象万千。的确，金融变得越来越不透明，越来越不直接。连续剧般在不同时间和空间中反复出现的金融危机，不断提醒我们去思考，不断演进、日趋复杂的金融怎样才能成为我们热爱的金融？

"明月直入，无心可猜"。到了策马扬鞭重新出发的时候了。直面金融在发展过程中遇到的各种问题，回归到"以简单、直接、有效的方式实现财富的跨时间和空间交换"这一金融本质，重新构建金融发展的逻辑，夯实实体经济、金融体系以及连接两者的数不胜数的各种交互关系，是建设属于我们这个时代的好金融的第一步，也是最重要的一步。

第三章 我们这个时代的金融

在展开时,
我不能用钢笔,
我不能用毛笔,
我只能用生命里最柔软的呼吸,
留下一片值得猜测的痕迹。

——顾城,《永别了,墓地》

任何过往关于这个世界严肃和系统性的猜测都应该被记录下来。我们需要记住我们是如何走到今天的,因为我们并不希望未来的人们忘记我们。

——英国作家伊恩·麦克尤恩(Ian McEwan)

2005 年,富兰克林·阿伦(Franklin Allen)和他的两位合作者钱军教授和钱美君教授在《金融经济学期刊》发表了一篇引起广泛关注和争论的文章。文章中,他们指出改革开放期间中国经济存在一个让人困惑不解的"谜":尽管中国经济增长迅速,但这些举世瞩目的经济成就是建立在金融欠发达的基础上的。这一观察也被很多原本就对金融发展持怀疑态度的人拿来作为例子,证明金融对经济发展的促进作用其实有限。当然,该文同时也指出中国存在着一个规模庞大的非正规金融体系(informal finance),这个非正规体系在一定程度上满足了民营经济和家庭消费的融资需求,促进了这些部门的成长。阿伦等当然不是在否认金融对经济发展所起的正面作用,他们的研究提出了一个重要但我们这个时代仍然知之甚少的问题:**中国金融在怎样演进?它又是以什么样的方式在支持中国经济的发展?**

15 年后再次翻阅此文,会发现文章花费篇幅叙述的非正规金融体系最近十年在中国有了更为充分的呈现,它与影子银行业务高度重叠,几乎渗透到中国经济社会的各个角落。而影子银行业务(非正规金融体系)的出现和不断发展,表明现实生活中存在着真实而强劲的金融服务需求,当这些需求不能从正规金融体系得到满足时,替代性的金融服务体系应运而生。秘鲁经济学家赫尔南多·德·索托(Hernando de Soto)21 世纪初在他那本风靡全球的《资本的秘密》(*The Mystery of Capital*)一书中曾说:"正规体系往往为非正规体系提供存在的理由。"沿用他的表述,正规金融为

第三章 我们这个时代的金融

中国的非正规金融提供了存在的土壤和生存发展的广阔空间。非正规金融的存在与不断发展其实是对正规金融低效与不作为的戏谑和嘲讽！

什么样的金融是好金融？套用列夫·托尔斯泰在《安娜·卡列尼娜》开篇所讲的那段著名的话：**好的金融是相似的，不好的金融却各有各的糟糕之处**。我在第二章仔细论述了金融演进的逻辑，指出判别金融好坏的唯一标准在于它能否有效降低融资的成本。为了使这个相对笼统的表述变得具体，我在这里指出好金融至少应该做的五点：金融中介必须有效率，即资金需要配置到能发挥最大作用的地方；能够广泛地动员私有资本；能够有效规避风险并转移风险；存在着广泛的金融覆盖；金融结构是均衡合理的，一方面杠杆率保持在合理水平，另一方面，杠杆的结构也应该合理。

这是一个简单的判别标准，对应着我在图 2-2 中所提出的金融中介基准模型。金融从来不是单独的存在，它是一系列交互关系的中心轴，这些交互关系反映出实体经济、金融体系本身、资产价格、资金流动以及宏观经济政策层面错综复杂的各种动态变化。夯实实体经济、金融体系以及连接两者的这些数不胜数的各种链接，让这些动态变化呈现出均衡和谐的状态，若此，金融中介的成本就有可能下降，金融风险也有可能会被更有效地化解。

但是，这样的好金融具体会以什么样的方式呈现？怎样反映在金融产品和服务、金融中介的操作与流程以及金融活动的组织形式上？现实生活中，金融中介的模式随时间流逝在不断变化。甚至这种变化还带有一定的周期性。图 2-1 给出的金融演进的框架图反复提醒我们，金融基础设施，尤其是诸如经济发展阶段、经济发展模式、主流价值观、文化与法治、公共治理等因素，帮助形成不同国家在不同历史时期金融中介模式的不同。当我们的讨论话题转向中国时，我们必须理解在改革开放 40 年基本完成了"工业化"进程的中国当下，金融中介的模式显然与 1978 年刚刚开启改革开放时有天壤之别。如果我们把视野放到一个更长的时间维度，通过金融的演进去思考那些推动金融中介模式变化的结构性因素，就能更好地理解金融在现代中国所扮演的角色，并为更好地定义和建设中国好金融找到新的思想和可实施的路径。

计划经济下的中国金融：1949—1978 年

凡是过往，皆为序章。要了解我们这个时代的中国金融体系，我们的叙述需要追溯到 1949 年中华人民共和国的成立，甚至更早。

高度集中的单一人民银行体系的建立

在中华人民共和国成立之前的 1948 年 12 月 1 日，当时根据地的华北银行、西北农民银行和北海银行合并为中国人民银行，并在石家庄市正式成立，同时正式发行了第一套人民币。中国人民银行的成立是新中国金融业发展的里程碑。北平（后改名北京）解放后，中国人民银行于 1949 年 2 月迁入北平，随即开始了国民经济的恢复工作，并开启新中国金融体系的建设。1949 年 9 月 30 日，中央人民政府财政经济委员会向中国人民银行发出《中国人民保险公司组织条例草案暂准试行的指示》，1949 年 10 月 20 日，中国人民保险公司在北京正式成立，受中国人民银行总行直接领导。它的成立标志着新中国国家保险事业的诞生，开辟了中国保险业的历史新纪元。

1950 年 3 月，政务院发布《关于统一国家财政经济工作的决定》，指定中国人民银行是国家现金调度的总机构。国家银行增设分支机构代理国库。外汇牌价与外汇调度由中国人民银行统一管理。这次统一全国财政经济工作意义深远，初步形成了我国高度集中的财政经济管理体制。

因为政权更替，中国人民银行当时的策略是"边建设，边接管。"一方面，中国人民银行积极改组国民党政权留下的四行两局一库（即中央银行、中国银行、交通银行、中国农民银行，中央信托局、邮政储金汇业局和中央合作金库），没收官僚资本银行，接管官僚资本金融业；另一方面，对民族资本银行实施社会主义改组的政策，限制外资银行在中国享有的特权，并在农村建立广泛的合作信用社。这一时期以中国人民银行为核心的新中国金融体系的主要工作是控制通货膨胀，稳定物价，统一币制和货币发行。在此基础上，中央政府在全国范围内统一财政经济工作，积极吸收存款，建立金库，灵活调拨，恢复工农业生产，实现了国家财政经济情况的根本好转。国民经济恢复时期的金融，是社会主义金融体系建设的开端，对实体经济的增长做出了贡献，也为1953年开始的第一个五年计划的实施奠定了良好的基础。

中国发展道路的一个特点在于国家战略的制定与实施。在中国快速推进工业化进程早期资金严重缺乏时，国家发展战略的制定与实施聚焦于将稀缺的资金聚集起来，投入到国家重点扶持的行业，助力产业发展。这对计划经济时期中国金融的形成有重要的影响。

从1953年开始，中国开始实施国民经济发展的第一个五年计划。经济发展的侧重放在"完成国家工业化和对农业、手工业、资本主义工商业的社会主义改造"方面。自19世纪70年代中国艰难地开启工业化进程之后，再度开始了新一轮的工业化尝试。这一阶段，中国金融体系的主要任务和作用在于全力支持国家工业化和基础设施建设。经济发展的目标和发展模式在很大程度上决定了金融中介的模式。为了完成"一五计划"的基本任务，中国人民银行多渠道广泛积聚社会闲置资金，积极支持全民所有制经济的发展，大力开展信贷业务，加强货币信贷管理，通过统存统贷，有计划调节货币流通，为国民经济发展做出了贡献。

"一五"期间中国金融体系建设有三件值得特别着墨的事情。其一，1955年2月21日，国务院发布《关于发行新的人民币和收回现行的人民币的命令》，决定责成中国人民银行自1955年3月1日起发行新的人民币，与第一套人民币的兑换比为1:10 000。3月1日，中国人民银行发行新版人民币，在不到四个月的时间里，完成了新版人民币对旧版人民币的兑换。这充分显示了执政党和中央政府对金融体系绝对的掌控能力。值得一提的是，新版人民币的推出并非币制改革，而是改变人民币的价格标度，提高人民币单位价值量。1955年6月10日，人民币新旧币的兑换工作基本结束。

其二，1955年3月1日，在农业合作化热潮中，经国务院批准成立中国农业银行。3月25日，中国农业银行成立，受中国人民银行领导，贷款对象主要限于生产合作组织和个体农民。中国农业银行命运多舛，成立不久就于1957年被撤销，并入中国人民银行。1963年11月，全国人民代表大会常务委员会通过决议，批准再度建立中国农业银行，直接受国务院领导。1965年11月精简机构时，再次将中国农业银行撤销，并入中国人民银行。1979年2月23日，国务院发出《关于恢复中国农业银行的通知》，决定正式恢复中国农业银行。中国农业银行这一次恢复开创了设立国家专业银行的先例，首次打破了大一统的传统金融体制格局。中国农业银行几度开启几度关闭，很大程度上是计划经济下中国金融的一个缩影。

其三，中国在"一五"期间逐渐形成了高度集中的金融体制，体现为不断强化的单一人民银行体系。从"一五"开始，公私合营银行被不断并入人民银行，中国银行成为人民银行下属的外汇管理和运营部门。上文提到的1955年成立的中国农业银行也于1957年被撤销，并入中国人民银行。交通银行总管理处于1958年划归中国人民银行总行领导，其内地各分支行相继归并、裁撤，业务陆续转入当地的财政部门。最终形成的单一人民银行体系意味着，中国人民银行既是集中统一经营全国金融业务的经济组织，又是国家金融管理和货币发行的机构。这种集中、垂直管理的单一人民银行体系不断强化，中间虽然历经多次调整，基本架构一直延续到1978年中国开启改革开放。大一统的人民银行体系，是计划经济时期中国金融的重要特色，体现了国家对金融的绝对控制，目的在于使得国家能够集中相对稀缺资金全力支持国家发展战略确定的重大发展领域，利用信贷杠杆推进工业化进程。

1958—1960年是中国国民经济发展的"大跃进"时期。1958年下半年开始的"大跃进"和人民公社化运动，违背了客观经济规律，不仅严重地伤害国民经济的发展，也给刚刚成型的集中统一的中国金融体系带来一系列乱象，严重影响着金融体系在国民经济发展中应该起到的支持作用。这一期间，不切实际的高指标、瞎指挥、浮夸风和"共产风"泛滥，在金融体系内体现为金融管理权力全面下放，各级金融机构欺上瞒下风气盛行，鼓励在吸收存款和发放贷款方面"放卫星"。一方面，金融体系大量发放货币，形成通货膨胀；另一方面，大量信贷发放之后，由于金融管理混乱，信贷资金的使用效益差，资金回收情况很差，几近失控。这段时期中国金融对实体经济的支持非常乏力，在国民经济陷入困顿的同时，金融体系也濒临崩溃。

这种金融乱象反映在第一章的图1-3中。1956年，中国金融业增加值的GDP占比只有1.4%，这一指标在1960年激增至4.2%，而1961年更是高达5%。如我在第一章分析，金融业增加值单方面急剧上升也可能反映的是金融中介成本的上升（即融资难、融资贵）。而中国金融在1958—1961年发生的变化，对应的正是不断上升的金融中介成本和几乎完全失效的金融对国民经济发展的支持。

从1961年起，中国开始了国民经济的恢复时期。这段时期的金融主要围绕着中央确定的"调整、巩固、充实、提高"八字方针进行。针对三年"大跃进"时期采取激进发展所带来的一系列问题，国家开始适当收缩工业战线，扩大农业生产；在工业生产建设方面先生产，后基建，先质量，后数量。主导方向上的变化和以经济发展作为出发点的创新使得国民经济逐渐恢复，再现活力。中国人民银行在这个过程中一方面严格信贷管理、加强货币发行的控制，同时又严格区分财政资金和银行资金的使用，强调信贷计划的设定和执行，对实体经济的发展起到好的作用。这期间的中国金融可以说又重新回归到了1958年前的垂直单一的人民银行体系，通过严格的计划及执行提升资金使用效益，推动经济统筹发展。1962年6月，中共中央、国务院发布《关于改变中国人民银行在国家组织中地位的通知》，明确指出：中国人民银行是国家管理金融的行政机关，是国家办理信用业务的经济组织，授权它在全国实行现金管理、信贷管理和信贷监督的职能。同时规定中国人民银行总行由当时的国务院直属机构改为同国务院所属部委居于同样的地位。

计划经济时期的财政与金融

1966年5月16日，中共中央发出了关于开展"文化大革命"（以下简称"文革"）的通知，标志着十年"文革"的开始。"文革"期间，"左"的指导思想占据统治地位。这期间，1949年后逐渐建立起来的中国金融体系几近消亡。其间,中国人民银行于 1969 年 7 月被正式并入财政部,正式成为财政部的下属机构。1949 年后,中国财政与金融长期界限不清晰,至此,程度达到顶峰。人民银行以财政部下属机构的形式行使银行职能,以信用为基础的货币发行和金融中介服务甚至连形式都不能保全,遑论以"简单、直接、有效"的方式履行金融职能,将储蓄转为投资,支持实体经济建设。"文革"期间,金融机构数量急剧下降,人员缩减,金融活动的规模和效益大幅下滑……这种状况以程度不一的方式一直延续到 1977 年。

改革开放前的中国金融,其规模及金融中介的模式与这一时期中国经济所处的阶段和经济发展模式是密不可分的。按图 2-1 提供的分析框架,经济发展阶段、增长模式和制度基础设施等是一个国家决定采取什么样的金融中介模式的重要影响因素。从 1952 年开启的社会主义建设时期,中国广泛动员社会各阶层资金,推行国家工业化成为经济发展的重要目标和发展模式。与之相匹配,中国采用的金融模式由经济发展阶段和经济增长模式内生形成,最终,**中国形成了高度集中、垂直单一的中国人民银行体系。**

评价这一时期的中国金融体系时,应该客观承认,在中国推行工业化早期,在资本极度匮乏且与国际金融体系几乎完全隔绝的情况下,采用这种单一且高度控制、垂直管理的金融模式,有其合理性。这种金融体系有利于动员社会资金,集中资源推动基础设施建设和大的工业工程项目。中华人民共和国成立至 1977 年不到 30 年的时间,虽然中间历经若干天灾人祸,中国仍然顽强地搭建起现代工业体系的大致轮廓,每年保持近 5.5% 的年均 GDP 增长速度,金融起到了很大的作用。

然而,我们也应充分认识到,这种大一统的人民银行体系,从上向下垂直管理,并不利于微观层面活力的释放。在这种体系下,国家意志主导经济发展和金融的演进,个人信用、商业信用甚至银行信用容易被国家信用所取代。金融实质上是变相的财政。在很长一段时间里,政策制定者的理念中也是把金融与财政画等号的。中国金融目前仍旧存在财政与金融难以分离、信用体系难以完整建设起来等痼疾,应该说跟 1949—1977 年这一时期的中国金融实践有密切的关系。**按照社会学里的"印记"理论（The Imprint Theory），中国现代金融滥觞时期的各种外部环境因素和当时形式不一的各种实践，给中国金融体系留下了深深的印记，直接影响着数十年后的中国金融**。即使到了改革开放之后，我们仍能看到这些印记，深刻感受到它们对经济社会生活林林总总、程度不一的影响。可以说，这一时期的金融发展留下的最大遗产是中国财政与金融之间错综复杂的关系。财政与金融这种微妙的关系对中国经济发展，对中国金融体系的演进所扮演的作用，非常遗憾，学界、政策界和实务界都没有能力盖棺定论。可以预期，数字经济时代的来临正在深刻地改变货币的定义和货币创造的机制，这样的讨论必然还会继续。⊖

改革开放时期的中国金融：1978—1993 年

1978 年 12 月中国共产党的十一届三中全会正式宣告中国进入改革开放时期。从 1978 年至今，中国的经济和社会发展取得了惊人的成就，中国人有幸参与并见证了人类发展史上一个伟大的时代。41 年时间，中国的经济总量增加了近 36 倍，接近 8 亿人摆脱了贫困；中国以不到世界 6% 的水资源和 9% 的耕地面积，每年生产 500 亿件 T 恤，100 亿双鞋，全世界 60% 的水泥，50% 的钢铁和 25% 的汽车；2019 年 7 月公布的《财富》全球 500 强排行榜中，129 家中国企业赫然在列（其中有 112 家内地企业），历史上首次超过美国的 121 家；中国的应用型高新技术快速发展，在移动支付、人工智能应用、5G 和新能源汽车等领域已经处于世界最前列。

改革开放更见证了中国在基础设施建设上的崛起。截至 2017 年，中国完成了 12.4 万公里的铁路建设和 13 万公路的高速公路建设，以及 2.5 万公里的高速铁路建设，而后者占世界近 70% 的比例；仅仅在 2010—2015

⊖ 我在本书第十章将尝试讨论数字经济时代如何理解财政与金融之间的这种微妙关系。有趣的是，人们对这样一个具有第一性特质的问题的认知是周期性的。

年间，中国完工的摩天大楼的数量就已超过整个资本主义世界在过去整整两个世纪所建的大楼总量；而中国在 2011—2013 年三年时间就用了美国过去 100 年才用掉的水泥；"罗马是两周建成的！"——中国房地产开发商两周时间开发的房地产面积相当于罗马市的面积。

中国经济发展道路

改革开放 40 年，通过政府顶层设计和对外开放，同时激发自下向上的活力，中国积极参加全球产业链的分工布局；与此同时，中国庞大的人口和全球化市场令制造业能快速崛起并扩张，涵盖诸多领域的制造业集群不断涌现，这一切使得大规模生产和产业的崛起在中国成为可能；中国的高速增长还得益于政府积极制订长远发展战略并贯彻实施发展战略的出色能力——政府制订并实施不会受到利益集团掣肘的长远发展计划，并利用各种行之有效的方法确保规划目标的实现。过去 40 年，我们看到了**政府和市场的有效结合**。政府通过国家发展战略的制定和具体规划的执行，主导以基础设施为代表的公共产品和具有显著外部好处的活动（如教育、医疗和科研投资等），同时鼓励市场在资源配置上扮演重要直至主导作用，以此形成的混合经济带来了持续 40 年的高速发展。

用描述经济增长的索罗模型（Solow's Model）可以帮助我们理解国家战略在中国经济高速增长阶段扮演的重要作用。经济学家罗伯特·索罗在资本和劳动力之外，加入了全要素生产率（Total Factor Productivity，TFP）这一变量去解释经济增长。三者的不同组合，不仅告诉人们经济增长的来源，也揭示了不同增长模式因三者侧重不同所呈现出的差异性。在中国快速推进工业化进程早期资金严重缺乏时，国家发展战略的制定与实施聚焦于将稀缺的资金聚集起来，投入到国家重点扶持的行业，助力产业发展；地方政府创造性地把土地和城市的未来收益"证券化"，以房地产投资和城镇化来促进经济增长……这一切都有助于经济发展所需要的资本的形成。国家发展战略对教育、医疗等领域的规划和引领性的投资，伴随着改革开放 40 年中国出现的人口红利，为经济发展提供推进工业化进程的劳动力。国家发展战略对大规模提高教育水平和对重大科研项目的投资，经过数十年努力,渐成气候,为中国经济提升全要素生产率起到了重要作用。改革开放前30年,中国全要素生产率的年均增速达到4%左右,为经济高速增长提供了强大的动能。

中国经济奇迹背后是中国金融体制改革的全面开启和现代经济体系下中国金融体系的不断发展。这一时期,金融有力支持了国家战略和产业政策的实施,为中国经济发展做出了巨大贡献。

以人民银行为核心的金融体系的建立与发展

十一届三中全会后,中共中央对"文革"及以前的"左倾"错误进行全面纠正,并把工作重心转向经济建设。在1979年10月,邓小平同志在各省、市、自治区党委第一书记座谈会上提出,银行要抓经济,银行要成为发展经济、革新技术的杠杆,要把银行办成真正的银行。中国金融的改革和建设开始步入正轨。以服务经济发展作为出发点,中国逐渐建立起以中国人民银行为领导的金融体系,在金融宏观管理方面也不断加强。自1981年起,开始实施"统一计划,分级管理,存贷挂钩,差额包干"的信贷资金管理体制,很大程度上激活了银行的积极性,金融体系对经济发展所起的作用越来越显现出来。

1978—1984年这段时期,中国金融发展与改革的主要成果在于逐渐建立起了以中央银行为核心的金融体系。其中,1979年3月,中国农业银行作为支持农村发展的长效机制得以恢复。同月,国家外汇管理总局成立,中国银行也得到恢复。在停顿了20年后(1959—1979),1979年4月25日,中国人民银行发出《关于恢复国内保险业务和加强保险机构的通知》。11月19日,中国人民银行在北京召开了全国保险工作会议,停办20多年的国内保险业务开始复业。中国于1980年重新开启保险业务。早期的业务从企业财产保险开始,逐渐延伸到个人和家庭。1984年12月,中国人民保险公司正式成立。

中国的信托业务也重新启动。1979年10月,中国国际信托公司成立。到1980年9月,中国人民银行发出《积极开办信托业务的通知》,各级银行开始发展信托业务,各地信托投资公司也如雨后春笋不断涌现。1981年

12月，中国投资银行成立，负责对接像世界银行这样的国际组织的对华贷款。1979年，国务院决定基础设施投资逐步由财政部拨款改为银行贷款。1983年，中国建设银行正式从财政部独立出来。1984年9月，国务院规定国家投资项目全部由拨款改为贷款，中国建设银行成为一个独立的、国家经营固定资产投资的专业银行。1987年，交通银行恢复运营，2006年改制上市后，成为中国的第五家全国性商业银行。

1983年9月17日，国务院做出《关于中国人民银行专门行使中央银行职能的决定》（以下简称《决定》），指出自1984年1月1日起，中国人民银行不再办理针对企业和个人的信贷业务，成为专门从事金融管理、制定和实施货币政策的政府机构。《决定》同时提出"成立中国工商银行，承办原来由人民银行办理的工商信贷和储蓄业务"。1984年1月1日中国工商银行正式成立——标志着中国人民银行正式作为中央银行开始履行职责。中国工商银行与1979年恢复的中国农业银行、中国银行、中国建设银行构成了中国四大专业银行。至此，中国建立了专门的专业银行体系，并得到了初步发展。中国人民银行单独行使中央银行职能在金融体制改革的历史上具有划时代的意义，它标志着我国金融体制向市场化方向的根本转变。

1984—1991年是中国金融体制改革全面展开的一段时期。这一阶段金融发展主要体现在三个领域：建立宏观金融调控机制，全面发展金融市场和搞活微观金融基础。1985年，中国人民银行推出新的信贷管理办法，强调"统一计划，划分资金，实存实贷，相互融通。"实存实贷的信贷资金管理办法是1949年后中国金融发展的一次重大改革，它标志着中国开始初步形成了以间接调控为主的中央银行金融宏观调控机制。1984年开始，中国人民银行陆续开始实施存款准备金融制度和再贷款制度，这些制度和利率政策配合，形成完整的金融宏观间接调控机制。对于管理好信贷资金、更有利支持实体经济建设起到良好作用。此外，中国对国家信贷综合计划的编制和使用进行了改革，建立了全社会信用总量的监控制度。自此，中央银行实施货币政策的基本工具初具雏形。

这段时期也是中国金融市场的发展期和银行等金融机构新金融业务不

断涌现的时期。1985年4月,中国人民银行发出通知,允许银行从事商业汇票贴现服务。1985年,中国人民银行推出"实贷实存""相互融通"的信贷管理办法后,同业资金拆借市场逐渐形成;金融债券也变为一种金融机构灵活使用的金融工具,用比银行高的利率获取资金从事信贷和其他金融服务。国债市场在同期也取得巨大发展。20世纪80年代中期,各地陆续开办国库券转让市场,1991年4月10日,国债发行第一次由以前的行政摊派转为承销,朝市场化的发行方式迈出了关键一步。

通过股权方式融资也在不断破冰。1984年7月,北京的天桥商场向社会募股集资,开启新中国成立后国有商业企业向社会公众募股集资的先河。1986年8月,工商银行上海分行推出代理股票现货买卖业务,当时主要代理两只股票:飞乐音响和延中实业。股票融资的标志性事件是1990年11月26日成立上海证券交易所。上海证券交易所是不以营利为目的的会员制事业法人,1990年12月19日开业当日,首批30种证券上市交易。深圳证券交易所是新中国第二家证券交易所,于1989年11月15日开始筹建,1990年12月1日开始试运行。1991年7月3日,经国务院授权、中国人民银行批准,深圳证券交易所正式开业。自此,股票发行和交易开始正式进入中国金融体系,开始改变中国金融中介的模式,给经济和社会生活带来极大的影响。1990年10月,全国证券交易自动报价系统(STAQ系统)正式成立,形成以计算机网络为依托的场外证券交易市场;1991年11月30日,上海真空发行人民币特种股票(B股),向境外投资者募股集资,成为中国第一只B股股票……

1978年开启改革开放后,在以经济发展为主要任务的核心发展观的主导下,中国金融体系经过多年跋涉,迅速发展起来。至1993年,中国已经基本形成市场经济体系下的金融体系——以人民银行间接调控为主的金融宏观调控机制基本形成并在完善之中;商业银行体系开始建立并逐渐开始以市场化的方式提供存贷服务和其他金融增值服务;以资金市场、债券市场和股票市场为主体的金融市场体系初步成型……虽然这段时期的中国金融仍然存在产品和服务相对简单、品种少、规模有限、金融监管各项法规和市场监管机构不健全等问题,但中国金融1.0版本的架构基本形成。随后的 20 多年里，伴随着中国经济的不断改革与发展，中国金融在 1.0 版的框架下被越来越多的细节填满，为经济高速增长做出了巨大贡献。

中国金融 1.0 版：1994 至今

20 世纪 90 年代中期，中国改革开放的重点开始转向城市和国有板块。伴随着这一过程，中国金融体系，无论在监管框架搭建与逐渐完善还是在金融机构和金融市场的建立和成长方面，都取得长足的进步。中国金融 1.0 版本逐渐形成并不断丰富着。

银行体系和非银行体系的变迁

自 1994 年起，中国开启了新一轮的银行改革。国家开发银行、中国农业发展银行和中国进出口银行分别成立，承担了原来国有银行的政策性贷款的业务。1998 年中国投资银行并入国家开发银行后，中国有三家政策性银行。这段时期也伴随着中国商业银行体系更加多元的生态的出现：各主要城市陆续成立城市商业银行，至 2018 年达到 134 家（见表 3-1）；一些城市成立农村发展银行或是农村合作银行；外资银行在中国加入 WTO 之后陆续进入中国市场，至 2018 年，在华开展业务的外资银行总数达到 41 家。

表 3-1　中国银行体系机构数量　　　　　单位：家

年份	国内商业银行						其他借贷机构			
	政策性银行	大型国有商业银行	股份制商业银行	城市商业银行	农村商业银行	农村合作社银行	城市信用合作社	小型农村金融机构*	信托公司	外资银行
1986	1	4	1				1 151	60 872		
1987	1	4	5				1 615	60 897	561	
1988	1	4	7				3 256	58 418	745	
1989	1	4	7				3 409	58 200		
1990	1	4	7				3 421	57 927		
1991	1	4	7				3 518	52 763	375	

(续)

年份	国内商业银行						其他借贷机构			
	政策性银行	大型国有商业银行	股份制商业银行	城市商业银行	农村商业银行	农村合作社银行	城市信用合作社	小型农村金融机构①	信托公司	外资银行
1992	1	4	10				4 001	50 865	386	
1993	1	4	10				4 957	50 745	388	
1994	3	4	11				5 229	50 219	391	
1995	3	4	11				5 104	49 692	330	
1996	3	4	12				4 630	50 513	244	
1997	3	4	12				3 716	44 258	244	
1998	3	4	12				3 190	41 755	239	
1999	3	4	12	90			836	40 141	238	
2000	3	4	12	99				38 067		
2001	3	4	12	109				38 057		
2002	3	4	12					35 544		
2003	3	4	13					33 979		
2004	3	4	13	112	7	12	681	32 888	59	14
2005	3	4	13	113	12	58	599	27 101		14
2006	3	5	12	113	13	80	78	19 441	54	14
2007	3	5	12	124			42	8509	54	29
2008	3	5	12	136	22	163	22	5 257	54	32
2009	3	5	12	143	43	196	11	3 467	58	37
2010	3	5	12	147	85	223		3 349	63	40
2011	3	5	12	144	212	190		3 348	66	40
2012	3	5	12	144	337	147	1	3 274	67	42
2013	3	5	12	145	468	122	0	3 429	68	42
2014	3	5	12	133	665	89	0	3 566	68	41
2015	3	5	12	133	859	71	0	3 662	68	40
2016	3	5	12	134	1114	40	0	3 722	68	39
2017	3	5	12	134	1262	33	0	3 674	68	39
2018	3	6	12	134	1311	31	0	3 587	68	41

来源：中国人民银行；银监会；作者统计。

①小型农村金融机构包括：农村信用社、新型农村金融机构——村镇银行、贷款公司、农村资金互助社和其他小型农村金融机构。

从 20 世纪 90 年代中后期开始，中国政府开始对银行体系和非银行金融机构进行整合。金融体系整合背后的推动力量主要有两个：第一，过多和过于庞杂的金融机构，尤其是信托公司、城市信用合作社、农村信用合作社的存在，削弱了央行对信贷总量的控制，使得货币政策的传导机制不通畅，导致通胀风险长期存在；第二，中国自 20 世纪 90 年代中期起开始进行国企改革，国企改革既包括各类国有金融机构的改革，也针对非金融国有企事业单位。为了顺利推进国企改革，梳理整合种类庞杂的金融机构成为中国政府一项重要的政策选择（Zhu，2018）。

加强对金融体系的统筹监管是这一段时间金融发展的主调。1994 年 10 月，中国人民银行印发《中国人民银行货币供应量统计和公布暂行办法》，正式推出货币供应量统计指标，并规定了货币供应量统计的层次划分、机构范围、统计形式、公布方法。这也为中国以"数量"作为货币政策调节的准绳奠定了基础。

中国金融体系这一轮的改革主要体现在以下几个方面：首先，有针对性地整改各类信托公司，尤其是关闭所有银行下属的信托公司。信托公司的数量由高峰时期的 745 家（1988 年）下降到 2018 年的 68 家，剩下的信托投资公司基本上由中央政府或是地方政府直接控制。其次，整治数量庞大的城市信用合作社，大部分通过股改整合成城市商业银行，整改过程中，城市信用合作社的数量也大幅减少，直至 2012 年中国最后一家城市信用合作社关闭。再次，针对农村信用合作社的整改一直在进行之中。1996 年 7 月 13 日，全国农村金融体制改革工作会议在北京召开，会议决定，中国农业银行不再领导管理农村信用社，农村信用社的业务管理改由县联社负责，对农村信用社的金融监管由中国人民银行直接承担（后移交给银监会），切断了农村信用合作社与农业银行分支行的链接；同时，将相邻地方的农村信用社合并组成一般由地方政府控股的农村商业银行。多年改革导致农村信用社的数量大幅下降，从高峰时期的逾六万家下降到目前不足 3600 家。

表 3-1 给出了 1986~2018 年中国各类银行和非银行金融机构数量的变化。20 世纪 90 年代中后期开始的金融体系改革带来的一个直接后果是

金融体系的"重新中心化",即金融体系从以前的相对多元和分散又变得比较集中。金融机构的组织结构、隶属关系、股权结构和监管变得更加规范,改善了改革开放以来中国金融体系"一放就乱"的局面,有利于中央政府加强对金融的监管,有利于中央银行实施以"数量"(例如,信贷规模、货币供给等)为基准的货币政策去调控宏观经济。

但是,重新中心化也带来人们并不期望看到的后果(un-intended consequence)。一方面,金融机构数量和业态大幅下降;另一方面,整合后陆续成立的城商行、农商行和留下来的信托公司在股权结构上大多以国有控股为主。中国金融体系这样的结构导致金融机构业务单一、金融服务出现同质化倾向,缺乏错位竞争,导致金融体系失去创新的活力,有的只是基于监管套利的寻租式的"伪"创新;而且国家控股的金融机构将大部分金融资源配置到国有板块,民营经济得到的信贷支持没有等比例增加,最终成为民营经济融资难、融资贵的制度原因之一。

表3-2给出了2000—2019年中国保险机构和基金机构数量和管理的资产规模的变迁。不到20年时间,中国保险机构的数量从2000年的33家增加到2017年的222家,保险机构的资产总额从2002年的6 320亿元增长到2017年的16.9万亿元。中国基金机构的数量和管理的资产规模也在急剧扩张。基金机构数量从2004年的45家增加到2019年6月的124家,管理的资产规模从3 247亿元增加到13.5万亿元。中国的保险机构和基金机构数量和规模上的快速增长与"重新中心化"的商业银行变迁形成鲜明对比。

表3-2 中国非银行金融机构数量和资产规模　　　　单位:家

年份	保险机构				基金机构			
	保险机构数总计	中资保险公司数量	中外合资公司数量	保险公司总资产(亿元)	基金机构数总计	内资基金公司数量	合资基金公司数量	公募基金规模(亿元)
2000	33	13	21					
2001	35	14	21					
2002	44	16	28	6 320				
2003	62	26	20	9 088				

(续)

年份	保险机构				基金机构			
	保险机构数总计	中资保险公司数量	中外合资公司数量	保险公司总资产（亿元）	基金机构数总计	内资基金公司数量	合资基金公司数量	公募基金规模（亿元）
2004	68	27	38	11 954	45			3 247
2005	93	42	40	15 286	53			4 739
2006	107	50	41	19 704	58			8 555
2007	120	59	43	28 913	59			32 766
2008	130	64	48	33 419	61			19 381
2009	138	68	52	40 635	60			26 761
2010	142	81	53	50 482	63			25 207
2011	152	90	51	59 829	66			21 880
2012	164	101	52	73 546	72			28 662
2013	174	109	55	82 887	89	42	47	30 021
2014	180	113	57	101 591	95	49	46	45 354
2015	194	126	57	123 598	100	55	45	83 972
2016	203	135	57	153 765	108	64	44	91 593
2017	222	145	57	169 377	113	68	45	115 997
2018					120	76	44	130 347
2019.6					124	80	44	134 563

来源：Wind 资讯；作者统计。

金融管理体制的演进

中国金融的监管体系在这个过程中发生了巨大的变化。1992 年 10 月 26 日，中国证券监督管理委员会正式成立。1998 年 4 月，国务院证券委员会撤销，其全部职能及中国人民银行对证券经营机构的监管职能同时划归中国证监会。

1995 年 3 月 18 日，《中华人民共和国中国人民银行法》出台，确立了中国人民银行的法律地位。该法律明确规定，中国人民银行是中华人民共和国的中央银行。中国人民银行在国务院的领导下制定和实施货币政策，对金融业实施监督管理。同年,《中华人民共和国商业银行法》《中华人民共和国保险法》《中华人民共和国票据法》《中华人民共和国担保法》《全国人民代表大会常务委员会关于惩治破坏金融秩序的决定》相继出台,确立了金融机构市场化、规范化发展的基本原则。

1998年11月18日,中国保险监督管理委员会成立,负责保险业监管,中国人民银行不再承担保险业的监管职责。2003年4月28日,中国银行业监督管理委员会正式挂牌成立,中国人民银行对银行业金融机构的监管职责、原中共中央金融工作委员会的相关职责划入中国银监会。至此,中国基本形成"一行三会一局"的金融管理体制,开始实行事实上的"分业经营,分业监管"。

2008年全球金融危机爆发后,为了应对危机带来的冲击和影响,中国政府采取了相对宽松的货币政策和财政政策。这带来了中国金融业的高速发展,反映为中国金融业增加值的GDP占比的急剧提升。这期间,新的金融业态不断涌现,大型金融机构混业经营变得越来越普遍。为了应对金融体系中不断出现的新变化,中国的金融管理体制也在不断调整。截至2019年5月,有两个大的变化。其一,2017年7月14—15日召开的全国金融工作会议上宣布设立国务院金融稳定发展委员会,强化中国人民银行宏观审慎管理和系统性风险防范职责。2017年11月,经党中央、国务院批准,国务院金融稳定发展委员会正式成立,办公室设在人民银行,并召开了第一次全体会议。其二,2018年3月,银监会与保监会合并成为银保监会。

在现行监管架构下,中国人民银行履行中央银行的职能,负责制定与实施货币政策,通过一系列货币政策工具调节市场上的资金量,同时实施宏观审慎管理,即"双支柱"架构。银保监会和证监会具体负责对金融机构和相关市场的监督管理。"一行两会"对金融机构的管理主要通过下面三种形式来进行:①机构管理,主要针对市场准入,分支机构的设立、人事任命核准与终止等进行管理;②业务监管,主要是对金融产品的定价、面向群体、治理机制等的管理;③经营监测,即以合规和风险防范为基础的基于各种指标进行的非现场和现场监管等。

宏观经济调控工具的变迁

长期以来,中国宏观调控重点放在监测和分析诸如货币总量供给(M2)和新增人民币贷款这样的指标上。2011年年初,中国人民银行正式建立社会融资规模统计制度,并于同年4月14日首次对外公布我国社会融资规模指标。社会融资规模指标将除贷款外的其他融资,即金融机构表外融资业务如银行承兑汇票、委托贷款、信托贷款等以及直接融资等都纳入统计范畴。社会融资规模成为央行数量型调控的一个重要指标,也是经济学家和市场人士观察中国货币政策的重要维度。

除了总量调控的传统手段外,中国人民银行一直在推动通过结构性手段和市场手段实施宏观调控。中国人民银行于1995年4月9日启动以国债为主要工具的公开市场业务。随着时间的推移,一系列新的调节工具被陆续引入。2013年1月,中国人民银行宣布启用公开市场短期流动性调节工具(Short-term Liquidity Operations,SLO),作为公开市场常规操作的必要补充,在银行体系流动性出现临时性波动时相机使用。同月,中国人民银行创设常备借贷便利(Standing Lending Facility,SLF),对金融机构开展操作,提供流动性支持。2013年9月,中国人民银行创设中期借贷便利(Medium-term Lending Facility,MLF),对符合宏观审慎管理要求的金融机构提供中期基础货币,中期借贷便利利率发挥中期政策利率的作用,为降低社会融资成本提供便利。2018年6月1日,中国人民银行决定适当扩大中期借贷便利(MLF)担保品范围,将不低于AA级的小微、绿色和三农金融债,AA+、AA级公司信用类债券、优质的小微企业贷款和绿色贷款纳入MLF担保品范围。

采用数量型调控,一方面与中国强调"管控"的监管思维有关;另一方面,中国经济在从计划经济向市场经济转型过程中,要素市场的改革一直滞后于产品和服务的市场化改革,包括资金在内的生产要素的市场化定

㊀ 2018年,存款类金融机构资产支持证券、贷款核销、地方政府专项债券也被纳入社融规模统计口径。

价机制始终没有形成，大大制约了通过利率等价格信号来调控经济的空间。

尽管如此，中国的利率市场化在顽强地推进着。2007年1月4日，上海银行间同业拆放利率（Shibor）正式运行。中国人民银行成立Shibor工作小组，依据《上海银行间同业拆放利率（Shibor）实施准则》确定和调整报价银团成员、监督和管理Shibor运行、规范报价与指定发布人行为。此举标志着中国货币市场基准利率培育工作全面启动。

这个过程中利率市场化在稳步推进。2005年中国实现"贷款利率设定下限、存款利率设定上限"。2012年6月8日，金融机构存款利率浮动区间的上限调整为基准利率的1.1倍；贷款利率浮动区间的下限调整为基准利率的0.8倍。7月6日更是将金融机构贷款利率浮动区间的下限调整为基准利率的0.7倍。2013年7月20日，中国人民银行发布通告，全面放开金融机构贷款利率管制，取消贷款利率0.7倍的下限，转而由金融机构自主决定贷款利率。商业银行的贷款基础利率集中报价和发布机制（Loan Prime Rate，LPR）开始正式运行，这一利率生成和报价方法标志着贷款利率市场化取得了突破性进展。2015年10月，金融机构存款利率上限全面放开，利率市场化改革迈出关键性一步。

本书写作期间，中国人民银行于2019年8月17日发布公告，推出一系列举措完善贷款利率的市场化形成机制，通过提高贷款市场报价利率（LPR）的市场化程度，发挥LPR对贷款利率的引导作用。新机制下，利率市场化再进一步，贷款利率与货币市场利率联动更加紧密。具体操作上，贷款市场报价利率报价仍旧采用公开市场操作利率（主要指中期借贷便利利率MLF）加点形成的方式，向全国银行间同业拆借中心报价。全国银行间同业拆借中心按去掉最高和最低报价后算术平均的方式计算得出贷款市场报价利率。为提高贷款市场报价利率的代表性，此次公告规定：①将贷款市场报价利率报价行类型在原有的全国性银行基础上增加城市商业银行、农村商业银行、外资银行和民营银行，此次由10家扩大至18家；②将贷款市场报价利率由原有1年期一个期限品种扩大至1年期和5年期以上两个期限品种。银行的1年期和5年期贷款参照相应期限的贷款市场报价利率定价，1 年期以内、1 年至 5 年期贷款利率由银行自主选择参考的期限品种定价；③明确从 2018 年 8 月 20 日起，**各银行应在新发放的贷款中主要参考贷款市场报价利率定价，并在浮动利率贷款合同中采用贷款市场报价利率作为定价基准。**○

长期以来，贷款利率与货币市场利率"双轨制"明显。央行此次公告标志着中国开始向利率市场化的"最后一公里"发起冲击。

除了货币政策之外，中国人民银行 2011 年年初正式引入差别准备金动态调整机制，构建宏观审慎政策框架。2016 年起，差别准备金动态调整机制升级为宏观审慎评估体系（MPA），进一步从资本和杠杆、资产负债、流动性、定价行为、资产质量、跨境融资风险、信贷政策执行情况等七大方面对金融机构的行为进行多维度的引导。自 2016 年 5 月起，全口径跨境融资宏观审慎管理扩大至全国范围的金融机构和企业，对跨境融资进行逆周期调节，控制杠杆率和货币错配风险。2017 年 10 月，十九大报告明确要求健全货币政策和宏观审慎政策双支柱调控框架。同年 11 月，在《2017 年第三季度中国货币政策执行报告》中，人民银行提出继续健全货币政策和宏观审慎政策"双支柱"调控体系。

我们这个时代金融的五个显著特点

改革开放 40 年逐渐形成的 1.0 版的中国金融系统在漫长的演进过程中逐渐形成五个显著特点：

第一，**中国金融是以银行体系为主的金融体系，直接融资占比较低，而间接融资占比较高。**图 3－1 给出了 2016—2019 年 4 月中国存量社会融资规模中直接融资和间接融资所占的比例（月度数据）。2016 年 1 月至

○ 在新的 LPR 机制下，央行通过控制 MLF 就能够控制贷款基准利率。环节被打通后，货币政策可以传导到实体经济，利率传导效率提高，有利于降低实体经济融资成本。

2019年4月,整个社会融资规模的存量部分中直接融资所占比重只有17.1%,间接融资的比例在80%以上。我们的数据截至2019年4月底,当月中国直接融资在所有融资中占的比例仅是19.9%,超过80%的融资是以银行贷款、信托贷款、银行可承兑汇票、委托贷款等间接融资来安排的。此外,中国银行体系的集中度较高,以五大国有商业银行为例:[一]2014年,它们拥有59%的政府债券、85%的央行票据以及44%的公司债务;同时,它们拥有58%的家庭储蓄和50%的企业储蓄,为其他非银行金融机构如保险公司和信托公司提供了76%的融资服务。这些比例近年还在呈现上升的趋势。

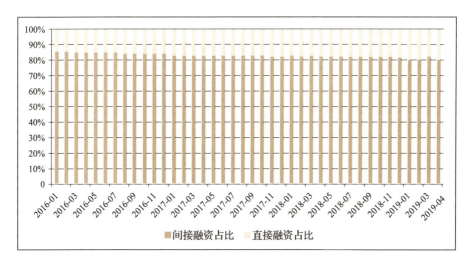

图3-1　中国存量社会融资规模的结构分布(月度)

来源:Wind资讯。

中国的社会融资结构与美国形成极大的反差(见图3-2)。美国1970—2018年这49年间直接融资占社会总融资的比例平均为77.2%,间接融资只占22.8%,其中2018年直接融资占比高达80.8%,间接融资只占19.2%。

[一]　2018年起,中国邮政储蓄银行完成改制并上市后,其身份从"邮储银行"变为国有大型商业银行,国有大银行数量因此从五家变为六家。

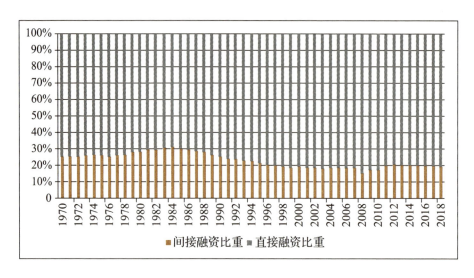

图 3-2 美国社会融资存量结构（年度）

数据来源：美联储；作者分析。

在中国间接融资的构成中，大部分来自银行信贷。截至2019年4月，整个209.7万亿元的社会融资存量总额中，直接的银行信贷占比为69%，高达到144万亿元。而且，大量的信托贷款和委托贷款以及银行承兑汇票的资金来源仍然是正规的银行体系。中国金融1.0版是以商业银行为主的。这带来的一个直接后果是商业银行容易出现系统性风险的汇聚。商业银行一方面是利润导向的；另一方面又担负着稳增长的任务。当经济下行、流动性紧张时，银行一般放松银根、增加贷款以对冲经济下行的压力。在企业普遍面临"软预算约束"和刚兑并未打破的情况下，银行的坏账率可能会大幅提升，资产质量会下降。因为这些风险是与中国的宏观经济联系在一起的，而且银行体系在融资总额中占比很高，**中国金融体系中系统性金融风险大量集中在银行体系**。

商业银行主导的融资体系，很大程度上是由中国投资拉动的增长模式和转轨经济特征决定的。过去40年，中国主要采取投资拉动的经济增长模式，商业银行主导的金融体系相对而言更容易把中国较高的国民储蓄率转换为固定资产投资，特别是投向国家战略重点支持的领域；商业银行主导的融资体系也便于政府对金融体系进行更有效的控制。政府可以通过利率、存款准备金、信贷约束和其他一些针对机构的手段对总贷款额、贷款的行业和地域分布进行控制。中国政府历来以强大的宏观经济调控能力著称，通过以"数量"为准绳的货币政策，加上直接控制商业银行，是强大的宏观调控能力的重要来源。毕竟，控制机构比控制个人要容易和有效得多。

欠发达的中国资本市场也是直接融资占比较低的原因。[一]经历了40年的改革开放，中国虽然建立了完整的市场经济体系，但仍然保留一些转轨经济的特征。在资本市场上，国家仍然习惯用"管控"的方式管理市场，例如，对IPO进行审核管理，以此控制IPO数量和上市节奏；对债务发行的管理也包含着转轨时期"额度管理"的思想，例如对地方政府债务的额度管理。"额度管理"背后其实是人为制造的"稀缺性"。哈佛经济学家安德雷·谢莱佛（Andrei Shleifer）认为稀缺的存在为政府（更准确地说是政府中对资源有最终配置权的群体）制造了寻租机会（Rent-seeking opportunity）（Shleifer和Vishny，1998）。拥有资源配置权的政府官员利用稀缺性，能够收取贿赂进而把额度配置给那些满足他们特殊利益需求的人。采用这样的管控方式，中国金融体系很容易就变成了一个"寻租"市场，中国的多层次资本市场建设进展缓慢，A股市场距离好的资本市场差距甚远跟这有很大的关系。

第二，从股权结构看，中国金融机构的股权高度集中在国家手里。财政部和中央汇金公司以绝对持股比例控制了六大国有商业银行和国家开发银行；同时以第一大股东身份控制了交通银行、光大银行。中央汇金公司作为中投公司下属公司，与财政部是一致行动人。从这个角度讲，财政部控制了中国金融行业的半壁江山。此外，股份制银行基本上由地方政府和央企发起设立，城市商业银行和农村商业银行也多为地方政府所控制。中国银行体系国有控股这种特性和1994年重新开启的金融体系改革有关。这

[一] 我在第六章将重点讨论中国的资本市场。

一轮改革的主要特点是"重新中心化",通过对各类金融机构整合,使得金融机构的集中度大大提高,各类银行机构甚至包括整合后留下来的信托公司,大多由中央财政或是地方政府控股。

理解中国金融机构股权结构的状况,尤其是财政部和地方政府在其中扮演的重要角色,对于我们理解中国金融机构的行为模式非常重要。财政控股的金融机构在资源配置时优先把资源配置到国有板块,民营经济和中、小、微企业自然面临融资难、融资贵的问题。更重要的是,财政部作为中国金融体系的最大控制者,使得"财政"与"金融"的界限变得模糊。在现有的金融运行环境下,国家实质上在提供隐性担保,把企业和地方政府的"硬"预算约束变成了"软"预算约束。国家信用代替了企业信用和地方政府信用,既无法打破"刚性兑付",又无法形成给地方政府和企业信用定价的"锚"。**刚兑不破,没有金融,只有财政**。以国有控制的金融体系为基础的国家信用的介入扭曲了金融风险的真实情况,使得中国始终无法形成给资金进行市场化定价的基础。中国债券市场、股市、银行信贷等市场上普遍存在的定价混乱,各类金融资产价格的信息含量不高,无法引导资源的有效配置,深层原因几乎都源于此。

第三,**中国金融体系效率不高,主要反映为金融中介成本太高**。一个直接的证据是金融行业增加值 GDP 占比的变化。第一章的图 1-3 显示,中国金融业增加值的 GDP 占比已经在 2014 年超过美国,一度高达 9.5%,高于美国同一时期 7% 的水平。虽然 2018 年因为实行资管新规、加强金融系统风险防范之故,中国金融业增加值的 GDP 占比略有下滑,但仍然高达 7.7%,高于美国、英国等传统金融大国。正如我在本书中一再强调的,金融业增加值是金融中介机构(包括金融市场上各类机构)工资、奖金、租金和利润之和。它同时衡量的也是金融中介过程中发生的交易成本。在金融资产规模给定的情况下,金融业增加值的 GDP 占比越高,表明产生同等规模的金融资产所需要的成本也就越高。美国金融业增加值占 GDP 比例增加主要来源于金融资产规模的提高。美国金融体系产生和维持单位金融资产所需的成本其实一直非常稳定,在过去 130 年保持在 1.5%~2% 的水平(Thomas Phillipon,2015)。

中国产生和维持单位金融资产所需的成本是多少？我们一直缺乏这方面的系统数据和研究。中、美两国金融体系差别很大，货币创造方式、产生信用和金融资产的机制并不一样，很难对金融中介成本做一个有完整说服力的比较。在图3-3中，我用金融业增加值除以年末社会融资存量来衡量产生单位融资的成本。根据图3-3提供的数据计算，2002—2018年间，中国产生和维持单位金融资产（社会融资）的成本在3.2%（2004年）与4.8%（2008年）之间；2009—2015年保持在3.8%以上，之后开始下降，2018年为3.4%。如果图3-3提供的数据相对真实地衡量了中国提供单位金融资产的平均成本，我们可以暂时得出一个结论，中国过去17年产生和维持单位金融资产的平均成本接近3.8%，远高于美国的历史平均值1.5%～2%。㊀

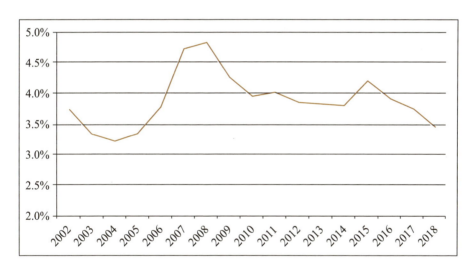

图3-3　中国金融业增加值与社会融资存量比例，2002—2018年
来源：Wind资讯。

尤其值得指出的是，中国的金融中介成本的衡量包含着比较大的"选择性偏差"（Selection Bias）——3.8%的水平是基于那些能够从银行体系

㊀ 我在本书第四章的图4-3中引用法国学者Bazot的研究成果。他发现第二次世界大战以后，主要发达国家每年产生和维持单位金融资产的成本逐渐向2%趋近。

或是资本市场获得融资的企业计算出来的。大量的中、小、微企业和个人、家庭并不能顺利从现有金融体系中获得融资支持，而他们为获得单位金融资产所愿意支付的成本要高很多。由此可见，中国现有金融体系下金融中介成本高主要反映在两个方面：其一，能够得到金融支持的实体部门需要承担相对更高的金融中介成本；其二，大量得不到正规金融体系支持的实体部门只有通过其他替代性方式获取资金，而他们承担的中介成本更是远远高过正规体系本来就已经很高的成本。

作为实证证据，我引用西南财经大学团队基于中国家庭金融调查（CHFS）数据发布的《2014年中国小微企业发展报告》里的相关发现：民间借款占小微企业负债总额的45.7%，其中3/4是从亲属那里借款；小微企业的银行信贷可得性仅有46.2%，即在100家有银行信贷需求的小微企业中，能够获得银行贷款的只有46家，融资难问题广泛存在；**小微企业通过民间借贷的利率平均为18.1%，是银行贷款利率的两倍。**①

第四，金融服务的覆盖面不充分，普惠金融发展空间巨大。中国经济生活中只有小比例的机构和个人能够享受到正规金融体系的金融中介服务。以民营经济为例。民营经济占到中国企业数量的90%，解决了80%的就业，贡献了70%的创新，60%的国内生产总值和50%的税收。民营经济的发展离不开金融体系的支持，但是中国正规的金融体系不能给对中国经济社会发展有至关重要影响力的民营经济提供强有力的支持。为了生存和发展，民营企业大量借助影子银行体系或是非正规金融体系，以较高的成本获得资金，承担高昂的融资成本。图3-4给出了中国小微企业贷款在金融机构所有贷款中所占的比例。截至2018年年底，中国金融机构所有贷款的存量为136.3万亿元，其中给予小微企业的只有33.5万亿元，占到所有贷款规模的24.6%。2015—2018年这四年，小微企业贷款占比平均值为24.9%。

---

① 这里用的是2013年的数据。

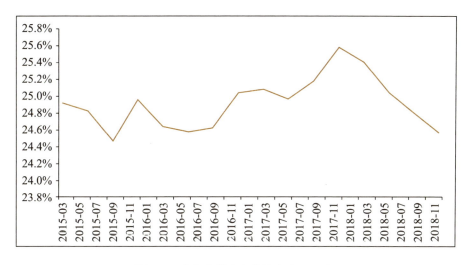

图 3-4　中国小微企业贷款占比（月度）

来源：Wind 资讯；作者分析。

金融覆盖面不足还反映在中资大型、中型和小型银行持有的银行资产的占比方面（见图 3-5）。资产规模在 4 万亿元以上的中资大银行拥有的资产规模在所有银行资产中的占比虽然从 2010 年起开始下滑，但在 2018 年仍然占到整个银行资产规模的 50.3%。而资产规模在 5000 亿元和 4 万亿元之间的中型银行拥有的资产占银行总资产比例为 24.8%，两者合在一起超过 75%。资产规模在 5 000 亿元以下的小型银行，虽然数量庞大，但其资产规模合计只有 24.9%。中国有数量超过一个亿的经济单位，其中大部分是工商个体户，总量达 7 000 万。而剩下 3 000 万个企业实体中超过 90% 为小微企业，金融支持对这个数量庞大的企业群体意义不同寻常。在错位竞争的环境下，小型银行的主要服务对象应该是小微企业和个人与家庭，但是小型银行的资产占比并不高。更何况，在中国金融业同质化竞争背景下，小型银行其实并没有起到应有的服务小微企业的作用。中国金融的惠及性（access to finance）亟须进一步提高。图 3-5 反映出中国金融行业资产高度集中的特性，这样的行业结构不利于普惠金融的开展。

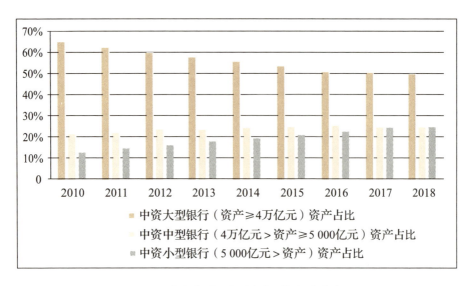

图3-5 中资大型、中型和小型银行资产占比
来源：Wind资讯；作者分析。

金融服务的覆盖面对于一个国家的经济和社会发展非常重要。Gao等于2017年发表的一篇工作论文利用自然实验的方法研究增加银行分支机构（扩大金融服务的覆盖面）对实体经济的影响。2009年5月，中国银监会对股份制商业银行、城市商业银行分支机构的市场准入政策进行大幅调整，明确符合条件的中小商业银行在相关地域范围设立分支机构不再受数量指标的控制，而且申请审批权限下沉、流程简化。银监会此举的目的在于促进股份制银行和城商行更好地支持地方经济、中小企业和"三农"发展。高昊宇等（2019）发现：①该政策实施后，股份制银行和城市商业银行的分支机构显著增加；②银行分支机构增加促进了银行间竞争；③增加银行间竞争有利于银行提供更好的贷款条款、更低的贷款门槛，但是，银行的贷款不良率也相应增加了；④在与工业企业数据合并后发现，银行间竞争能够促进当地企业投资率、就业人数、销售规模以及效率的提高，而且，银行间竞争带来的正面效应在民营企业中尤为显著。[一]

除了对实体经济的影响外，大量的经济学和金融学研究有证据表明，

[一] Gao，Ru，Townsend 和 Yang（2017）。

扩大金融服务的覆盖面也有利于解决社会问题。例如，利用美国县际（county level）层面的数据，美国经济学家马克·加麦斯（Mark Garmaise）和托比亚斯·莫斯科维茨（Tobias Moskowitz）在他们2006年发表的一篇论文中发现，当银行之间的收购或兼并会导致某一地方的银行分支机构减少、本地金融服务市场的竞争性降低时，当地的城市建设投入会降低，更多的低收入家庭流入当地，并显著增加当地盗劫犯罪率。[一]

能否接触到正规金融体系的金融服务对解决贫困等社会问题也有帮助。UCLA的金融学教授巴格·乔杜里（Bhagwan Chowdhry）曾致力于推动一个叫作"金融从出生时开始"的社会项目（Financial Access at Birth，简称FAB），在公共政策领域产生了深远影响。FAB运动的主旨很容易理解。在每个婴儿出生的时候，给他们建立一个电子银行账户，并存入可生息的100美元。这样，这个银行账户本身就相当于给了初生婴儿某种程度上的社会认同，并提供了一个平台让他得以接触到金融中介服务。给全世界每一个新生婴儿建立一个银行账户并存入100美元却不仅仅是具有象征意义的举措，它包含着极为丰富、充满质感的社会意义。其一，按照乔杜里教授的统计，全世界有一半的成年人没有任何机会享受到任何金融中介服务。他们没有任何银行账户，也无法在银行储蓄、生息去积累资金，更无法享受到金融机构的任何中介服务。FAB运动以极低的成本赋予这部分群体接触到金融中介服务的机会；其二，在发展中国家，在贫困地区，有相当数量的婴儿出生后就从未到注册机构登记注册，从而沦为黑户。这对评估一个地区的真实人员状况、经济发展水平，尤其是在危机时发放救灾物资和救灾款项都会带来不利。而给每个初生婴儿一个账户和100美元的初始资金注入，会为他们的父母提供某种程度的动机，让他们有动力去给孩子合法身份；其三，一个婴儿自出生时就有一个银行账户，也有助于在其成长过程中学习、建立正确的理财理念。人与人之间的不平等，最可怕的地方在于机会不平等。如果在享受金融中介服务这个环节上赋予不同的

[一] Mark Garmaise 和 Tobias Moskowitz（2006）。

人平等的权利，其实应该有助于缩小社会上的不平等，并最终减小收入上的不平等。

第五，目前中国金融的结构不合理。结构不合理反映在下面三个方面。首先，如上文所述，**中国银行资产在不同规模的银行之间的分布不合理**，资产规模在4万亿元以上的大银行持有超过50%的银行资产。规模上的集中不利于通过市场竞争实现信贷资源的合理配置；同时，规模带来类似"大而不倒"这样的道德风险，不利于提升金融中介的效率。大量的实证研究表明，要降低融资成本，提升金融服务的效率，市场竞争非常重要！

其次，**中国目前债务结构不合理，反映为企业债务占比太高和政府与居民债务的增长速度太快**。第一章的图1-4显示，截至2018年年底，中国的宏观杠杆率达到GDP的254%，总体水平并不算太高。例如，日本2017年非金融部门的债务达到GDP的358.8%，法国达到了300.2%，都比中国的254%要高出很多。即使和美国相比，美国非金融部门的债务占GDP的比例在2018年为247.7%，基本与中国的水平相当。中国的主要问题是杠杆结构不合理。2018年，中国非金融企业的债务存量已经达到136万亿元，占GDP的比例达到151.6%，而美国同期这一指标只有74.4%。非金融企业"去杠杆"势在必行。

此外，中国的政府债务（包括中央政府和地方政府）占GDP比例从2007年的29.3%增加到2018年的49.8%，短短12年增加了20个百分点。其中，地方政府债务规模争议较大。按摩根士丹利的研究报告统计，截至2016年年底，中国地方政府债务规模达到21万亿元。虽然总体规模占GDP的比例仍远低于国际常用的60%的警戒线，但是地方政府债务增长速度过快，令人担忧——中国地方政府债务在2008年的总体规模只有5万亿元。此外，地方政府还有大量的或有债务和隐性债务，加上这两者，真实的地方政府债务水平会显著高于统计数字。

另一个让人担忧的趋势是中国居民债务上升速度很快，占GDP的比重从2007年的18.8%上升到2018年的52.6%。家庭债务上升太快是美国2008年爆发金融危机的底层原因之一（Atif Mian和Amir Sufi，2014）。中国居民债务上升与中国房地产价格高企有很大关系，不断攀高的居民债务不仅带来金融体系风险水平的提高,也对消费产生"挤出效应",不利于中国经济增长模式从投资拉动向消费驱动的转型。

再次,**中国的直接融资中债务融资占比远高于股权融资占比;同时,债务市场的融资中企业债和公司债占比太低**。图3-6显示在中国的整个直接融资中,股权融资的比例不足20%,大量的直接融资仍然是以债务的方式进行的。通过债务进行融资,一方面增加企业还本付息的负担,另一方面,也增加了整个非金融企业的杠杆率。而在中国债务融资市场中,公司债和企业债的占比不高。如图3-7所示,国债和地方政府债在中国债务资本融资中占比远高于企业债或是公司债。2004—2018年,国债和地方债合计占中国债务市场融资的比例平均达到79.6%,远远高于企业债和公司债。以非金融企业为主体的债务融资规模只有20%左右。中国的债务融资市场仍然是政府主导的市场。这样,中国债务融资市场中能够留给非金融企业的资金并不多,通过债务市场支持实体企业的力度较弱,尤其是对民营企业而言。形成这样的债务融资的市场结构原因很简单,国企有政府的信用背书,发债相对容易,而民营企业发债融资的难度通常比较大;此外,地方政府通过债务市场获得的资金有很大一部分是被配置到投资资本收益率不高的地方国有企业。

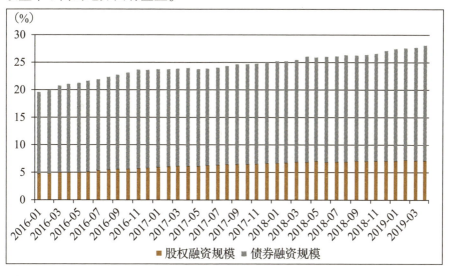

图3-6 中国直接融资的结构分布(单位:万亿元)

来源:Wind资讯。

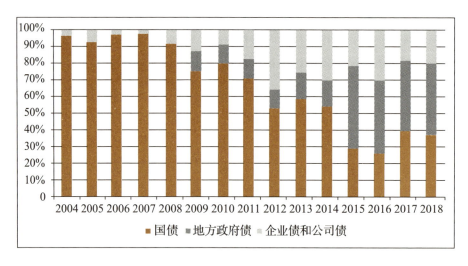

图 3-7 中国债务融资市场的结构（%）

来源：Wind 资讯。

好金融还是坏金融

图 2-1 和图 2-2 在这本书里有特殊的意义。作为作者，我会不厌其烦地多次提及。○ 在讨论我们这个时代中国金融的时候，图 2-1 和图 2-2 提供了系统的架构供读者去理解中国金融的变迁以及存在的结构性问题。图 2-1 用"演进"的观点观察金融体系。由于地域、文化、人口、资源等方面的巨大差异，在任何一个时间点，各个国家的金融体系、金融实践与监管都不可能有统一的范式；从时间维度看，经济社会发展、跨国家和跨地区的人员、产品和服务流动、公共治理体系的变化，新的技术和金融思想的不断涌现，都可能改变金融的呈现形式。用"演进"的角度判断一个金融体系，"好金融"或"坏金融"不再是一个静态的判断。昨天的"好金融"如果不能吐故纳新，及时随内、外部环境和条件的变化而改变，就有可能变成今天的"坏"金融。

㊀ 温馨提示：我建议读者翻回到第二章的图 2-1 和 2-2。

第三章
我们这个时代的金融

中国金融在过去 40 年为中国经济高速增长做出了重要的贡献。随着中国经济从高速增长进入"高质量发展阶段",中国未来经济增长的动能必将发生根本改变。在宏观经济层面提升全要素生产率(total factor productivity),在企业层面提升投资资本收益率是中国未来增长最重要的源泉。中国金融能否在这样一个伟大的转型过程中完成自己的使命,促进中国经济微观基础的变迁?我们这个时代金融的五个显著特点在中国经济高速增长的 40 年间显然有其存在的合理性。但是,创新不足,结构不合理,模式单一,同质性强,对实体经济的服务效率不足,覆盖面窄等这些问题正在制约金融在中国高质量发展阶段扮演更灵活、更敏锐、更积极的作用。中国金融的下一步是什么?中国金融怎样在不断变化的经济社会发展过程中实现"降低金融中介的成本"这一目标,以"简单、直接、有效"的方式服务实体经济?对这个问题的思考,并将思考转换为行动,这些努力将有助于我们定义出新一代的中国金融。

图 2-2 给出的是现代经济体系下金融中介的一个基准模型,它的核心是描绘实体经济和金融系统之间微妙而又复杂的五组动态关系:实体经济的动态变化、金融体系的动态变化、资产价格的动态变化、宏观政策的动态变化和资金流动的动态变化。回归到"降低金融中介成本"或是"降低建立信任的成本"这一金融发展的终极目标,找到一个灵活有效的框架去及时识别并修补这五种动态变化中可能出现的断裂点(breaking points),防止系统性金融风险的汇聚,修补断裂点的过程,也是新一代中国金融的建设过程。从这个角度讲,图 2-2 给出了我们建设新一代中国金融的路径图(roadmap)。在本书的余下部分,我将分别讨论我们对中国金融在认识上存在的误区,揭示中国金融体系中存在的断裂点,分析这些断裂点形成的底层逻辑,探讨修补这些断裂点的方法和路径。我们的思考和讨论将围绕图 2-1 和图 2-2 展开,它们是理解金融的最优框架,也是建设我们热爱的金融的出发点。中国金融未来发展的方向,就像是马丁·沃尔夫所说的那样,"我们需要的不是更多的金融,而是更好的金融"。

第四章 金融发展之谜

明月直入,无心可猜。

——李白

任何自诩聪明的傻瓜都能够把事情做得越来越大,越来越复杂,甚至越来越暴烈。但是,这个世界需要天才的灵机一动和大量的勇气才能让事情朝相反的方向发展。

——恩斯特·舒马赫[一]

[一] 德国统计学家和经济学家,著有《小的是美好的》。

金融越大越好吗？金融的演进是否一定带来金融中介效率的提高？我在本书中一直强调，衡量金融好坏最重要的是看它能否有效降低建立信任的成本，最终实现金融中介成本最小化。金融资产的规模从来都不是衡量金融好坏的标准。然而，在中国金融体系的改革和发展过程中，我们却逐渐形成一个误区：金融资产规模越大越好；金融机构的数量越多越好。在本章，我将分析这一认知误区形成的原因，讨论中国金融为什么越变越大，金融体系越变越复杂。在此基础上，提出"金融发展之谜"——探讨为什么金融发展并没有带来金融中介成本的下降。更进一步，分析中国琳琅满目的各类金融中究竟哪些能够促进资源配置效率的提高，促进经济高质量发展，哪些不能。

越来越大的中国金融

自1978年中国开启改革开放后，在以经济发展为主要任务的发展理念的主导下，中国金融体系经过多年跋涉，迅速发展起来。1978—2018年间，中国的居民储蓄从200多亿元增长到80万亿元；外汇储备从不到2亿美元增长到3万亿美元……

我以国际常用的衡量金融发展水平的指标——金融资产与GDP比例，

在图 4-1 给出了中国和美国 2004—2018 年金融发展情况的对比。先看中国，图 4-1 显示中国金融资产与 GDP 比例在逐年提高，从 2004 年的 2.4 倍迅速提高到 2018 年的 3.9 倍。2004—2018 年间，中国金融资产与 GDP 的比例平均为 3.3 倍。中国这一指标的峰值出现在 2016 年，当年金融资产是 GDP 的 4.3 倍。从 2017 年起，随着监管的加强和货币政策逐渐偏紧，金融资产与 GDP 的比例开始下滑，2017 年降为 4.2 倍，2018 年更是下降到 3.9 倍。

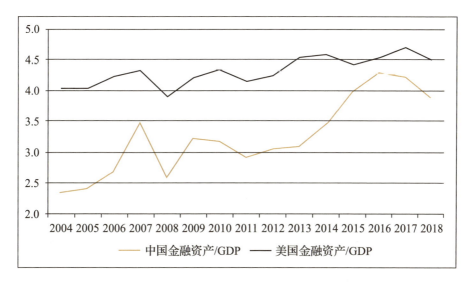

图 4-1　中国与美国金融资产与 GDP 的比例，2004—2018 年
来源：Bloomberg；Wind 资讯；中国人民银行；作者分析。

再看美国。美国 2004—2018 年按同一口径计算的金融资产平均为 GDP 的 4.3 倍。2008 年因为全球金融危机的影响，金融资产与 GDP 的比例一度降到 3.9 倍。之后，随着美联储量化宽松政策的实施，金融资产的 GDP 占比从 2009 年起开始逐步回升，逐渐恢复到 4.2～4.7 倍，2018 年美国金融资产是 GDP 的 4.5 倍。2016 年中国金融资产与 GDP 的比例达到 4.3 倍，同年美国为 4.5 倍。两国金融资产的相对规模在这一年已经非常接近了。仅按金融资产与 GDP 的比例来衡量，中国的金融发展水平已经达到了发达国家的水平。可见，改革开放 40 年，中国金融资产规模的增长速度惊人。当然，必须指出，中、美两国金融资产在结构上有极大的差异。2018 年，中国的金融资产中，银行资产、股票市值和债券市值所占的比例分别为75%、12%和13%；而美国对应的分布为21%、33%和46%——中国金融体系以银行为主；而美国金融体系以金融市场为主。

值得一提的是，怎样衡量金融资产的规模是一个有争议的问题，既不能遗漏，又不能重复计算，采用不同计算口径结果可能大相径庭。在图4-1中，我将金融资产定义为银行资产、债券市值和股票市值之和。这个估测没有明确考虑影子银行所产生的金融资产，如委托贷款、信托贷款和银行承兑汇票等。这虽然会带来估值上的误差，但是其影响应该不大。中国影子银行体系里的资金大部分来自正规银行体系，因此银行资产已经包含了很大一部分影子银行业务形成的金融资产，将委托贷款、信托贷款等明确纳入金融资产的计算将带来大量的重复计算。中国影子银行业务的资金来源大部分仍是正规银行的表内业务，表外业务所占的比重相对有限。我们对金融资产的定义因此是合理的。

中国金融资产快速增长的原因

中国金融大发展背后的推动力量主要来自两个方面。第一，金融资产规模的扩大反映的是经济发展的需要。中国在快速实现工业化的过程中，投资拉动的增长模式扮演了极其重要的作用。过去40年，固定资产投资占GDP的比例长期保持在40%以上。中国金融体系在这一过程中最大的贡献在于展现了强大的资源动员能力——将中国相对较高的国民储蓄率以简单、直接、有时不太计效率的方式转换为投资，极大地促进了中国经济的发展。在中国金融1.0时代整个融资结构仍以间接融资特别是银行贷款为主，各类贷款形成的金融资产构成了中国金融资产的主体，并极大地推高了金融资产的规模。

在进入21世纪之后，房地产和基础设施投资逐渐成为中国经济增长的主要动能。这一过程中，土地和房地产货币化的程度在不断加深，从供给端和需求端同时发力，刺激了相关金融领域的大发展。土地货币化和市场化使得土地成为重要的资本和融资工具。过去10余年的房地产货币化和大规模城市"再造"派生出大量的投、融资需求和货币创造，通过土地入市、征地拆迁、不动产价格多轮上涨和资产变现滋生出大量社会财富和金融资产。房地产市场快速发展和相关资产的迅速积累大大缓解了合格抵押品不足对信贷融资的制约，为信贷快速扩张创造了条件。可以说，以土地、房地产和城市基础设施为抵押品所形成的信用扩张，为中国经济的高速发展提供了大量的资金，最终体现为规模不断上扬的金融资产。

此外，为应对2008—2009年全球金融危机的影响，中国政府启动了对房地产市场的多次刺激和调控交替，房地产市场金融化的程度不断加深，贯穿土地、地产开发、股市、债市、理财、信托、万能险、股权控制、境外投资、境内外套利、互联网金融平台等多个方面，加深了金融体系与房地产的联系和互动，也同时推进了中国金融规模的大幅扩张。

第二，中国金融大发展也与人们对金融重要性的认知有关。2008—2009年金融危机爆发之前，金融深化理论在市场、学界和政策界深入人心。金融发展与经济发展之间的正向关系得到人们的普遍认同。大多数学术研究的成果也倾向于接受金融发展和经济发展之间存在因果关系——金融发展能够促进经济的发展，而不是相反。来自不同国家和历史阶段的大量实证研究的结果也提供稳健和可信的支持证据。这些理念深入人心，对政策制定和金融实践同样产生了深远的影响。政策制定者在定义金融发展时，一般以金融机构数量的增长、金融资产规模的扩大为标准。中国地方政府的政绩指标中，一般包含金融业的发展这样的指标。在中国最近的话语体系里，媒体交口称赞的"金融副省长"——很大程度上反映了地方政府对金融发展重要性的认知；而媒体热衷于以此为报道题材，大致反映了我们这个时代公众的认知水平。

除金融资产的GDP占比之外，另一个反映金融发展规模的指标是我在本书第一章中提出的金融业增加值的GDP占比。图1-3显示，中国金融业增加值的GDP占比从有数据的1952年起至2018年总体呈现上升趋势。该比例从1952年的2.1%增加到了2018年的7.7%。其中，1978年的改革开放是一个分界点，金融业增加值与经济总量GDP的比例从1979年的1.9%开始迅速增长，至1989年达到6.3%的水平。如果仅按金融业增加值的GDP占比来衡量金融发展水平，1989年中国金融发展水平已经达到发达国家例如美国的水平。在1989年该指标达到相对历史高点后，金融增加值的GDP占比开始逐步下滑，至2005年回落到4%的水平。从2006年起，该比例又开始了一个大幅上升的过程，从2005年的4%一路上扬，至2015年达到历史高点8.4%。

对比美国同期的数字。1990年之前，美国金融增加值的GDP占比一直在6%以下。事实上，纽约大学金融学教授托马斯·菲利蓬在2015年的一项研究中发现，美国在1880—2010年这130年间，绝大部分时候金融增加值的GDP占比在4%~6%之间。1990年之后，美国监管者开始放松金融管制，各类以监管套利为出发点的金融创新大行其市，推动金融业大繁荣。相应的，金融业增加值在GDP里的占比开始提升，至危机爆发前一度达到7.5%左右；危机爆发后，随着化解危机所采取的一系列去杠杆措施，金融增加值的GDP占比呈现下降趋势。

中国金融业增加值的GDP占比自2014年起已经全面超过美国，但这意味着中国有比美国更发达的金融吗？中国各地政府通常把大力发展金融作为地方经济发展的重要目标。图4-2显示了2017年中国各省（自治区、直辖市）金融业增加值的GDP占比的情况。仔细研究图4-2，我们有两个发现。第一，中国内地31个省级行政区划单位中，有29个省的金融业增加值的GDP占比在5%以上，只有湖南和吉林两省2017年金融业增加值的GDP在5%以下，都是4.7%。如果一个行业的增加值占到GDP的5%或以上，它就被归类为支柱性行业。图4-2显示金融业是中国除了湖南和吉林之外的29个省、直辖市或是自治区的支柱行业。这里包含一些经济发展水平落后于全国平均的地区，例如，甘肃、宁夏、青海等。2017年，青海的金融业增加值的GDP占比甚至高达10.5%，远远高于8%左右的全国平均值。29个省把金融作为支柱行业，反映出的是金融发展在地方政府经济工作中的重要作用。但是，因为资源禀赋的限制，是不是每个省（市、区）都适合发展金融业？是不是每个省（市、区）都需要通过大力发展金融业来推动经济增长？一个充满活力和流动性的全国性市场是不是比若干个分割的区域性金融市场更能提高金融中介的效率？这些问题值得思考和辨析。

第二，2017年，上海金融业增加值的GDP占比达到17.4%，同年，北京金融业增加值占GDP的比重也达到16.6%，明显高于公认的国际金融中心纽约、伦敦和香港大约14%的水平。如果用金融业增加值的GDP占比来衡量金融发展水平和金融业的成熟度，北京和上海是不是已经超过纽约、伦敦和香港，成为冠绝一时的金融中心？

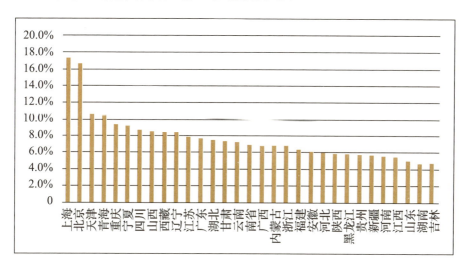

图4-2 中国各省（自治区、直辖市）金融业增加值的GDP占比，2017年
来源：国家统计局；作者计算。

越来越不透明的中国金融

中国金融体系自改革开放以来一直朝着市场化、规范化、多元化和国际化的方向演进。在这个过程中，金融也变得越来越不透明。"不透明"的过程是渐进的，与中国金融演进的方向和采取的路径紧密相连。改革开放后很长一段时间，中国金融机构遵循专业经营，不同的金融机构各司其职，服务一方。然而，正如我在第三章提到的，中国从20世纪90年代中后期开始的新一轮金融改革以"重新中心化"为特征。这一轮改革中，通过大规模的整顿和机构合并重组，金融机构数量大幅降低，金融服务逐渐出现同质化倾向，缺乏错位竞争。

进入21世纪之后，类似花旗集团和摩根大通这样的一站式金融服务模式在中国找到了忠实的拥趸,开始被各类中资金融机构采纳。随着金融资本化和金融业综合经营试点的推进,各类金融控股或是金融资本系不断涌现。传统金融机构通过设立或收购子公司形成事实上的金融控股集团,工、农、中、建、交和邮储银行这六大国有银行的业务已经涵盖银行、证券、保险、基金、金融租赁等业务;中信、光大、平安等金融控股集团基本实现了金融业务全牌照;四大资产管理公司(长城、信达、华融和东方)、地方政府整合资源形成的地方性金控平台等都开始向金融控股集团转型。与此同时,产融结合成为许多大型企业集团的不二之选:类似中石油这样的大央企拥有多家金融子公司,涉及财务公司、保险、信托、基金、期货、银行等,并寻求补充资本、集中持股以及金融上市;民营集团诸如海航、复星、恒大等更是将产业和资本进行深度融合,涉猎金融业务的众多板块;另外,类似阿里巴巴、腾讯、百度、京东这样的互联网企业开始涉足金融领域。以阿里巴巴在2014年成立的蚂蚁金服为例,蚂蚁金融迄今已经拥有第三方支付、小额贷款、保险、基金、银行等多项金融业务的牌照,金融控股俨然成型。

  金融控股集团模式在中国的兴起让人费解。现代经济史上关于金融应该混业经营还是分业经营的讨论始于美国。美国学界和政策界一致认为,1929年的股市崩盘是经济大萧条的主要原因,而造成股市崩盘的原因,就是美国金融机构的混业经营。由于商业银行和投资银行不断侵入对方领地,导致证券市场上的投资、投机活动泛滥,催生了股市泡沫,进而引发了资本市场的崩溃以及大量商业银行的挤兑倒闭。1933年,美国通过《格拉斯-斯蒂格尔法案》,决定将商业银行和投资银行业务严格划分开,确保商业银行避开股市风险。

  随着美国在20世纪80年代中期完成利率市场化,商业银行不满足利润越来越低的"发起并持有"这样的传统业务模式,开始向"发起并分配"的投资银行业务渗透(见图1-2),资产证券化开始盛行。市场竞争导致行业整合加速,商业银行逐渐突破跨州经营的限制,规模越来越大,同时开始觊觎投行业务,以及通过"证券化"等创新带来的利润增长点。美国商业银行开始不断对国会进行持续的游说。美国政府默许了花旗银行和旅行者集团（主要业务为保险和投行）在 1998 年的合并具有里程碑意义。商业银行和投资银行之间的隔离墙开始松动。1999 年，美国国会通过了《金融服务现代化法案》，彻底废除了《格拉斯—斯蒂格尔法》的有关条款，正式结束了美国长达 65 年的分业经营历史。随后，大型金融机构开始普遍采用"全能银行"模式，商业银行与投资银行之间的界限变得越来越模糊。2008—2009 金融危机爆发前，花旗集团（Citigroup）、摩根大通（JP Morgan）、汇丰集团（HSBC）和苏格兰皇家银行集团（RBS）等金融行业的巨型企业集团几乎在金融服务的每个领域都大肆涉足，呈现出不可阻挡之势。

历史的吊诡之处在于，金融中介模式的演进有一定的周期性。伴随着 2007 年美国次贷危机和 2008—2009 年全球金融危机，将商业银行和投资银行分开的讨论再度兴起。这一次，美国虽然没有重启《格拉斯-斯蒂格尔法》，但是，国会通过了《多德-弗兰克法案》，其中的"沃尔克规则"明确禁止商业银行在证券市场从事自营交易，但允许从事做市商业务。

中国金融机构热衷于金融控股的原因是什么呢？有一点可以肯定，中国企业愿意追求规模，规模变大之后更有影响力和成就感，更容易实现"大而不倒"（too big to fail），更可能得到国家信用的背书。然而，规模大小与一个企业是否伟大并没有太大的关系。怎样才能实现从大到伟大，完成从追求规模到追求价值创造的转型，是中国金融机构需要回答的问题。

究竟全能银行还是专业银行更能创造价值？学术研究在这方面能够提供很多启示。实证金融学在过去 30 年中的一个重要发现是"多元化折价"——多元化经营的企业相较于专业化经营的企业在股票市场上的估值往往会有一个折价。长期以来人们一直认为多元化折价仅仅出现在工业企业和非金融服务企业中。在 2007 年《金融经济学期刊》（*Journal of Financial Economics*）上的一篇论文中，经济学家罗斯·莱文（Ross Levine）和吕克·拉文（Luc Laeven）提供实证证据显示"多元化折价"同样也存在于金融机构中。从 20 世纪 90 年代到 21 世纪初这段时间，"全能银行"的商业模式在金融企业集团中间流行起来，导致短期内各金融机构的规模迅速扩张，但其在股票市场上的折价却未引起重视。2008—2009年全球金融危机以后，大型金融企业集团往往和"大而不倒""代理问题""不透明"等词联系在一起。学术界和政策制定者都认为这些金融机构的多元化经营在一定程度上造成了这场金融危机的爆发。这对于中国金融机构的启示在于：金融控股并非是一个一本万利、没有风险的选择。

混业经营和金融控股集团模式的普及增加了整个金融体系的不透明性。首先，控股集团和金融资本系等大多采用交叉持股和金字塔这样的股权结构，这种"网状化"的股权结构有利于最终控制人以较小的资本投入获得对大量资产的控制。这样的股权结构能够让集团公司营造一个实质意义上的内部金融市场，集团内部的企业通过这个市场在资金上互通有无、互相支持，借助集团内资产组合实现关联投资、信息共享、税收及会计处理，建立起**网络化资金信用关联**，弥补外部融资不发达和市场不完备等缺陷。①**从这个意义上讲，这样的股权安排有利于控股股东迅速做大一个企业，这对于以规模为诉求的金融控股集团是一个方便的选择。**

但是，复杂的控股结构使企业变得不透明，现金流权与控制权之间严重失衡，这也为代理问题的泛滥提供了基础。下属子公司或孙公司可以用集团公司担保大量举债、大肆投资；集团内的关联企业之间相互进行关联交易；更重要的是，控股股东能够把资产和资金在集团内部通过各种方式自由挪腾。错综复杂的股权结构通过各类"杠杆"的放大作用，使得集团规模越来越大，反映为金融资产规模的不断攀升。但是，资金信用关联又可能扭曲集团下面各类机构自身的信用风险评估和定价，信用错配导致道德风险泛滥。这一系列操作更可能导致两种结果的出现：其一，集团层面负债大幅攀升；其二，当集团下面的隶属公司大举借债去投资时，投资资本收益率不会太高。

亚洲金融危机爆发之后，人们普遍意识到正是因为复杂的股权结构使

---

① 支持的证据见 Khanna 和 Palepu（2000）。

得那些最终控制人利用所控制的企业去大量融资，做出一系列不负责任的投资决策（即投资资本收益率很低的投资），进而影响整个金融体系的健康……交叉持股和金字塔结构在亚洲的普遍使用被看成是形成亚洲金融危机的一个主要的微观机制。这一观点，早在危机爆发之前就已被保罗·克鲁格曼（Paul Krugman）在他的那篇关于亚洲企业最终控制人"道德风险"的惊世骇俗的文章《亚洲奇迹的迷思》中详细论证。克鲁格曼紧紧抓住了因金字塔结构而产生的"道德风险"，指出仅靠投资规模而不是投资于效率，亚洲迟早会遇到危机。他因此成功预测了亚洲金融危机的爆发，一战成名。

金融资本化和金融业综合运营发展的结果是各类金融机构资产和负债的高度关联，容易形成系统性金融风险在金融体系的汇聚。出于减少资本占用、规避审慎监管规定、突破分业监管要求等需要，银行的表内业务和表外活动快速扩张且日趋复杂。银行与银行之间，银行与信托、保险、证券、资产管理、金融租赁等各类非银行金融机构建立起广泛而密切的联系，结构性信托、资管计划等产品相互嵌套，信用关系复杂，资金链条长。银行资金外溢与其他金融机构业务交叉融合，大大提升了信贷、货币、债券、股票、房地产等各子市场的连通性和关联度。这个过程中，一方面正规银行体系的同业资产和同业负债大幅提高，关联度明显上升；另一方面，银行类机构对其他金融机构的负债和资产也大幅上升。中国金融体系以银行体系为主，以社会融资总额存量为例，逾70%的存量社会融资来源于银行体系，当正规银行体系对其他金融机构的负债和资产大幅提升时，大大提升了信贷、货币、债券、股票、房地产等各子市场的连通性和关联度，增加了整个金融体系的系统性风险水平。

日趋复杂的股权结构，金融机构之间资产和负债的高度关联，使得整个金融体系越来越不透明。在规模快速扩大的同时，连接资金需求方（个人或是机构）和供给方的金融中介的中间链条越来越长，涉及的金融机构或是企业实体越来越多，底层资产的情况越来越不清晰。这种背景下，金融乱象多，风险隐患加大，给金融监管、金融稳定和货币调控等都带来了负面的冲击和挑战。

"金融发展之谜"

金融资产与 GDP 的比例以及金融业增加值的 GDP 占比，在很大程度上只是在衡量金融的规模。金融的本质在于支持实体经济的发展。好金融的标准更在于以成本较低的方式简单、直接、有效地将资金需求方和供给方连接起来。因而，能否降低金融中介的成本，或者说，能否降低建立信任的成本，是判别好金融更重要的标准。

"金融发展之谜"的提出

从理论上讲，随着金融的演进，各类金融创新层出，技术变革不断改变着金融中介的方式，金融资产规模也越来越大，人们理应观察到金融中介效率的不断提高，反映为产生和维持单位金融资产的平均成本不断下降。现实金融世界提供的证据与理论预测一致吗？

我在图 4-3 中引用法国学者吉尔奥姆·巴佐（Guillaume Bazot）在 2017 年发布的一项研究成果。吉尔奥姆·巴佐比较了美国、德国、英国和法国这四个国家历史上产生和维持单位金融资产的平均成本——即产生一块钱的金融资产所需要的中介成本。选择这四个国家的金融体系进行比较有一定的特殊意义：其一，这四个国家，尤其是英、美、德的金融体系以效率高、金融服务覆盖面广、对实体经济支持扎实著称，它们各自的金融中介成本能够提供在量度上的一个"锚"；其二，这四个国家金融体系各有特点，英、美两国的金融体系以市场为主，直接融资占比高；而法国和德国则主要采用以银行为主导的金融体系，间接融资占的比重更大一些，结构上与中国金融体系有相似之处。比较两种不同类型的金融体系下金融中介成本的水平，可以帮助我们思考什么样的金融更有利于降低金融中介成本。

㊀ 详见我在本书第八章的分析。

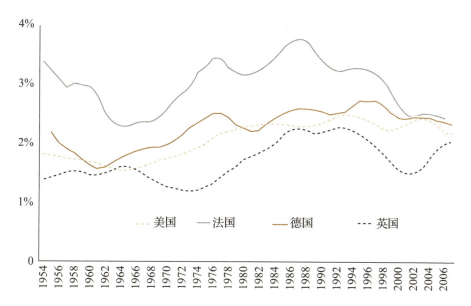

图 4-3　美、德、英、法产生和维持单位金融资产的平均成本
来源：Guillaume Bazot（2017）。

透过图 4-3 不难发现：第一，美国在 1954—2006 年这段时间产生和维持单位金融资产的成本相对稳定，一直在 1.5%~2% 之间浮动。事实上，托马斯·菲利蓬在他 2015 年发表的文章中研究美国 1880—2010 年这个时间段产生金融资产的单位成本，他发现大约也在 1.5%~2% 之间。美国金融体系在过去 100 多年的漫长岁月里发生了巨大的变迁，但金融的单位成本却是惊人的稳定。托马斯·菲利蓬和吉尔奥姆·巴佐两位学者都认为美国产生和维持单位金融资产的成本 1.5%~2% 大致上提供了一个发达经济体的金融中介成本"基准值"，可以作为一个参照；第二，英国和德国产生和维持单位金融资产的成本大致与美国相似，平均也在 1.5%~2% 之间，只有法国在样本期间平均值略高一些，大约为 3%，但是 20 世纪 80 年代后，随着法国资本市场的开放，法国金融中介的成本也开始下滑，逐渐趋近 2%~2.3% 的水平；第三，考虑到德国和法国主要采用金融中介机构（例如，商业银行）为主导的金融体系，而英、美则采用以市场为主导的体系，但这几个国家的金融中介成本并没有存在明显的差异，这提供证据表明以银行为主导的金融体系和以市场为主导的金融体系在提高金融中介质量和效率方面并不存在孰优孰劣的问题。

图4-3给出了不同国家金融中介成本的实证数据，通过对这些数据的解读，我们却发现一个关于金融发展的难解之"谜"——随着人们对金融认知的不断加深，金融创新的不断涌现，新的技术也不断被运用到金融中，为什么产生和维持单位金融资产的成本并没有下降，甚至在大部分经济体还呈现出上升的趋势？托马斯·菲利蓬在2015年的研究显示，美国过去130年产生和维持单位金融资产的成本都非常稳定。**金融发展为什么没有降低金融中介的成本？我将这一问题称为"金融发展之谜"。**

中国金融发展并没有降低融资成本

威廉·戈德史密斯（William Goldsmith）在他1969年出版的《金融结构与金融发展》一书提出一个研究问题：**什么样的金融结构最有利于经济发展？**之后，大量的学术研究和政策研究开始探讨究竟是银行主导的金融体系还是市场主导的金融体系更能促进经济发展。这些研究利用不同国家或是不同历史阶段的数据提供了大量的实证证据，但并没有产生一面倒的结论。在中国金融的演进过程中，类似的争论也频频出现。中国金融的发展究竟应该以银行体系为主导还是以金融市场为主导？究竟是直接融资能够更好地降低融资成本还是间接融资能够做到这一点？对某类金融中介模式的评判标准是它能否有效降低金融中介成本。图4-3中美、英和德、法之间的比较再度启示我们：没有一个统一的、放之四海皆准的金融结构。一个国家只能努力建设适合本国经济发展阶段的金融中介模式。好金融具有多样性！

中国的金融发展能否摆脱"金融发展之谜"，走出一条能够有效提高金融效率、降低成本的独特路径？过去70年，**"中国式的金融发展"**的一个直接后果是不断攀升的金融增加值的GDP占比。然而，过高的金融业增加值GDP占比对应着的可能是相对较高的金融中介成本。我在本书第一章中论述过，金融业增加值是金融中介机构工资、奖金、租金和利润之和。在国民经济核算体系中，金融业增加值反映的是各类金融机构在某一年度通过提供金融服务创造的价值总量，由融资服务增加值和中间服务增加值组成。[一]从这一角度理解，金融业增加值衡量的是金融中介过程中发生的交易成本（从资金需求方角度）。在金融资产规模给定的情况下，金融业增加值的 GDP 占比越高，表明产生所需规模的金融资产所需要的成本也就越高。这种情况下，**高金融业增长值对 GDP 比例隐含着另一种可能性——金融中介过程的中间环节太多，金融中介成本（融资成本）太高。**

为此，我们需要仔细测算在中国现有的金融体系下，产生和维持单位金融资产的中介成本究竟是多少。新中国成立至今，尤其是改革开放以来，金融体系变化巨大，无论是金融机构的数量和种类还是由金融机构提供的产品、服务都在快速变化着。在巨变的大背景下，精确计算出中国产生和维持单位金融资产的中介成本难度极大。我下面尝试用两种思路各异的间接方法计算中国的金融中介成本。这两种方法都存在低估的可能性，但其数值仍然有很大的参照意义。

首先，国际通行的数据库 Bankscope 包含全球主要银行资产负债表和损益表的信息。**在 Bankscope 提供的数据基础上，我们计算中国主要银行的存贷利差，把它作为金融中介成本一个大致的衡量。**存贷利差本身并没有反映金融机构在吸收存款和发放贷款这个过程中所发生的全部成本，例如，一些跟存、贷款相关的中间服务费用并未包含在内。尽管如此，存贷利差还是提供了一个大致的参照。考虑到中国社会融资规模中银行贷款占到 70%～80% 的比例，基于存贷利差获得的中介成本衡量有很大的参照性。

我将一家银行的存贷利差定义为：（利息收入－利息成本）/ 贷款资产。如图 4-4 所示，中国不同类型的银行提供单位贷款资产的成本有很大的差异。工、农、中、建、交五大国有银行 2004—2015 年间产生单位贷款资产的中介成本为 2.92%；[二]Bankscope 所包含的 12 家股份制银行同期平均

[一] 在这里，融资服务增加值指的是金融机构提供吸收存款和发放贷款、发行和购买证券等资金融通活动形成的产出；而中间服务增加值则指的是金融机构从事证券交易、投资管理、结算、外汇交易等不具有融资性质的中间服务的产出。

[二] Bankscope 在样本区间没有包括中国邮储银行的数据。

的中介成本与五大国有银行相差不大，为 3.22%；数据里包含的几十家城商行，根据城商行数据计算出的单位贷款资产成本要高很多——2004—2015 年这 12 年间平均为 5.85%。

图 4-4　不同类型银行提供信贷资产的成本
来源：Bankscope；作者分析。

图 4-4 显示五大国有银行和 12 家股份制银行 2004—2015 年间产生单位贷款资产的中介成本相对稳定。然而，城商行的金融中介成本在 2009 年有一个向上的大幅提升，从 2008 年的 2.94% 迅速提升到 2009 年的 6.45%，并于 2012 年达到峰值 8.81%。一个可能的原因是 2009 年为了应对全球金融危机的影响，中国政府推出了"四万亿元"经济刺激计划，货币政策变得很宽松。城商行在贷款定价方面有相当大的灵活度；同时其贷款对象以民营企业、小微企业和一些受贷款政策约束较多的企业居多，这些企业对资金成本有一定的容忍度。这两者合在一起推高了城商行的平均存贷利差；当然，这也意味着它们的服务对象必须承受更高的资金成本。

究竟是国有银行的 2.92%，还是股份制银行的 3.22%，抑或是城商行的 5.85%，更真实地反映了中国金融体系的金融中介成本？即使是以国有银行近 3% 的中介成本为基准来衡量中国金融体系的中介成本，它也比美国过去 130 年 1.5%~2% 的平均值要高许多。如果我们选择更市场化的城商行的数据来衡量，5.85% 的数值比英、美、德大约 2% 的平均中介成本高出近两倍。回归到新古典经济学的价格理论，市场化的价格是由边际交易者的买卖行为决定的。在中国的企业信贷市场上，大、中型企业显然不是信贷市场上的边际交易者。图 3-5 显示中国资产规模在 5 000 亿元以下的小型银行（服务对象主要是小、微企业）数量虽然庞大，但是其资产规模合计只占整个银行体系总资产的 24.9%。大、中型银行服务对象主要是大企业和大机构，资产规模合计占到银行总资产的 75% 以上。这些数字对比显示，占到中国企业总数量 90% 以上的小微企业更可能是信贷市场上的边际交易者，它们所承受的资金价格是更真实的市场化价格。

作为补充证据，图 4-5 给出了 2015—2018 年中国小、微企业贷款余额的结构分布（按信用提供者）。城商行和农商行合在一起提供了超过 50% 的小微企业贷款。城商行和农商行的主要贷款对象是中小微企业，其存贷利差更可能反映了真实的以市场供需关系为基础的金融中介成本。

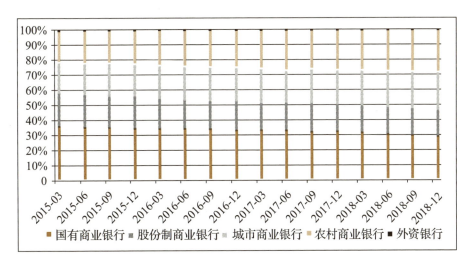

图 4-5　中国小微企业贷款余额结构（季度），2015—2018 年
来源：Wind 资讯；作者分析。

当然，我需要指出，按照上述方法估测的金融中介成本严重低估了中国金融中介过程可能发生的实际成本。这里存在经济学里经常提到的"幸

存者偏差"（Survivorship Bias）。我在上面的计算中只考虑了那些能够从金融体系里获取贷款或是得到资金支持的企业、个人或是机构（幸存者），没有办法考虑到大量的个人、企业或机构其实无法按同样的条件从金融体系获取资金支持这一事实。中国金融体系的惠及性（access to finance）严重不足。大量的经济单元和个体被遗漏在正规金融体系之外。它们只能依靠其他途径（如影子银行甚至地下钱庄等）以更高昂的成本获得资金。在这样的中介过程中，因为中间链条的延伸和更多的利益相关方的卷入，它们获取资金的成本要远远高于银行信贷成本。本书第八章的图8-5讨论了通过影子银行形成的信托贷款的利率情况——信托贷款的利率比同样情况下的银行信贷利率平均高出2.5个百分点以上。**图4-4反映出的中介成本是中国金融体系产生和维持单位金融资产所需成本的下限。**

作为稳健性分析的一部分，我引用在第三章图3-3中所做的分析，并把它作为另一个间接方法来计算中国金融体系的中介成本。图3-3中，我将国家统计局公布的每一年中国的金融业增加值作为分子除以同期社会融资规模的存量，以此衡量产生单位社会融资所需的成本。图3-3提供了按上述方法计算出的2002—2018年间中国产生和维持单位金融资产（社会融资）的成本。值得指出的是，这个方法的侧重在于平均成本，与图4-3提供的英、美、德、法四个国家产生和维持单位金融资产所需的平均成本在口径上更具可比性。我在这里简单复述图3-3的主要发现。假定中国所有的融资主体面对的是同样的贷款条件，中国金融体系产生单位社会融资所需要的平均成本在2002—2018年间为3.8%，其中2009—2015年更是在3.8%以上，之后略有下滑，2018年为3.4%。中国提供单位金融资产的平均成本要高于英、美、德、法四个国家的平均成本。

需要强调的是，按照这种方法计算也低估了金融中介过程产生的成本。原因有三个。其一，上面提到的"幸存者偏差"（Survivorship Bias）仍然存在。我的计算是在金融抑制环境下对金融中介成本的大致估算，并没有充分考虑到资金的机会成本——大量的中、小、微企业或是其他经济单位并不能从金融体系中获得稳定和"待遇"相同的金融支持，它们感受到的融资成本（经济学术语为影子成本）显然要高很多。其二，金融业增加值的计算口径与金融资产的统计口径之间有不一致的地方。例如，中国庞大的影子银行业务形成的金融资产大多以某种形式体现在银行机构的资产之中（分母部分），而影子银行业务产生了大量的中介成本，其中很多部分并没有纳入金融业增加值的统计之中（分子）。其三，上述计算方法考虑的是平均成本，以市场供需关系决定的中介成本更准确的衡量是边际金融中介成本，小、微企业所承担的成本更能反映真正的金融中介成本。

从降低中介成本这个金融发展的最终目标来重新评价中国金融业增加值的 GDP 占比自 2004 年起快速攀升这一事实，不难得出结论，在金融资产规模不断上升、金融体系日趋复杂和不透明的情况下，中国金融体系产生和维持单位金融资产的成本依然居高不下，甚至有上升趋势。**"金融发展之谜"在中国不仅存在，而且中国特定的金融发展之路使得"金融发展之谜"有愈演愈甚之势**。中国的金融演进到了一个关键的时间节点，需要去反思我们建设金融的思路和策略是否合理，我们对金融的认知是否存在巨大的偏差。不去仔细分析金融业增加值的构成，及其快速增长背后的推动力量，一味强调金融业增加值的规模和增长速度，谬之甚矣！

金融发展与实体经济

在任何时代，任何经济体，金融发展的目标都应该是更好地支持实体经济的发展。在这一节，我利用最新的数据，分析用金融资产规模来衡量的金融发展是否促进了固定资本形成，是否提高了资源配置的效率，是否有助于化解困扰全世界各个国家的"金融发展之谜"。

金融资产规模与固定资本形成

在中国目前的增长模式下，投资占有重要地位。固定资产投资是推动经济增长的重要动能之一。在图 4-6 中，我用 2017 年的数据分析中国省际层面金融业增加值的 GDP 占比与固定资本形成之间的关系。在经济学研究里，前者反映一个省以金融规模来衡量的金融发展水平；后者反映该省的投资率。在投资仍旧是中国经济发展的主要驱动力时，该指标取值的高低很大程度上反映了该省实体经济的活跃程度。

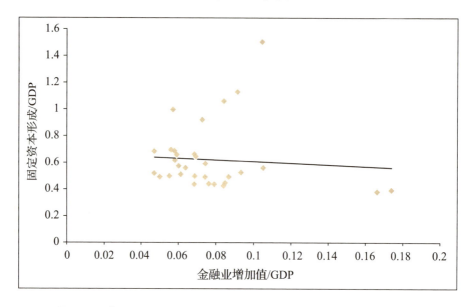

图4-6 省际层面金融业增加值的 GDP 占比与固定资本形成，2017年
来源：作者分析。

图4-6显示金融业增加值的 GDP 占比与固定资本形成的 GDP 占比这两个指标之间的关系。图中向东南方向倾斜的直线是基于31个省、直辖市和自治区的数据，通过线性回归得到的拟合线。分析结果出人意料：省际层面金融业增加值的 GDP 占比与投资率之间并没有呈现出任何正相关关系；相反，两者之间是负向关系——虽然这种负向关系在统计意义上并非显著。仔细分析图4-6，一个直接结论是金融业发达的省份并没有形成更高的投资率，甚至当金融规模增加时，投资率不升反降。这个分析结果的政策含义非常清楚：以金融资产规模来衡量的金融发展与固定资本形成之间没有任何关系，单纯靠发展金融规模并不能形成对实体经济的有力支持。

细心的读者可能对上述结果持有保留意见。单纯以投资率来衡量实体经济的活跃程度并不全面。除了投资率外，投资效率也同样驱动经济增长。金融资产规模的增长是否有助于提高投资的效率呢？关于这一点，我将在本章的下一部分具体分析。在这里需要指出的是,如果金融资产规模的增长或是金融业的发展没有通过固定资产投资形成产业资本,至少表明中国现在的金融体系的确存在"金融脱实向虚""资金在金融体系内自我循环"这样的问题。

学过初级计量经济学的读者可能会担心"异常值"对结果的影响。上海和北京在 2017 年金融业增加值的 GDP 占比远远高于其他省份(见图 4-6 中最右边两个观察值)。图 4-6 的结果是否是由这两个"异常值"决定的?在我的分析中,我也尝试把这两个异常值去掉,发现结果并没有改变——金融业增加值的 GDP 占比提升对固定资本形成没有太大影响。限于篇幅,我在书中没有汇报这些研究结果。

金融发展与资源配置效率

中国经济在经历了近 40 年的高速发展后,各种结构性问题开始凸显。经济政策的顶层设计者和企业高管都认识到中国亟须转变经济增长模式,需要从投资拉动转向消费和效率驱动,实现高质量发展。用一个简单的方程式来解释中国经济的转型过程:**增长率 = 投资率 × 投资资本收益率**。投资率和投资资本收益率都能够促进经济增长。但是,中国经济的高质量发展要求我们降低投资率,提高投资资本收益率(Return on Invested Capital,简称 ROIC)。唯有这样,中国经济才能实现从数量增长(quantity growth)向质量增长(quality growth)的转型。提高投资资本收益率,是新时代中国经济转型成功的关键。这意味着未来中国经济增长的动能将来自创新和效率提高。因此,重塑中国金融的关键在于通过进一步的金融体系供给侧改革实现资源更有效的配置,这也是判别金融到底是好金融抑或是坏金融的重要标准。

什么样的因素有助于资源配置效率的提高?金融发展是否一定促进资源配置效率的提高?学界对于这些问题的研究由来已久,提供的一些实证

㊀ 刘俏:《从大到伟大 2.0:重塑中国高质量发展的微观基础》,机械工业出版社,2018.

证据也有助于我们梳理这个问题的答案。①一般认为,有效的金融市场和充满活力的金融中介机构可以帮助筛选不好的投资项目,合理将资金分配到边际产出较高的企业,同时鼓励具有创新技术或创新模式的新企业进入市场竞争,推动落后企业的退出。所有这一切都有利于将相对稀缺的资源尤其是资金进行更为优化和有效的配置。然而,越来越多的研究显示,并非所有的金融发展或金融创新都有助于提高效率。事实上,金融中介过程中永远绕不开的一个关键词是信息不对称。消除信息不对称有利于降低资金两端建立信任的成本,从而降低金融中介的成本。所以我在本书中一再强调好金融的本质是降低金融中介的成本。现实金融世界里,有的金融创新通过增加信息不对称来盈利,而有些金融创新通过降低信息不对称来盈利,前者更可能是坏金融,而后者成为好金融的概率要大很多。**被置放在圣殿的金融和被妖魔化的金融都不是对金融完整的反映。**

托马斯·菲利蓬在 2015 年的那篇著名文章中发现,那些由寻租动机来驱动的金融创新往往会提高金融中介的成本。事实上,如我在第二章中所分析,2008—2009 年全球金融危机很大程度上和金融中介机构不加节制地通过监管套利去追求利润是联系在一起的。这个过程中出现的一系列金融创新,不但没有助力实体经济更好地发展,反而形成系统性的金融风险,几乎拖垮全球经济。美国经济学家罗斯·莱文(Ross Levine)在他 2015 年发表的文章中反思全球金融危机,他认为更多的银行信贷和影子银行业务所形成的信用扩张极大地提升了金融资产的规模,但同时也导致高杠杆的出现,而金融机构的高杠杆对危机的出现起到了推波助澜的作用(Levine,2015)。在一项跨国比较研究中,贝塔斯曼(Bartelsman)和他的合作者们发现金融中介的扭曲导致了资源的低效配置,而且这在很大程度上能够解释不同国家在全要素生产率上的差异。②更多的金融不一定有利于实体经济提高投资效率。我们需要的是能够更好地降低中介成本、提高资源配置效

---

① 例如,King 和 Levine 1993;Levine 1998;Levine 和 Zervos,1998;Beck et al.,2000;Rajan 和 Zingales,1998。

② Restuccia 和 Rogerson(2017)。

率的好金融。

关于中国金融体系和资源配置效率及全要素生产率之间关系的研究也正在不断涌现。虽然学界和政策界已经发现,并不是所有类型的金融发展都有助于资源配置效率的提高,但迄今为止,人们还没有找到好的方法去区分金融中好或是坏的部分。我和我的博士生邓家品以此为研究问题在 2019 年完成了一篇工作论文,是目前这个领域为数不多的研究。在这篇文章中,我们尝试着在中国的制度背景下辨析出究竟什么是好金融、什么是坏金融(Deng 和 Liu,2019)。

在这项研究中,我们利用中国地级市层面的数据,研究金融发展与资源配置效率之间的关系。我们采用经济学家谢长泰(Chang-tai Hsieh)和彼得·克列诺(Peter Klenow)在 2009 年提出的一个量度去衡量某一城市资源配置的失效程度,我们把这一衡量叫作 **Hsieh-Klenow 资源错配量度**(Hsieh 和 Klenow,2009)。这个变量被定义为一个城市在资源优化配置下所能达到的产出与实际产出(隐含了资源配置的扭曲)之差除以实际产出。这个变量取值越高,表明该城市资源错配程度越大。谢长泰和彼得·克列诺在他们的研究中发现,改革开放期间中国在这个变量上的取值为 0.86,即当资本、劳动力等生产要素的配置能够得到最大的优化时,中国的工业增加值能多增加 86%。

我和邓家品沿用谢长泰和彼得·克列诺的方法。我们把侧重点放在地级市层面,分析当资源能够在地级市层面优化配置时当地的工业增加值能够提高的程度。我们发现城市层面 **Hsieh-Klenow 资源错配量度**的平均值高达 1.03,超过了该变量在国家层面的取值。这意味着,当资金、劳动力等要素能够在一个地级市内部自由流动、实现优化配置时,这个城市每年的工业增加值能增加一倍多。资源配置低效率问题在中国现阶段非常严重,但这从另外一个方面表明在中国改善资源配置低效率带来的经济发展质量提高的空间非常开阔。

我们用一个城市金融资产与 GDP 的比例来衡量该市金融发展的程度(金融资产/GDP)。金融资产被定义为本地的银行信贷存量规模、本地各类债务规模和本地上市公司股票市值之和。该变量取值越高,表明本地金融规模越大。按照上述定义,我们动手收集了中国 280 个地级市 1999—2007 年的数据。遗憾的是因为我们的计算中需要国家统计局规模以上工业企业工业增加值的数据,而国家统计局从 2008 年起公布的数据中不再包含这一信息,我们的样本区间因此截至 2007 年。我们的样本包括 2 392 个城市年份观察值(1 个城市 1 年的观察值)。为了计算城市层面的 **Hsieh-Klenow 资源错配量度**,我们用了国家统计局规模以上工业企业数据。我们的分析涉及 1999—2007 年总共 1 258 907 个企业。为方便读者阅读,不在此具体讨论实证分析中涉及的各类技术细节和计量经济学上对变量内生性的各种处理及相关讨论。对技术细节感兴趣的读者可以参阅 Deng 和 Liu(2019)。表 4-1 整理了我们分析中发现的相关结论。对初级计量经济学不太熟悉的读者可以忽略表 4-1。我将在文字部分用非学术语言讨论研究的主要发现。

首先关注表 4-1 的第一列。在这里,我们研究金融规模(金融资产/GDP)与 **Hsieh-Klenow 资源错配量度**之间的关系。在控制城市层面诸如人均 GDP、人口规模、产业结构、国企占比、出口规模等的影响之后,我们发现衡量金融规模的变量——金融资产/GDP——的线性回归系数为 -0.751,而且在统计意义上是绝对显著的。这表明两个变量之间存在明显的负相关关系——金融规模负向影响某个城市的 **Hsieh-Klenow 资源错配量度**。因为我们用了工具变量控制**金融规模**的内生性,**金融规模**和 **Hsieh-Klenow 资源错配量度**之间存在因果关系,即当金融规模增大时,一个城市的资源错配程度能够得到改善。

表 4-1 金融发展对城市层面资源配置效率和全要素生产率的影响

	Hsieh-Klenow 资源错配量度		全要素生产率(TFP)	
	(1)	(2)	(3)	(4)
金融资产/GDP	$-0.751***$ (0.177)		$0.726***$ (0.186)	
地方政府驱动的金融		$2.521***$ (0.755)		$-3.239***$ (0.726)

（续）

	Hsieh-Klenow 资源错配量度	全要素生产率（TFP）
市场驱动的金融	－0.363＊＊＊ （0.110）	0.234＊＊ （0.115）

来源：Deng and Liu（2019）；作者梳理总结。
注：＊、＊＊、＊＊＊分别代表着估测系数在10%、5%和1%的水平上是显著的。

特别需要指出，金融规模对资源错配程度的改善有很大的经济意义。当一个城市的金融发展水平在平均值的基础上提升一个标准差时，该市资源错配程度能够降低43%。在我们的样本中，金融发展水平的标准差为0.588。这意味着，当一个城市金融资产的规模增加了相当于其GDP规模的58.5%的数量时，该城市的资源配置扭曲程度能够降低43%。由表4－1得到的初步结论显示，**金融发展有助于提高资源配置效率。**

中国语境下的好金融与坏金融

表4－1第一列的发现与传统金融深化理论是完全一致的。但是，我必须指出，金融资产规模只是一个规模上的量度。正如我在前文多次论及，**金融资产的规模其实并没有反映出我们热爱的金融的本质——能够降低金融中介的成本，提高金融中介的效率。**虽然中国很多地方政府把金融资产的规模作为一个政策目标来执行，但这正反映了很多政策制定者和专业人士对金融认识上的误区。金融资产的增加可以通过增加债务或是股东权益来实现。如果是前者，过快的债务成长固然能够增加金融资产规模，但也带来高杠杆和金融风险的汇聚，对实体经济可能造成伤害，尤其是当这些债务集中在投资资本收益率比较低或是产能过剩比较严重的部门和领域时。此外，股市泡沫也可以带来一段时期内金融资产规模的上升，但是泡沫往往扭曲资产定价，使得资产价格信号失真，更是无法实现资本市场优化资源配置的功能。因此，有必要区分金融资产的来源，判别究竟哪一部分的金融资产有利于资源配置效率的提高、哪一部分带来的只是高杠杆或

资源浪费。**为此，我们必须了解金融规模增长的结构性原因。唯此，才能够真正理解哪一部分金融是我们热爱的金融。**

识别好金融与坏金融

识别出好金融与坏金融是一件极具挑战的事情！如图2-2所揭示，金融资产与实体经济之间的交互关系受到宏观经济条件和政策、经济微观基础活力、国际资本流动甚至金融资产价格和实物资产价格波动的影响，好或者坏是相对的，也是随着时间不断变化的。很难找到一个放之四海皆准的衡量好金融和坏金融的标准。结合中国经济发展的具体特点和地方政府在经济发展与金融发展中扮演的独特作用，我们找到一个近似的划分方法，尝试分析金融资产构成中不同部分对资源配置效率的差异化影响。

我们的划分方法与地方政府的行为模式和地方政府融资有关。中国改革开放40年的发展经验表明，中国经济的高速增长是"政治集权"和"经济分权"共同作用的结果。由于经济决策权分散，地方政府间的"政绩竞赛"为地方政府官员提供了发展经济的强烈动机，尤其在改革开放初期，在商品市场与竞争所需的要素都不具备的情况下更是如此。地方政府间的竞争在某种意义上代替了市场竞争，推动了中国经济的高速发展。

中国在20世纪90年代初启动的税制改革改变了中央政府与地方政府之间的税收收入分成。随着地方政府的开支不断增加，其能自由支配的财政收入已无法满足需求——其中的差距主要通过土地出售或地方政府债务平台来填补。地方政府大量的投资项目由于道德风险和软预算约束等原因并不具备比较高的投资资本收益率（ROIC）。当投资资本收益率长期偏低时，地方政府的债务偿还容易出现问题，最终因此只能依靠发行新的债务以偿还旧的债务。长此以往，造成地方政府的债务水平节节攀升。

截止到2016年年底，中国地方政府的债务总额高达21万亿元人民币，其中还不包含大量地方政府提供的担保函、承诺函等隐性债务（刘俏，2017）。地方政府债务是地方金融资产的一部分，但是这部分金融资产很难对投资效率的提高产生正面的影响。在刚性兑付没有被打破之前，地方政府债务本身甚至形成一种倒逼机制，在某种程度上绑架金融体系，造成债务越滚越大这一事实。在预算软约束盛行的背景下，地方政府金融本身只是财政的另一种反映形式。

地方国企的债务也是地方金融资产的重要组成部分。参与"政绩竞赛"的政府官员很关心当地的经济表现。国有企业保持强劲的投资势头与地方政府靠投资拉动 GDP 增长的愿望是一致的。由于政府在背后的隐性担保，国有企业从金融机构获得的债务几乎不可能出现违约，因此许多由银行贷款支持的投资往往缺乏效率，这一部分金融资产对资源配置效率的提高没有太大帮助。

因为微观层面数据的缺乏，人们很难对上面提到的跟地方政府动机有关系的金融资产做出一个相对准确的直接衡量。在我们的分析中，首先计算出每一个城市的地方财政缺口。我们认为，地方财政缺口反映了地方政府通过债务进行融资的意愿的强弱。财政缺口越大，地方政府借助金融满足资金需求的动机也就越强烈。事实上，在现有的中国地方政府投融资体系下，财政缺口大多是通过土地出售收入和地方政府债务（含地方平台公司的债务）来满足。土地财政本身和房地产市场紧密相连。根据国际管理咨询公司麦肯锡的研究，房地产行业本身及其上、下游债务合在一起占到中国总债务的一半左右。我们因此预测，与土地财政或是地方政府相关联的金融资产对提高地方投资效率和优化资源配置并没有正面影响。

因循上述思路，我们将一个城市的金融资产分解成两个部分：第一部分与地方财政缺口有关，我们将其称为地方政府驱动的金融（local government driven finance，简称 LGDF）；我们将另一部分称为市场驱动的金融（non-local government driving finance，简称 NLGDF）。这种区分是否准确可以商榷，但是图 4-7 提供的证据可以在某种程度上打消人们对这种区分方法的疑虑。在图 4-7 中，我们在省际层面将金融资产分解为政府驱动和市场驱动两个部分。我们将省际层面的地方政府债务与 GDP 的比例与

○ 技术细节请参考 Deng 和 Liu (2019)。简单描述，我们构建了一个线性回归模型，将金融资产的 GDP 占比作为被解释变量，在控制一系列相关影响因子后，我们将地方财政缺口能解释的部分归为地方政府驱动的金融，剩余部分归为市场驱动的金融。

根据上述方法获得的政府驱动的金融资产与 GDP 的比例进行比较分析。如图 4-7 所示,这两个变量之间的关联系数高达 0.562。根据线性回归获得的拟合线的斜率为 0.975,意即一元钱的政府驱动的金融资产对应着 0.975 元的地方政府债务。按上述方法定义的地方政府驱动的金融资产大致上反映了由地方政府债务所形成的金融资产。

实证研究证明地方政府主导的金融导致资源配置效率的恶化,而非地方政府主导的金融则促进资源配置效率的提高。表 4-1 的第二列提供了分析结果。当我们将金融资产分解成地方政府驱动的金融(LGDF)和市场驱动的金融(NLGDF),然后用这两个变量同时解释城市层面的资源错配程度时,我们发现这两者对资源配置效率有截然不同的影响。

首先,这两类金融对资源配置效率都有影响,地方政府驱动的金融对当地资源配置的效率有明显的负面影响,而市场驱动的金融则提高资源配置效率。

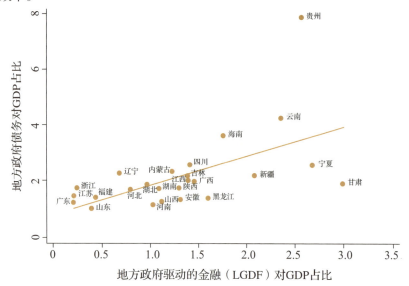

图 4-7 省际层面地方政府驱动金融与地方政府债,2000—2014 年
来源:Deng 和 Liu(2019)。

○ 我们做这样技术处理的原因是地级市层面的地方债务数据并没有对研究者公开,因而我们只能用间接方式衡量地级市政府驱动的金融资产(LGDF)。

其次，我们的分析结果显示这两类金融资产对资源配置效率的影响巨大。当地方政府主导的金融资产规模增加了相当于当地 GDP 总量 4% 的数量时，当地资源配置效率的总体水平会下降 11.2%。换个角度表述，当一个 GDP 有 2 000 亿元的地级市由于种种原因将地方债规模减少了 80 亿元时，当地的 GDP 能够在现有基础上多增加 11.2%，即 224 亿元。过多的由地方政府驱动的金融不一定促进实体经济的增长，但是市场驱动的金融则呈现出完全不同的景象，它对当地资源配置效率的提高起到非常正面的作用。当市场驱动的金融资产增加一个标准差（相当于当地 GDP 的 59.1% 的数量）时，该城市资源配置的效率能够提高 17.7%。仍然援用上面提到的 GDP 有 2 000 亿元的城市的例子，当市场驱动的金融资产规模增加 1 182 亿元，当地的 GDP 可以在同样的要素投入下多增加 353 亿元。市场驱动的金融发展对提高资源配置的效率、助力高质量发展意义重大。

两种不同的金融发展路径对提高资源配置的效率起到完全不同的作用。地方政府驱动的金融是我们热爱的金融吗？

好金融、坏金融与全要素生产率

金融发展能否提高一个城市的全要素生产率？地方政府驱动的金融和市场驱动的金融在提高全要素生产率方面起到的是相似的作用吗？全要素生产率（TFP）是增长理论中极其重要的一个概念，指的是经济增长中不能归因于有形的生产要素的那部分增值，它只能用来衡量除去有形生产要素以外的纯技术进步或是资源配置效率提高所引致的生产率增长。因此，全要素生产率增长率是指全部生产要素（包括资本、劳动、土地等）的投入量都不变时生产量仍能增加的部分。**一般认为，全要素生产率有三个来源，分别是效率改善（宏观方面包括国家体制改革和各项政策的优化，以及微观层面上企业科学化管理水平的提高）、技术进步（各种科学技术的发展与应用）以及规模效应（通过增大规模带来经济效益的提高）。**

在中国从高速增长向高质量发展的转型过程中，全要素生产率的提高更是至关重要。中国经济在快速增长阶段伴随着巨大的资本投入和人口红利，但这种依靠资本和劳动力堆积带来的经济增长显然已经无法持续。中国的人口红利终会消失，人口老龄化问题会导致劳动力投入不再增加；同时，随着资本边际报酬递减，资本积累也会达到饱和。因此，中国需要转变经济发展方式，让全要素生产率成为推动经济增长的主要动能。如果金融发展能够有效提高全要素生产率，这将给金融支持实体经济实现高质量发展提供最为直接和有力的证据。

我们同样利用地级市层面的数据，首先构建城市层面的全要素生产率的衡量指标，然后用上文提到的金融规模、地方政府驱动的金融和市场驱动的金融去解释不同城市在全要素生产率水平上的差异。**表 4-1 的第三列和第四列**包含着分析结果。我们首先分析金融规模（金融资产/GDP）与全要素生产率之间的关系。如表 4-1 第三列所示，在控制了城市的人均 GDP、人口规模、产业结构等影响因素外，我们发现金融规模的上升导致了全要素生产率的提高，而且影响巨大：当一个城市的金融资产规模增加相当于其 GDP 总量 58.6% 的数量时，该城市的全要素生产率能够增加 41.5%。

我们同时发现，地方政府驱动的金融和市场驱动的金融对全要素生产率的影响是截然相反的——地方政府驱动的金融在规模上的增加降低全要素生产率；而市场主导的金融资产规模的增加则提高全要素生产率。具体讲，当地方政府主导的金融资产增加相当于 GDP 总量 4% 的数量时，当地的全要素生产率的水平将会降低 13.4%；当市场驱动的金融资产规模增加相当于该市 GDP 总量 59.1% 的数量时，当地的全要素生产率将会增加 12.3%。表 4-1 启示我们，为了提高全要素生产率，中国应该增加市场主导的金融资产的规模，同时控制地方政府主导的金融资产的规模。

至此，我们关于中国语境下好金融和坏金融的讨论可以暂告一段落。显然，地方政府主导的金融对实体经济的效率和全要素生产率的提升非但没有起到正面作用，反而是恶化其程度。如果只有财政而没有金融，或者说金融干的是财政的事情，这种背景下，片面强调金融资产的规模是没有任何意义的。**建立能够提高经济增长质量的金融体系的根本出发点和基本原则，并不在于一味地扩张规模，而是通过形成与各类风险相匹配的资产定价机制，用市场力量通过竞争提高金融服务实体经济发展的能力。**中国新一代金融的目标不在于一味追求规模，而是大力发展能够促进高质量发展的金融。

第五章 泡沫金融

你们都认为金钱是罪恶的根源,但你们想过什么是金钱的根源吗?

——安·兰德

如果你欠银行100万元,银行拥有你;如果你欠银行100亿元,那么你拥有银行。

——佚名

"给我一个支点,我能撬动整个地球。" 2 000 多年前的古希腊,阿基米德发现了杠杆的原理,自豪地向世界宣告科学的力量。物换星移,时空切换。2 000 多年后,物理世界的规律在金融世界里发挥着巨大的作用。2014 年,金融时报首席经济评论员马丁·沃尔夫(Martin Wolf)在反思过去四分之一个世纪的全球变迁时写道:[一]

"我们先是看到日本银行信贷规模的大肆扩张,然后我们看到 1990 年日本泡沫的破灭;然后是亚洲新兴经济体的信贷扩张,接着泡沫在 1997 年破灭;再后来我们看到北大西洋国家的杠杆高企及其在 2007 年的破灭;现在我们看到了中国杠杆率的急剧上升……每一次信贷扩张都伴随着一段时期的市场繁荣,但无一例外,又都陷入危机和萧条之中。"

马丁·沃尔夫点出了泡沫金融(Bubblish Finance)的本质。而且,他对中国杠杆率的观察无疑正确。中国按非金融部门债务和 GDP 的比例来衡量的宏观杠杆率从 2007 年的 146% 剧增到 2018 年年底的 254%,短短 12 年时间增加了 108%。杠杆率上升速度之快令人咋舌。但是,中国经济是否一定像历史上的诸多先例一样最终以危机或是萧条收场?对此,仁者见

[一] Martin Wolf, "We are trapped in a cycle of credit booms", *Finanical Times*, October 8, 2014.

仁，智者见智。但是，相对统一的意见是：中国金融正在出现泡沫金融的迹象；为了避免金融危机的出现，遏制住杠杆率的进一步攀升是中国目前最重要的挑战之一。

事实上，去杠杆几乎是每一个主权国家在经济发展不同阶段都可能遇到的挑战。经济发展史上确实也有许多次"去杠杆"的先例提供了大量的经验可以借鉴。2008—2009年金融危机爆发之后，各国都强调加强监管，而加强监管在思路上最大的变化在于人们普遍增强了对杠杆率的认知和重视。各国监管者陆续开始实施的一系列监管措施，强调增加资本充足率和降低杠杆的重要性。中国政府在2015年年底确定将包括去产能、去库存、去杠杆、降成本、补短板在内的"三去一降一补"这五大任务作为供给侧结构性改革需要解决的主要问题。其中，去杠杆更成为防范金融系统性风险的最重要任务。然而，要真正有效地去杠杆，我们必须深刻理解两个相互关联的问题：第一，中国的杠杆率高吗？第二，如果中国的杠杆率确实很高，那么产生高杠杆的根源是什么？

中国的货币超发了吗

高杠杆源于货币过度发行。中国的货币超发了吗？在经历了将近40年的高速增长之后，杠杆率高企逐渐成为困扰中国经济实现可持续、包容性增长的一大瓶颈。最近几年，我们听到最多的词汇是"去杠杆""地方债务危机""钱空转""系统性金融风险"等。高杠杆在中国受到政策制定者、财经媒体和公众高度关注的原因有很多。人们普遍关注的一点是中国广义货币供给（用M2来衡量）的快速增长。如图5-1所示，截至2018年年底，按照M2衡量的中国广义货币供给已经达到182.7万亿元，对应着2018年90万亿元的GDP。2000年中国的GDP为10万亿元，当年的货币供给为13.8万亿元，从2000年到2018年，中国按GDP衡量的经济总量增加了8倍，而同期货币供给增加了12.2倍。

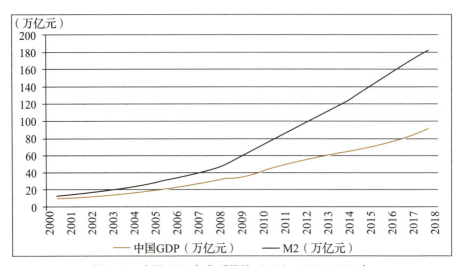

图 5-1　中国 GDP 与货币供给（M2），2000—2018 年

来源：国家统计局；中国人民银行；作者整理。

图 5-2 显示的是中国 GDP 和 M2 在 2000~2018 年年增速的对比。2000~2018 年，中国 GDP 年均增速为 9.2%，而货币供给的年增速为 15.3%，货币供给平均每年比 GDP 多增加 6.1 个百分点。为了应对全球金融危机带来的冲击，中国政府采取了积极的财政政策和宽松的货币政策，2009 年，中国货币供给增速达 27.7%；2010 年，M2 的增速也达到了 19.7%。在传统的经济增长逻辑中，投资拉动是刺激经济增长最大的利器。央行为了刺激经济而提高发行货币速度，最终必然反映为货币供给的大幅提升。

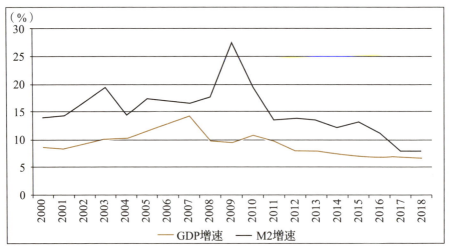

图 5-2　中国 GDP 与货币供给（M2）增速对比，2000—2018 年

来源：国家统计局；中国人民银行；作者整理。

图 5-3 比较了世界上最大的五个经济体的经济规模与相应的货币供给（注：为了便于比较，两者均以美元来计）。如图 5-3 所示，截至 2019 年 3 月底，中国的 M2 按 2018 年平均汇率计算为 27.5 万亿美元，中国 2018 年的 GDP 为 13.6 万亿美元，M2 是 GDP 的 2.02 倍。作为对比，同期美国的货币供给是 14.55 万亿美元，而美国 2018 年的 GDP 为 20.49 万亿美元，美国的货币供给相当于同期 GDP 的 71%，比例远远低于中国的 202%。事实上，美国货币供给的绝对量 14.55 万亿美元也比同一时点中国的货币供给量 27.5 万亿美元低很多。虽然中国的经济总量只是美国的 66%，但中国的货币供给是美国的 1.89 倍。欧元区的经济体量只比中国略小（13.2 万亿美元），但是欧元区的货币供给只有 13.47 万亿美元，不到中国 M2 的 50%。五大经济体中唯一的例外是日本，截至 2019 年 3 月底，日本货币供给是同期 GDP 的 1.9 倍，大致与中国相当。美元和欧元是世界上最大的两个国际货币，在全世界范围内履行支付、计价和储备的职能。美国和欧元区合在一起的经济体量是中国的 2.47 倍，但是美元和欧元总量合在一起与中国的货币供给总量相当。上述对比显然引发了人们对中国货币超发的担忧。

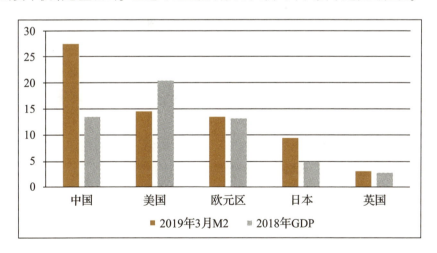

图 5-3 世界五大经济体的经济规模与货币供给（万亿美元）
来源：Bloomberg；作者整理。

必须指出，简单比较中、美两国货币供给情况容易得出片面结论。中、美两国经济发展阶段、产业结构、金融体系以及货币创造机制均有很大差异，简单比较两国货币供给与GDP的比例并不合适。至少有如下几点原因导致两国在货币供给上会有差异。

第一，中国是快速增长的经济体，名义GDP增长速度在过去40年高达13%~14%，再考虑到市场体系不断完善过程中有大量的经济活动以货币化的形式体现，货币供给M2的增速可以保持在一个相对较高的水平。如图5-2所示，**2000—2018年这19年间，中国货币供给M2的增速平均每年比实际GDP增速高6.1个百分点**，考虑到每年平均3%左右的通胀，以及经济活动货币化和资本化所吸收的货币，应该说货币供给增加速度并非特别离谱。

其次，中国是以银行为主导的金融体系，而美国的金融体系以金融市场为主导。在中国，银行信贷占到社会融资总量的80%左右，而美国直接融资占到社会融资总量的80%。两个国家广义货币的创造机制完全不同：中国货币创造主要通过商业银行的信贷创造，参与货币创造获得"铸币税"是商业银行获取高利润的重要原因；美国货币发行主要通过资本市场进行，例如，2008—2009年金融危机之后，美联储实施货币宽松政策主要是通过联储购买各类证券化的金融资产进行（即央行扩张资产负债表）。鉴于以上原因，比较两个国家货币供给的绝对量或是它们与GDP的比例没有太大的意义。给定美国以市场为主导的金融体系，我们甚至可以怀疑定义为银行存款的M2是否是衡量其货币供给的一个理想指标。定义尚且存疑，比较其规模意义自然不大。

第三，特别值得指出的是过去20年，中国经济增长的最大动能是房地产投资和以高速公路、高铁为代表的基础设施投资。图5-4显示，2018年，我国房地产投资累计值超过12万亿元，累计同比增长达9.5%。1999—2018这20年，中国房地产投资增长超过30倍。其中，2010年，中国房地产投资同比增速达到创纪录的33.2%。以土地、房地产和基础设施为抵押品极大地扩大了社会信用，推动了中国货币供给的快速上升。中国的基础货币投放模式，曾经以外汇占款为主，2014年以后随着贸易格局和人民币地位的改变，这一投放方式慢慢被央行各种政策工具代替，例如降准或者是类似中期借贷便利（MLF）或常备借贷便利（SLF）这样的结构性货币政策工具。虽然货币投放速度上升很快，因为土地货币化和资本化，房地产和基础设施等消化吸收了大量的货币供给。例如，中国房地产的存量资产价值已经达到 44 万亿美元，超过了美国的 31.8 万亿美元。这在很大程度上解释了为什么中国货币供给增速如此之快，但并没有带来物价的快速上涨。

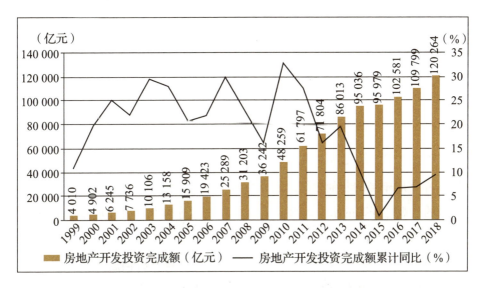

图 5-4　中国房地产投资规模与年增速，1999—2018 年
来源：Wind 资讯；作者整理。

回到我在本节一开始提出的问题：中国货币超发了吗？很不幸，作为经济学家，我能给出的答案只能是模棱两可。按照货币中性原则，一个经济体合理的货币增长速度应该等于实际 GDP 增速加上通货膨胀再加上经济活动的货币化率。2000—2018 年，中国 M2 的增速平均每年比实际 GDP 增速高 6.1 个百分点。考虑到通货膨胀和土地以及房地产的迅速货币化，中国货币发行总体讲在合理范围之内。然而，随着中国经济逐渐转型，一方面，经济增长速度开始下行，另一方面，经济活动包括土地和房地产等货币化的速度开始减缓，货币供给的增速应该相应调整，图 5-2 显示，中国货币供给在 2009 年中国经济增速开始下滑之后仍然保持较高增长速度，这无疑引发货币超发之虞。M2 保持高增长更多地反映了货币政策边际效应的下滑，以此观之，M2 过快增长折射出的更多的是中国经济的微观基础

投资效率不高这一事实。因此，**中国货币是否超发不是一个宏观问题，而是一个涉及经济微观基础的问题。引发高杠杆的直接原因并不是货币超发，而是实体经济的低投资资本收益率。**

高杠杆的形成和"麻将理论"

如上所述，"高杠杆"进入政策话语体系的主要原因不在于 M2 的快速上升，而在于中国非金融部门负债的大幅上升。

高杠杆问题的提出

我在本书的前几章对此已有详细讨论（详见第一章图 1–4）。截至 2018 年年底中国的非金融部门债务与 GDP 的比例已经达到 254%。虽然说中国的宏观杠杆率的水平远远低于日本和法国等国家，而且整体水平与以金融市场为主导的美国相比相差也不大，似乎高杠杆并不是一个准确的判断。但是，正如我在本书中多次强调的，**中国的高杠杆问题主要是结构问题——中国非金融企业的债务太高；同时，中国的地方政府债务和居民债务增长速度太快。**

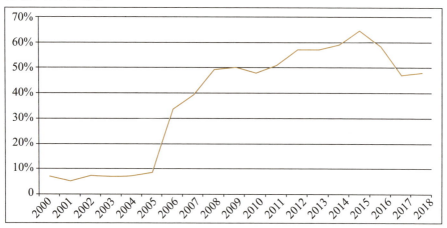

图 5–5　中国金融行业净利润占全部 A 股上市公司比重，2000—2018 年
来源：Wind 资讯；作者计算。

另一个折射中国高宏观杠杆率的现象是中国经济的过度金融化和银行业整体高利润率。图 5-5 给出了 2000—2018 年中国上市的金融企业税后净利润占 A 股所有上市公司税后净利润的比重。仅以 2018 年为例，当年 A 股所有上市公司的税后利润总额为 36 774 亿元，为数不多的上市金融企业贡献了其中的 17 719 亿元，占到整个 A 股上市公司利润的 48.2%。2015 年更为夸张，当年上市的金融企业贡献了整个 A 股上市公司利润总额的 64.7%。

2019 年由《银行家》杂志（*The Banker*）出版的全球 1 000 家银行榜单中，上榜的中国银行数目达到了 136 家，其中中国工商银行、中国建设银行、中国银行和中国农业银行雄踞前四名。上榜中资银行的总利润达到 3 120 亿美元，位居世界第一。美国虽然有 169 家银行上榜，数量超过中国，但是，《银行家》杂志的数据显示，美国上榜银行的总利润只有 2 550 亿美元，远低于中国上榜银行。这些数字一方面彰显了中国银行业的崛起；但另一方面也反映出中国经济活动的金融化程度在迅速上升。在一个以一级资本的数量为排名标准的榜单中，资产规模大的银行自然占有优势。在中国间接融资为主的背景下，金融资产大多是以不同形式的债务来体现的。金融资产规模大、金融机构利润高不但折射出中国经济活动的金融化程度在不断加剧的事实，也反映出经济金融化背后作为重要推手的居高不下的杠杆率（尤其是企业杠杆率）。

中国经济过度金融化还反映为金融业在整个国民经济中的权重非常高。我在第一章的图 1-3 比较了中国和美国金融业增加值与 GDP 的比例。中国在该指标上的取值目前已经超过美国。图 5-6 给出了全球主要国家 2018 年金融业增加值的 GDP 占比。当年，中国在该指标上取值最高，为 7.7%，高于美国的 7.5%，巴西的 6.6%；值得一提的是，英国作为老牌金融帝国，尤其是伦敦迄今仍是全球最重要的金融中心之一，2018 年金融业只贡献了英国 6.2% 的 GDP；日本作为世界第三大经济体，金融业增加值的 GDP 占比只有 4.1%；而德国同年的金融业增加值只占到 GDP 的 3.3%。按中国的标准，一个行业对 GDP 的贡献不足 5% 就不是支柱性行业，金融业在日本和德国都算不上支柱性行业。

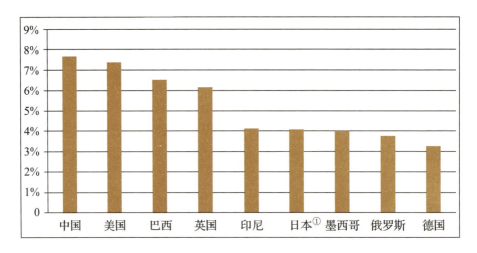

图 5-6　全球主要国家金融业增加值的 GDP 占比，2018 年

来源：Bloomberg；Wind 资讯；作者整理。

注：①日本是 2017 年的数据。

图 5-5 反映出中国经济过度金融化的趋势，背后的推动力量是快速上升的金融资产的规模，而中国的金融资产大多以银行债权形式呈现（企业负债）。在目前的金融结构下，金融业增加值的 GDP 占比其实也反映了中国经济的杠杆率情况。

"麻将理论"

中国经济为什么具有结构性的杠杆高企的倾向？ 一个最为关键的原因在于中国经济的微观基础比较脆弱，企业层面的投资资本收益率（ROIC）不高。我在这里以麻将游戏为例，阐释高杠杆发生的原因。

假定有四个人——A、B、C、D——围成一圈打麻将，大家约定每人出资 1 000 元购买各自的筹码。麻将桌上总共有 4 000 元的筹码。正常情况下，这 4 000 元将在这四人之间来回换手。假设某个月朗星稀的晚上，这四个人的中 A 手气特别好。几分乾坤，三五轮下来就将剩余三人的 3 000 元悉数纳入囊中。游戏不得不停止。为了使得游戏继续，大家不得不又各自掏出 1 000 元。这样，桌面上有 7 000 元的筹码（流动性增加了）。

这是一个属于 A 的夜晚，三下五除二，新增的 3 000 元又被 A 悉数卷走；为了继续游戏，B、C、D 又各自再掏出 1 000 元，麻将桌上总共有

10 000元的筹码，较往常的4 000元增加了许多。当然，最后的结果还是A赢走新增的这部分筹码。如此循环反复，整整一晚，作为筹码的金钱源源不断地流入麻将桌，从一开始的4 000元增至7 000元，10 000元，13 000元，16 000元，19 000元……桌上的筹码越来越多，但最终都流入A的手里。到了最后，除了A之外的另外三个玩家都陷入了没有钱的窘境。

上面这幅场景与中国经济的某种现实何其相像。因为A的存在，中国金融体系制造了大量的流动性，反映为金融资产规模的快速增长和金融业增加值GDP占比的迅速提高。在中国以直接融资为主的金融中介过程中，上升的金融资产规模大多以金融机构各类债权的形式存在。然而，这些金融资源并没有流入经济生活中急需资金的行业或是企业，没有实现最优配置，而是不断流入A的手里。当金额庞大的金融资源持续不断地向某些行业和企业倾斜（例如，向A倾斜），而这些行业或是企业的投资资本收益率并不高时，投资产生的现金流不足以支付利息和偿还本金，必须依靠不断地借新债来滚动旧有债务。于是，类似A这样的经济生活参与者的债务率越滚越高，汲取了金融体系制造的大部分流动性，而实体经济的其他部门却没有感受到流动性增加带来的好处。久而久之，非金融部门杠杆率全面提高的同时，经济生活中相当一部分行业和企业普遍感受到融资难、融资贵。

援用麻将游戏的例子，可以发现，结构性高杠杆的形成必须具有两个前置条件：其一，经济生活中存在像A这样的企业或是机构，具体表现为投资资本收益率长期保持在较低的水平；[一]其二，金融体系在资源配置时由于种种原因总是优先将金融资源配置给像A这样的企业或是机构。在现阶段，中国完整地具备这两个前置条件，杠杆高企因而并不令人意外。

低水平的投资资本收益率

研究中国和中国经济的学者常常困惑于中国股市与中国经济之间的矛盾——改革开放40年中国保持了年均9.5%的GDP年增速，然而自1990

[一] 例如，投资资本收益率长期低于这些企业或是机构市场化的融资成本。

年中国股市重新开启以来它的表现却长期乏善可陈。中国股市市场与实体经济之间存在着令人费解的"脱节"现象。这一点也可以从图5-7得到验证。在图5-7里,我给出了中国GDP和上证指数在1999—2018年期间的变化情况。在1999—2018年,中国的GDP规模扩大了整整10倍,从9万亿元增加至90万亿元;而同期上证指数在经历了若干次起起落落后,只上升了1.84倍。这20年间,中国名义GDP的增长率平均每年为12.2%,而投资中国的A股市场的平均年化收益率只有3.1%(注:在这个简单测算里,我没有考虑股票投资的股息红利部分)。中国的股市并不是实体经济的晴雨表,它的表现与实体经济的表现严重背离。

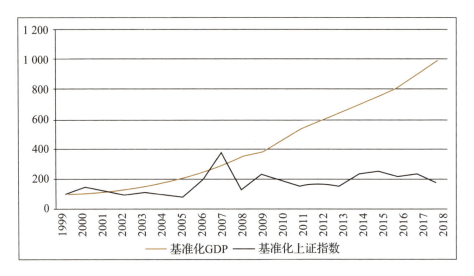

图5-7 中国GDP与上证指数对比,1999—2018年

注:1999年年底的上证指数和1999年的GDP被基准化为100。
来源:作者根据公开数据计算整理。

造成中国股市表现不佳的主要原因是中国上市企业的投资资本收益率(ROIC)总体水平不高。事实上,投资资本收益率(ROIC)水平不高也是造成中国宏观杠杆率偏高的最重要的原因。尽管投资资本收益率重要,但几乎很少有研究系统地分析中国3 000多家A股上市企业的投资资本收益率及其分布情况。麦肯锡(McKinsey & Co.)2011年发布的一份报告做了初步探讨,他们发现,2006—2010年间,中国上市企业的投资资本收益率比美国上市企业平均要低6个百分点。①美国同期上市公司的投资资本收益率大约在10%左右,按照这一估测,中国上市公司的平均投资资本收益率大约在4%左右。

根据上市公司年报所提供的数据,我计算出1998—2018年中国上市公司每一年的平均投资资本收益率(见图5-8)。按照惯例,我在计算时没有包括银行股和保险股。在每一年都去掉两端各1%的异常值之后,我给出了中国上市公司每年的平均值(用简单平均的方法)。

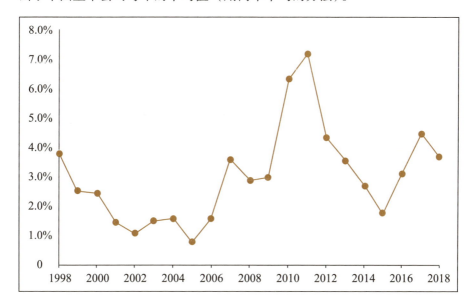

图5-8 中国上市公司平均投资资本收益率(算术平均),1998—2018年
来源:作者根据公开数据计算。
注:我对中国上市公司1998—2018年的投资资本收益率做了一个估测。②

如图5-8所示,在中国经济高速发展的这段时间,中国上市公司平均每年的投资资本收益率在0.8%~7.2%,而且起伏很大,极不稳定。这21年的平均值只有3%。这意味着在这21年间,中国上市公司每1元的资本

---

① "Can Chinese companies live up to investor expectations"(David Cogman and Emma Wang),*McKinsey on Finance*,Spring,2011.
② 计算细节参见我写的《从大到伟大2.0:重塑中国高质量发展的微观基础》一书。该书由机械工业出版社在2018年出版。

投入只能带来3分钱的税后利润。3%的平均投资资本收益率远远低于美国上市公司在过去100年的投资资本收益率（10%）。中国A股市场上市公司的质量真的不高，而且这些企业普遍还没有形成稳定的商业模式，以至于它们的投资资本收益率在各年间起伏不定，表现出很强的顺周期性。

图5-8提供的是用简单平均的方法计算的中国A股市场上市公司每一年的平均投资资本收益率。一种更为合理的计算方法是用加权平均，给不同的企业赋予不同的权重。图5-9给出了用企业总资产作为权重计算的上市公司从1998年到2018年每一年的平均投资资本收益率。加权平均的方法凸显了规模更大的企业的重要性。如图5-9显示，用加权平均的方法来计算投资资本收益率，我们发现1998—2018年，中国上市公司加权平均的投资资本收益率在1.5%~8.1%。21年平均为3.9%，比用简单算术平均计算的平均值要高出一个百分点，但仍远远低于美国上市公司同期的投资资本收益率。我的上述分析与麦肯锡的研究结论相似：中国上市公司平均投资资本收益率比美国上市公司低6个百分点左右。

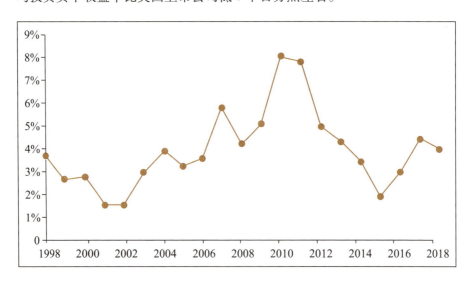

图5-9 中国上市公司加权平均投资资本收益率，1998—2018年
来源：作者根据公开数据计算。

有这样的上市公司，中国资本市场表现不彰就不难理解了。中国经济在宏观层面上看数字很漂亮，但经济增长的质量不高，反映在经济的微观

基础企业上，表现为企业的营利性不强，投资资本收益率太低。

我们可以用这本书里多次提及的一个关于增长的分析框架来阐释低投资资本收益率与高杠杆之间的关系：**增长率＝投资率×投资资本收益率**。投资率和投资资本收益率都能够促进经济增长。但是，中国经济的高质量发展要求我们降低投资率，提高投资资本收益率。唯有这样，中国经济才能实现从数量增长（quantity growth）向质量增长（quality growth）的转型。

当投资资本收益率不高时，为了实现一个相对较高的经济增长速度，就必须增加投资率。当中国经济靠高投资率推动时，经济高歌猛进的情况下，企业还可以靠大量的银行信贷或是影子银行提供的资金支持做大规模，保持增长。但经济增长如果长期依靠投资，而投资资本收益率跟不上，势必形成企业层面负债率的不断攀高。在新古典经济学的理论框架下，在均衡状态下，一个企业的投资资本收益率与投资者投资该公司所获的收益率是相等的。上市公司平均3%的投资资本收益率很大程度上解释了大量的理财公司和金融机构背后的高杠杆。这些机构出售各式各样的理财产品，承诺给投资人远远高于3%的投资收益率。当这些资金投向资本市场时，为了实现承诺的投资回报，唯一的方法就是加杠杆。当上市公司的投资资本收益率只有3%时，为了实现如6%的承诺投资回报，就必须借和本金等同数量的债务（即加一倍杠杆）；如果承诺的收益率是9%，就得借两倍于本金数量的债务；如果期望得到12%的收益率，杠杆倍数将达到3倍，以此类推……中国金融体系杠杆率高企其实源于低水平的投资资本收益率。

高杠杆形成的根本原因在于实体经济低水平的投资资本收益率。当投资资本收益率水平低下时，实体经济增长速度和投资率之间形成非常紧密的联系。在中国现有的经济增长逻辑下，投资率的形成主要依赖银行体系的信贷资金和金融市场提供的直接融资。在图5-10中，我提供了两个经济变量的时间序列，其中一个是按季度来统计的社会融资规模累计值的同比增长速度，因分析需要，我将这个序列滞后了4个季度（或者叫前瞻4个季度），以此分析社融增速对经济增速的引导作用；另一个是每个季度的名义GDP增长速度。图5-10显示，中国社会融资规模的增长速度与名义 GDP 增速之间的关系非常紧密——滞后 4 个季度的社会融资增速几乎与名义 GDP 的增速同步。简单的统计分析显示这两个时间序列是显著正相关的，而且它们之间的相关系数高达 0.4。用线性回归的方法发现，社会融资规模同比增长速度能够解释 63% 的 GDP 增速的变化——社会融资规模增速几乎是最重要的解释名义 GDP 变化的指标。

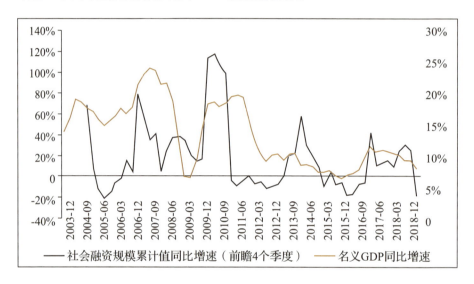

图 5-10　社会融资增速（前瞻 4 个季度）和名义 GDP 增速，2003 年 3 月—2019 年 1 月
来源：Wind 资讯；作者计算。

通过图 5-10 提供的证据我们有两个发现：其一，中国经济增长仍然是以大量信用形成的投资率作为主要驱动；其二，经济增长对社会融资规模的依赖反映出中国用投资资本收益率来衡量的投资效率水平不高。**当经济增长高度依赖社会融资规模的不断扩张时，实体经济高杠杆的形成就不可避免。**

金融资源的逆向流动

高杠杆形成的一个重要前提是经济生活参与者普遍拥有较低的投资资本收益率（即存在大量的类似上文提到的 A）。但是，如果市场竞争足够充分，市场出清机制能起到作用，那么投资资本收益率较高的企业将会逐渐发展起来，而投资资本收益率低的企业逐渐被市场淘汰，中国经济总体的投资资本收益率将会提高，高杠杆也不一定会出现。然而，因为金融体系资源配置的低效，"逆淘汰"现象普遍存在，在中国反映为"资本逆向流动"，即**大量资金被配置到低投资资本收益率的行业或是企业，这为高杠杆的出现提供了另一个前提**。

资本逆向流动之谜

研究跨国资本流动的经济学文献中最早提出"资本逆向流动"这一问题。经典经济学理论的一个预测是资本应该从经济发达国家向经济相对欠发达国家流动。发达国家经济高度发展，有多年积累，资本较充沛，因而资本的边际收益率相对较低；而发展中国家正好相反，资本的边际收益率较高。按照资本的逐利本性，资本应该从发达国家向发展中国家流动，这样可以获得较高回报；这同时也使得发展中国家的投资机会在资金上得到满足，有利于发展中国家的经济发展。这是传统经济学关于跨国资本流动的主要结论，逻辑严谨，理论完美。遗憾的是，实证研究所提供的证据并不支持这一论断。芝加哥大学著名经济学家、诺贝尔经济学奖得主卢卡斯在1990年发表的一篇极短但又极富影响力的文章中指出，资本从发达国家流向发展中国家的程度其实要远远低于理论预测。跨国资本流动受制于一系列的结构性因素，包括资本市场全球化程度不高，资本跨国流动的门槛高，交易成本大，大量的发展中国家对资本账户的严格管制等。因为这些制约的存在，我们观察到的反而是大量资本从发展中国家流入发达国家。简而言之，传统经济学的模型里面没有考虑制度层面上的种种不完美，没有考虑到因此产生的资本流动的交易成本[一]。

卢卡斯的文章发表后，全球化开始提速。20世纪90年代和21世纪的前10年更是见证了金融体系和金融市场全球化进程的加剧。按照理论推

[一] Lucas（1990）。关于罗伯特·卢卡斯提出的"资本流向之谜"的讨论，另见 Rajan（2010），p. 48 – 49。

导,随着全球化的推进,资本从发达国家流向发展中国家的速度应该更快,程度应该大幅提升。可事实上,我们看到的却是完全相反的景象——大量的资本仍在逆向流动,从传统的发展中国家和新兴经济体涌向发达国家。美国这个全球经济实力最强、资本市场最发达的国家,同时也是全球最大的债务国。而中国在实施了逾30年的出口导向型经济政策之后,至2018年年底,已经累积了3万亿美元的外汇储备,在做投资配置的时候,其中大部分投向美国和欧洲的资本市场。类似的情况也频现于其他一些新兴工业化国家。资本的这种逆向流动被IMF前首席经济学家拉赞（Raghuram Rajan）和他的合作者称为"资本流向之谜"（The Paradox of Capital）或是"卢卡斯之谜"（The Lucas Paradox）。他们的跨国研究发现,一个国家的经济增长与外国资本流入该国的程度之间实际上没有正向关系。更多情况下,经常账户顺差而同时又保持高储蓄率的国家（例如,中国）能保持较高的经济增长速度。

谁是A？——中国金融资源的低效配置

我在这里描绘跨国资本流动中出现的"资本逆向流动之谜",主要是想讨论这个谜对中国金融体系意味着什么。一方面,作为一个经济高速成长、投资机会众多的经济体,从理论上讲,中国还普遍存在大量有着较高投资回报的投资机会,还处于资本高速积累的阶段。但是,我们大量的资金却投向美国和欧元区的资本市场。另一方面,在中国国内,在更为微观的层面,按照资本流向的规律,资本应该由投资回报较低的行业或板块流向投资回报更高的地方。而我们看到的却正好相反。

图5-11提供了1999—2018年这20年间在中国A股主板市场上市的国有企业和民营企业投资资本收益率的比较。如图5-11所示,1999—2018年期间,国有企业的平均投资资本收益率在绝大部分年份都低于民营企业。这期间,按简单算术平均计算的国企平均的投资资本收益率是2%,不仅低于全国平均的3%,更是低于民营企业的3.9%。其中,2015年上市国企平均的投资资本收益率为-0.3%,整体表现非常糟糕。显然,民企

的平均投资资本收益率是高于国有企业的。○

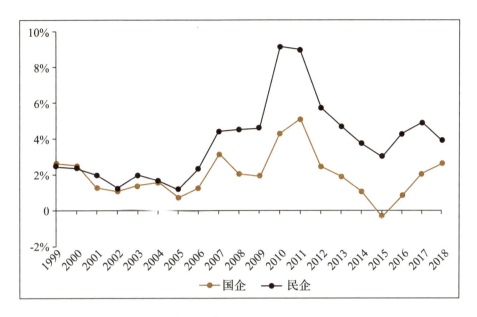

图 5-11　A 股主板市场上市的国有企业和民营企业投资资本收益率比较，1999—2018 年
来源：作者计算。

如果金融体系在资源配置方面能展现出任何能力，按照现代经济学的理论，我们理应观察到大量的资金应该被配置到民企上。但是，中国金融体系呈现的是完全不一样的配置序位——尽管国有企业投资资本收益率（ROIC）低，但仍然从国家垄断的金融体系中获得大部分的金融资源。我在图 5-12 中给出了从 2010—2016 年中国新增贷款的流向。很遗憾，图 5-12 呈现的是与资源优化配置完全相反的资金流向。2010—2013 年，民营企业获得的新增信贷占比一直稳定在 48%~57%，2013 年更是达到最近几十年来的峰值，57%。然而，从 2014 年起，配置到民营企业的新增信贷却逐年下降——2014 年只有 34%，2015 年更是下降到 19%，而 2016 年只有 17%。作为对比，国有企业 2016 年得到了 78%

○ 当然需要指出，这两类企业的平均投资资本收益率都不高，虽然背后的原因迥然不同。关于中国民营企业和国有企业在投资资本收益率方面的证据，还可参考我和邵启发 2011 年发表的文章（Liu 和 Siu，2011）。

的新增信贷。[一]进入 2017 年后，随着去杠杆、防范系统性金融风险的不断推进，民营企业融资难和融资贵的问题变得更为突出。

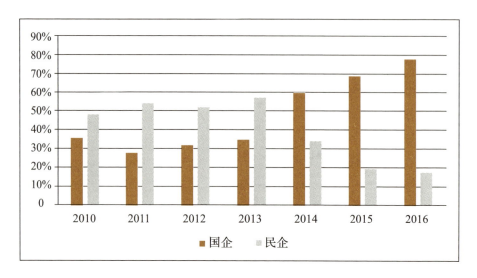

图 5-12　中国新增信贷的流向，2010—2016 年

数据来源：中国人民银行。

虽然新增贷款的信息不全，但是各类贷款存量的信息相对完整。图 5-13 中，我统计了 2007—2018 年民营企业贷款余额及其在各类人民币贷款中所占的比重。虽然民营企业贷款余额的总量在逐年上升（2018 年例外），但是民营企业贷款占总贷款存量的比例却是逐年下降。2007 年，民营企业贷款余额（贷款存量）占各类人民币贷款余额的比例为 50.8%，比例相对合理，因为整个民营经济解决了中国 80% 的就业，贡献了 60% 的 GDP 和 50% 的税收。事实上，民营经济对中国经济的贡献在逐年上升，但民营企业贷款存量占比没有呈现出同样的上升趋势。自 2008 年达到历史高点 56% 之后，民营企业贷款余额的比重开始下滑，2011 年降到 48.1%，2015 年降到 44.0%，2017 年降到 30.9%，2018 年降至历史低点 25.8%。

[一] 配置到民企和国企的新增信贷相加之和不一定是 100%，其他类型的企业或是机构也获得了一定比例的新增贷款。

图 5-13 民营企业贷款余额与在各类人民币贷款中比例，2007—2018 年
来源：作者根据《中国民营经济发展报告 (2016-2017)》和中国人民银行披露数据测算。

2014—2018 年这五年间，中国各类人民币贷款增幅很大，贷款余额从 81.7 万亿元上升到 136.3 万亿元；同期，民营企业的贷款余额却从 39.3 万亿元下降到 35.2 万亿元，呈现逆势下滑的现象；民营企业贷款余额在各人民币类贷款中的比例，更是从 2014 年的 48.1% 锐减到 2018 年的 25.8%。

当某类企业能够轻易获得银行提供的廉价信贷时，它们往往表现出强烈的投资欲望。我姑且把这类企业叫作上文提到的 A。伴随着这股疯狂的投资热潮，这些企业能够轻易实现经营规模上的突破，但无法实现高水平的投资资本收益率。而且，当稀缺的金融资源向投资效率较低的部门或是企业倾斜时，容易形成"挤出效应"。即低投资资本收益率部门占用过多的金融资源，挤占了中国经济中效率更高的部门的发展空间。具有较高投资资本收益率的部门由于缺乏强有力的金融支持，不得不放弃具有很好盈利前景的投资，无法抓住发展的机遇，因此很难做大做强、成就伟大。长此以往，形成恶性循环，不仅推高了中国整体的宏观杠杆率，也使得平均的投资资本收益率无法得到提高。

中国资本逆向流动的原因

具有中国特色的"资本逆向流动之谜"形成的最根本原因是金融制度基础设施建设的薄弱。制度基础设施是现代化经济体系的重要组成部分。不完善的制度基础设施阻碍了中国金融发挥资源有效配置的功能,导致高杠杆的出现和金融不平衡、不充分发展。我在本书中多次提到,例如,刚性兑付或是预算软约束的存在使得实体企业、金融机构和地方政府的风险溢价不能得到合理估值,这些机构乐于通过不断融资来实现规模上的突破,不仅降低了投资资本收益率,增加了金融系统性风险,还使得中国迟迟不能形成市场化的收益率曲线以及给风险资产定价的"锚"。再例如,信息不对称导致借贷双方建立信任需要高昂的成本。这是中小企业融资难、融资贵的重要原因,也是发展普惠金融、绿色金融和消费金融的最大瓶颈。个人、企业和地方政府征信制度不完善,使得"逆淘汰"盛行,资金流向信用质量不高的个人或实体,徒增金融体系各类风险。

与薄弱的制度基础设施密切相关的是我们国家金融中介体系的低效率、资源配置上的行政干预、政府频频作为投资主体挥袖上阵、生产要素市场严格的政府管制等现象。在这些因素的制约下,银行体系在将储蓄转换成投资的金融中介过程中,偏好的是那些国家做了隐性担保的企业和投资项目,而投资资本收益率并不是主要考虑因素。这里的道理很简单,由于利率管制,存贷利差在不同类型的企业间并没有太大的差距;同等情况下,资金流向国有板块的风险会低很多。这样,大量的银行资金流向那些国有企业占主导地位的行业,在这些领域形成资本;而投资回报高、相对更需要投资的企业和行业在现有金融体系下得不到资金的强有力支持。正是因为不能从正规银行体系得到资金的支持,大量的民营企业、小微企业或是受信贷政策约束的企业不得不通过影子银行体系获取资金,例如,信托贷款、委托贷款的非标融资渠道甚至P2P等融资平台。极端情况下一些小微企业甚至用利率更高的消费贷来满足对流动资金的需求。这些融资方式经过的中间环节多,涉及的中介机构多,不仅增加了融资成本,而且造成金融风险在金融系统内的汇聚。

中国特色的"资本流向之谜"的一个直接后果是在经济生活中相对没有活力的领域积累了大量的资本，这些资本并不能形成很好的投资回报，在经济生活中逐渐固化，进一步加剧了中国经济中的结构性问题。于是，我们看到的是产能过剩行业还在不断出现大量的大额投资；而产能不足、对中国经济结构性转化有显著意义的行业和领域却无法形成新的资本。**中国特色的"资本逆向流动之谜"的本质是金融压抑！**

好杠杆和坏杠杆

中国目前高杠杆的形成有两个根本性的原因。一方面，经济生活整体的投资资本收益率不高；另一方面，由于制度基础设施的缺失，金融体系系统性地将金融资源不成比例地配置在投资资本收益率水平较低的部门。理解高杠杆的成因，对我们正确地化解杠杆有重要启示意义。一个国家或是一个企业合适的杠杆率（资本结构）水平是什么？长期看，判别标准有两个：第一，目前的杠杆率水平是否导致了金融系统性风险的汇聚？第二，目前的杠杆水平是否能够促进实体经济的高质量发展？从这两个角度判断，中国目前的高杠杆除了反映出整体债务水平太高之外，更重要的是折射出杠杆结构的不合理——经济生活中投资资本收益率较低的部门，由于受到制度性的保障，积累了大量的杠杆。

利用 A 股上市公司的数据，我在图 5–14 中提供了国企和民营上市公司 2002—2018 年这 17 年间负债率的变迁（负债率定义为企业的负债总额除以资产总额）。2008 年之前，上市民企的负债率一直高于上市国企，2002—2008 年间，民企平均负债率为 56.5%，而国企为 52.1%，民企平均比国企高出 4.4 个百分点。2009 年是转折点。在这一年，国企的债务率开始超过民营企业，58.1% 比 54%。显然，中国从 2009 年启动的经济刺激计划提高了国企的负债率。随后几年，我们看到国企债务率持续上升，从 2009 年的 58.1% 一路上升到 2014 年的 62.6%，之后虽然略有回落，但 2017 年仍然保持在 61.8% 的水平，2018 年更是上涨到 62.1% 的水平。民企的情况截然相反,2009年民企负债率下降到54%之后,继续回落,2010年降到谷底50.7%,之后开始逐渐攀升,至2017年达到57.8%,但还是低于国企的61.8%,2018年民营企业的平均负债率更是下降到57.3%。2009—2018年间,国企的平均负债率为61.2%,远高于民企的54%。

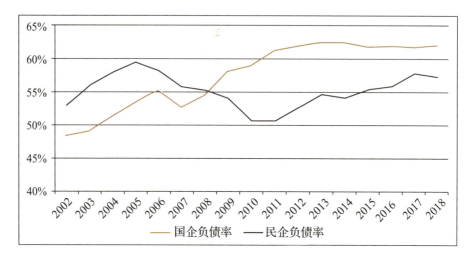

图5-14 上市国企和民企负债率比较,2002—2018年
来源:Wind;CSMAR;作者分析。

我在图5-11中分析过,1999—2018年这20年间,上市国企的投资资本收益率只有2%,远低于民营企业的3.9%,事实上只有民企的1/2多一点。大量的债务汇聚在投资资本收益率极低的国企上,加剧了中国杠杆率的结构性问题的恶化。

中国的高杠杆不仅仅是规模问题,更是结构问题。将杠杆稳定在和经济发展相适宜的健康水平上,最重要的是:①提高实体经济的投资资本收益率;②改善金融系统资源配置的效率。有鉴于此,去杠杆不能更不应该用控制规模的一刀切的方式。沿用调控规模的方法去解决结构性问题,通过紧缩的信贷政策或是"一刀切"地全面限制影子银行业务和互联网金融业务,只会加剧杠杆结构不合理这一问题的严重程度。这些"去杠杆"的常规动作将推升实体经济融资成本,在刚兑没有打破、预算软约束问题没有在制度层面得到根治的情况下,反而会迫使债务存量较大的部门继续增加杠杆。此外，在金融制度基础设施没有根本改善的前提下，金融体系配置到实体经济的资金增量部分还是会向投资资本收益率较低的行业或企业倾斜。在这种背景下采用一刀切的去杠杆的政策，将会导致投资率下降。在投资资本收益率无法上升甚至可能下降（大量投资资本收益率高的企业因为无法得到资金而被迫放弃投资）的情况下，经济将不可避免地陷入低迷状态。

既然高杠杆产生的微观基础是大量部门投资资本收益率不高，去杠杆的目的又在于提高中国整体的投资资本收益率，我们可以根据投资资本收益率对杠杆进行区分。那些拥有较高的资本使用效率（投资资本收益率）的企业或是部门的杠杆可以叫作"好杠杆"。这些企业或是部门保持一定程度的杠杆水平，一方面正常的投资能够得到持续的资金支持，不会被一刀切的"去杠杆"误伤，能够持续增长；另一方面，较高的投资资本收益率让这些企业具备一定的债务偿还能力，在流动性上予以支持不至于增加杠杆。按此逻辑，那些拥有较低的投资资本收益率的企业或是部门的杠杆可以被认为是"坏杠杆"。去除这些部门的杠杆可以坚决些，目的是提高资源配置的效率，而提高中国经济微观基础的投资资本收益率，正是我们实现高质量发展的核心要义。

于是，我们再度回归到这本书的主题：不是所有的金融发展都能够促进实体经济健康持续发展。从底层金融资产角度讲，金融资产主要由股权和债务（从资金提供者例如银行角度讲更应该被称为债权）两部分构成。既然金融有好金融和坏金融之分，构成金融资产的杠杆也有好杠杆和坏杠杆的区分。建设中国好金融，毫无疑问，我们应该坚决地降低坏杠杆，同时谨防好杠杆变成坏杠杆。**识别经济生活中具有价值创造能力和高水平的投资资本收益率的行业和企业，在金融资源配置上实现对它们的倾斜，是去杠杆正确的做法。**

第六章 A股市场距离好的资本市场有多远

别告诉我月光很明亮,让我看到那碎玻璃上闪烁的光。

——契诃夫

人们潜意识的深处,都普遍追求着一个有逻辑的宇宙,它让一切有意义。然而,真实的宇宙总是与逻辑有着一步之遥。

——弗兰克·赫伯特(Frank Herbert),《沙丘》

1990年11月14日是个值得纪念的日子。这一天，经国务院授权，中国人民银行批准建立上海证券交易所。同年11月26日，上海证券交易所正式宣布成立，12月19日开业当日，首批30种证券上市交易。深圳证券交易所是新中国第二家证券交易所，虽然于1989年11月15日就开始筹建，但是到1991年4月才正式开始运营。1990—1991年，这两家交易所的成立宣布阔别40年的股票交易所再度回到中国人的生活之中。从此，中国股票市场发展迅速，A股上市企业的数量从1992年的53家增加至2019年7月中旬的3 650家。迄今，中国的股票市场按交易量和总市值衡量都已居全球第二；2018年6月，中国股市被正式纳入MSCI指数。在短短的不到30年时间里，中国已经初步建立了多层次资本市场，正在向更规范、更透明、更成熟的国际一流市场迈进。

上海证券交易所和深圳证券交易所的主板类似于美国的纽约证券交易所，上市企业大都为大型的成熟企业；深圳证券交易所还设有中小板和创业板，为小型企业或科技企业提供融资和交易渠道，类似于美国的纳斯达克证券交易所。2018年11月5日，习近平在上海举行的首届中国国际进口博览会上宣布，中国将在上海证券交易所设立科创板并试点以信息披露为核心的注册制，以科创板带动整个资本市场改革、培育更多的科技创新企业、助力中国经济转型升级。中国于2019年6月13日推出科创板，主要针对高科技企业，作为新的股票发行制度，注册制在科创板进行试点。2019年7月22日，在宣布推出科创板259天之后，上海证券交易所正式举行科创板上市仪式，首批25家公司在开盘首日涨幅均翻倍，平均涨幅达160%。即将进入"而立之年"的中国A股市场迎来了新的发展阶段。

乏善可陈的中国股市表现

中国股票市场在高速发展的过程中伴随着股价的大起大落。让人印象最深的纪录发生在最近12年——2007年10月16日—2008年10月28日，股市大盘从6124点跌到最低1664点，跌幅高达近73%。股市大起大落，即使波动程度很大，也算是符合资本市场本性。然而，长期看来，中国股市最被人诟病之处在于它并没有给投资人带来相应的投资回报。研究中国和中国经济的学者常常困惑于中国股市与中国经济之间的矛盾——过去40年中国GDP保持了年均9.5%的增速，然而自1990年中国股市重新开启以来它的表现却长期乏善可陈。中国股市与实体经济之间似乎存在着令人费解的"脱节"现象。这一点也可以从图6-1得到验证。如果一个投资人1990年花费1元钱投资于中国股市，至2018年，整整29年，考虑到分红和股价本身的上涨部分，这1元钱只能增值到3.52元——投资中国股市的年平均收益率为4.4%。

4.4%的年平均收益率是名义收益率，并没有考虑物价上涨因素。如果我们考虑通胀，投资中国资本市场的实际收益率要小得多。而同期中国实际GDP的年平均增长速度接近10.0%。相较于实体经济，资本市场的表现要差很多。图6-1给出的是中国股市自诞生之日起的表现。如果我们聚焦中国A股市场在21世纪的表现（见图5-7），会得到一个反差更大的对比。1999—2018年这20年间，中国名义GDP的增长速度平均每年为12.2%，而投资中国的A股市场的平均年化收益率只有3.1%。无论是4.4%还是3.1%，中国的A股市场没有给投资人带来合理的回报。

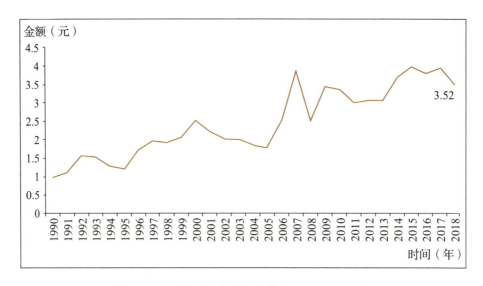

图 6-1　中国资本市场投资收益率，1990—2018 年

注：中国资本市场收益率采用 A 股市场考虑分红再投资的流通市值加权平均收益率。
来源：Wind 资讯，CSMAR 数据库。

对于研究资本市场的学者，这其实并不是一个新的议题。长期以来，中国股市都不是中国实体经济的晴雨表，它有自己的运行法则，也有令人叹为观止抑或扼腕长叹的荒谬之处。但对于跻身中国股市的诸多投资者，寻找股市的投资价值却是一个大问题。截至 2018 年年底，在中国已有 1.5 亿多个账户在积极或不积极地从事股票买卖。能够保本甚至增值，是关系到这些在资本市场沉默的大多数能否从高速增长的中国经济中获利的大问题。如果一个市场中绝大部分投资者都不能从资本市场的发展中获益的话，那么这个资本市场存在的合理性就显然值得怀疑。

中国股市表现乏善可陈的主要原因是上市公司的投资资本收益率普遍不高。如图 5-8 所示，1998—2018 年这 21 年间，中国 A 股主板上市公司的平均投资资本收益率只有 3%。根据新古典经济学的观点，在均衡状态下，如果保持企业杠杆率不变，一家企业股票的收益率应该等于这家企业在调整杠杆率后的投资资本收益率。上市公司平均 3% 的投资资本收益率能带给投资者什么样的市场回报呢？

中国上市公司平均 3% 的投资资本收益率远远低于美国上市公司在过

去 100 年的投资资本收益率。中国 A 股市场上市公司质量真的不高；而且这些企业普遍还没有形成稳定的商业模式，以至于它们的投资资本收益率在各年之间起伏不定，表现出很强的顺周期性。上市公司基本上还是"靠天吃饭"！有这样的上市公司，中国资本市场表现不彰就不难理解了。中国经济在宏观层面上看，数字很漂亮，但是经济增长的质量不高，反映在经济的微观基础企业上，表现为企业的盈利性不强，投资资本收益率太低。中国的股市与实体经济其实并不背离——中国上市公司距离伟大企业还有很长很长的路要走。

中国上市公司为什么质量不高？这是本章将讨论的重点之一。这涉及中国政府发展资本市场的初衷，涉及中国资本市场的特殊的上市制度和退市制度，也涉及资本市场的寻租者们利用资本市场在制度设计上的漏洞所进行的近乎疯狂的寻租套利。事实上，在圈钱、内幕交易、暗箱操作盛行的市场环境里，逆向选择（adverse selection）是资本市场运行最可能出现的结果。逆向淘汰导致"劣币驱逐良币"，导致资本市场完全失效。于是，中国资本市场只剩下融资功能，完全丧失合理配置资源的功能；大量的投资者变成沉默的大多数，用脚投票或者用沉默来表达对这样一个低效资本市场的抗议。

中国资本市场的融资功能

资本市场主要具备两个功能。首先是融资功能，企业通过 IPO（首次公开募股）、增发、配股、发行优先股或是可转债等形式，可以从资本市场获取资金；其次是价格发现的功能。通过投资者在二级市场交易，使金融市场能够准确反映市场供需关系和金融资产风险水平，以此引导资源的优化配置。一个流动性充足、交易活跃的资本市场能够发挥市场在金融资源配置中的决定性作用，提高资金配置效率。

就融资功能而言，中国资本市场的表现总体乏善可陈。中国的融资以间接融资为主，直接融资所占比重一直偏低。图 6-2 给出了自 2000—

2018年中国A股市场募集资金总额和募集资金的企业数量。2000—2018年这19年间，中国上市公司通过IPO、增发、配股、发行优先股或是可转债等形式，从资本市场融到的资金总额为12.36万亿元。19年时间12.36万亿元，还不如2018年银行新增贷款一年的数额，15.70万亿。事实上，中国资本市场融资额最高的一年是2016年，全年融资额达到2.10万亿元，占该年社会融资总额比例也达到历史高点，11.9%；但2.10万亿的融资总额与2016年全年12.40万亿元的银行信贷相比，差距甚远。2018年，中国企业通过A股市场集资总金额只有1.21万亿元，占当年19.26万亿的社会融资总额的近6.3%。

图6-2　A股市场融资总额和募集资金家数，2000—2018年
来源：Wind资讯；作者整理。

另外一组值得特别关注的数字是2000—2018年间，中国有超过3 000家企业通过公开发行股票募集资金，这19年间中国企业通过IPO募集到的资金总量只有区区1.2万亿元。A股市场在2015年4月—6月，沪深两市的日成交额就在2万亿元以上，其中2015年6月8日，仅上交所一家的成交额就达到1.3万亿元。股票价格的起起伏伏牵动人心，然而中国股票市场的融资功能令人唏嘘！中国金融体系一大痼疾在于直接融资占比不高。而且，即使是直接融资，其中债务融资占比也远高于股东权益融资占比。

通过债务进行融资，一方面增加企业还本付息的负担，另一方面，也增加了整个非金融企业部门的杠杆率。中国高杠杆率的出现及高居不下，与资本市场融资功能严重不足有很大的关系。

中国资本市场价格发现的功能

除了融资外，资本市场另外一个功能在于通过买卖双方的交易行为形成的市场价格，帮助实现资源更有效的配置。当然，实现这一功能的重要前提是市场价格能反映企业的基本面价值。现实生活中，因为诸如信息不对称、流动性不足、投资者情绪变化、交易成本等市场摩擦的存在，价格偏离基本面价值的现象常有发生。然而，在流动性相对充足的市场条件下，价格不会长期背离价值，股票的长期平均价格应该与它所代表的企业的基本面价值是吻合的。

"锚"在哪里

中国股市在发挥"价格发现"功能方面表现不彰，具体反映为定价的扭曲，股价长期背离企业基本面，从而不能合理评估企业的风险和收益情况，更无法成为给风险定价的"锚"。

图6-3给出了2002—2018年中国股市市场风险溢价的分布情况。市场风险溢价（Market Risk Premium，MRP）是资本资产定价模型（CAPM）里一个重要的参数，定义为股票市场的平均收益率与无风险收益率之差，前者指的是投资市场指数的收益率，后者一般用10年期国债收益率来衡量。因为股票市场风险远高于国债市场，投资者投资股票市场需要较高的收益率来补偿其所承受的风险，因而市场风险溢价长期讲应该是正的，而且其取值越高，表明：（1）投资者风险厌恶程度越大；或是（2）股票市场风险很大。美国过去100多年资本市场的市场风险溢价相对稳定，平均值为5%~6%，表明为了说服投资者将资金从国债市场转向股票市场，每

年需要多支付5%~6%的收益率。[一]

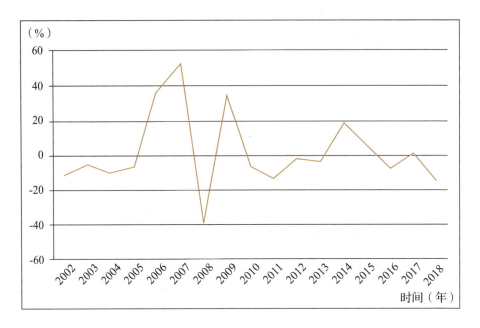

图6-3 中国股市市场风险溢价（Rm-Rf），2002—2018年

来源：Wind资讯；作者计算。

市场风险溢价在不同市场的取值有一定差异，但都在3%以上。作为一个新兴的资本市场，中国的股票市场的风险应该极高，市场风险溢价应该超过发达资本市场的水平。发达资本市场有更成熟的投资者，上市公司质量相对较高，风险对冲的工具较多，流动性更稳定，这一切使得它们的市场风险溢价水平会低一些。事实上，国际投资者包括大的国际机构一般情况下假设中国的市场风险溢价会超过美国的历史平均水平，达到或是超过7%。然而，基于真实市场数据获得的图6-3却提供了一个完全不同的中国式的市场风险溢价情况——2002—2018年这16年间，中国的市场风险溢价的平均值为1.17%。如果这个由市场供需决定的市场风险溢价水平

[一] 经典的资产定价模型很难解释在常见的消费偏好下市场风险溢价高达6%这一实证证据，这是文献中著名的"市场风险溢价之谜"（Equity Premium Puzzle）。最早提出这个谜的是梅赫拉（Mehra）和普莱斯考特（Prescott）（1985）。

准确反映了股票市场和国债市场的风险情况,这势必意味着投资中国股票市场的风险其实要远远低于投资美国或是其他资本市场!这与实际情况符合吗?如果这一逻辑能够成立,那么我们现在讨论的上证指数水平将不再是3 000点,而是一个数倍甚至十数倍于3 000点的数值。如果这个逻辑不成立,那中国市场风险溢价的形成机制又是什么?

作为给股票估值的最重要参数,如果市场风险溢价的形成不能反映真实的风险水平,以此为基础形成的股市价格是否还有任何信息含量?已故的著名金融经济学家,也是著名的布莱克-斯科尔斯期权定价模型的发现者,费希尔·布莱克(Fischer Black)有一个著名的预言,任何金融资产的价格最多能够偏离其基本面价值两倍左右。非常遗憾的是,费希尔·布莱克不幸于1995年病逝,憾失诺贝尔经济学奖(1997年的诺贝尔经济学奖授予对期权定价模型做出贡献的迈伦·斯科尔斯和罗伯特·C.默顿)。布莱克没有见证到纳斯达克(NASDAQ)指数从互联网泡沫期间的5000点跌至泡沫破灭后的1400点。如果他能看到中国A股市场2007年前后的变化,他是否会大幅修正他以前的预言为"任何金融资产的价格能够偏离其基本面价值两倍或三倍以上,中国A股市场尤其如此!"

"母公司定价之谜"

"母公司定价之谜"(The Parent Company Puzzle)是中国资本市场定价机制扭曲的另外一个例子。我在这里以A股市场市值最高的科技公司工业富联来解释什么是"母公司定价之谜"。工业富联是富士康的物联网、云服务、工业机器人、精密工具、人工智能等相关业务拆分出来单独上市的产物,以深圳富士康的资产为主。工业富联于2018年6月8日上市,发行市值2 712亿元。上市后股价一直大起大落,市值一度达到5 065亿元。工业富联2018年的营业收入大约为610亿美元,比母公司鸿海精密2018年的营收少了近1 000亿美元。

吊诡之处在于作为工业富联的母公司,鸿海精密在中国台湾的股票市值换算成人民币仅为3 253亿元,然而作为子公司的工业富联,其市值却一直在鸿海精密之上。规模更小的子公司比规模更大的母公司市值更高,也即作为部分的子公司的估值远超作为整体的母公司的估值,这是典型的"母公司定价之谜"。母公司市值远低于子公司是典型的非有效市场的例子。这样的扭曲定价带来套利的可能性——投资人可以选择以较低的成本在中国台湾市场购买鸿海精密的股份来代替以更高的价格在A股市场购买工业富联的股份。当然,在现实生活中要实现这一套利机会将面临较高的交易成本,因为这涉及两个不同的股票市场,它们背后的估值逻辑和流动性情况也不尽相同。但是,这一套利机会的长期存在至少意味着工业富联的估值并不合理,而且这一不合理的估值在A股市场上长期得不到修正。

类似工业富联这样的例子在全球金融市场并不鲜见。我和加州大学洛杉矶分校(UCLA)的金融学教授布拉德福德·康奈尔(Bradford Cornell)在2001年联合发表的一篇学术文章中系统研究了美国1999—2000年互联网泡沫期间出现的上市子公司市值远超母公司市值的现象。我们的分析显示税收差异、流动性差异、代理人问题和噪音交易者带来的定价扭曲等都有可能解释"母公司定价之谜"。然而,只有噪音交易者风险(noise trade risk)是与我们所研究的所有的案例完全吻合的解释。大量的噪音交易者无法对子公司和母公司的基本面价值做出全面客观的分析,市场情绪往往主导其交易行为,客观上造成某些被追捧的子公司股价飙升,市值甚至超过母公司市值十倍以上,形成"母公司定价之谜"。子公司和母公司定价不合理会带来套利机会,类似对冲基金这样的套利者或是卖空者可以利用估值偏差设计对冲策略套利获利。但当市场较长时间被情绪主导或是套利成本高昂时,类似"母公司定价之谜"这样的估值严重背离合理区间的现象可能会长期存在。

在中国股票市场这样一个由散户启动的交易占到市场总交易额80%的市场里,上市公司股价基本上由噪音交易者主导,估值偏离基本面价值的

㈠ 关于噪音交易者模型(DSSW),见德朗(De Long)等(1990)。

㈡ "母公司定价之谜"(The Parent Company Puzzle)最早见于我和布拉德福德·康奈尔于2001年发表在 *Journal of Corporate Finance* 的文章:*The Parent Company Puzzle: When is the Whole Worth Less Than One of the Parts*。

现象比比皆是。如果有做空机制存在,一旦投资人认为某只股票过高便可通过做空进行反向操作,判断若正确,就能得到回报,做空机制可以在一定程度上修正市场估值扭曲的问题。然而,做空机制在中国市场上并不存在。即使一些以量化操作为主的机构可以通过构建组合的方式来模拟做空操作,他们往往也会因为流动性问题或是个股之间关联性不稳定这样的技术问题承担高昂的交易成本,从而使得这样的操作没有太大的获利空间。股价因此长期背离基本面价值,股票市场价格发现的功能基本上无从发挥。

R^2

加州大学洛杉矶分校(UCLA)的金融学教授理查德·罗尔(Richard Roll)在1988年的《金融学期刊》(*The Journal of Finance*)上发表了题为"R^2"的重要论文,第一次提出用 R^2 来衡量一个上市企业的股价里所包含的信息量。R^2 是一个统计学概念,指的是在一个模型里被解释变量中能够被解释变量解释的部分。在经典的资本资产定价模型(CAPM)里,一家企业股票的预期收益率 r 可以由市场收益率 rm 来解释,即 $r = α + βrm$。在对这个模型进行线性回归时所获得的 R^2,指的是个股收益率中能够由市场收益率来解释的部分的多少。举例说明,如果 R^2 是60%,表明该股票收益率中60%的部分可以由市场收益率的变化来解释。

理查德·罗尔和后来的学者用 R^2 来衡量个股股价中所包含的信息量。在给个股估值时,企业层面的信息要比市场层面的信息更加具有意义。R^2 越大,表明能由市场收益率来解释的部分比例越高,说明该个股股价中包含的市场层面的信息比较多,因此股价中包含的企业层面的信息较少。对于 R^2 比较大的企业而言,因为大量的企业层面信息没有进入该公司的股票估值,其股价的信息含量其实是比较低的。举一个极端的例子。如果公司 A 的股价变化完全与市场指数的变化同步,说明市场收益率能100%解释公司 A 的股价变动,这种情况下,R^2 取值为1,说明公司 A 股价只包含市场层面的信息,而个股层面的信息完全没有反映在股价的变动里——公司 A 的股价其实没有任何信息含量!

除了 R^2 外,股票价格包括的企业层面信息多少也可以通过研究一个市场上股票价格的同向变动比例来衡量。加拿大学者兰德尔·莫克(Randall Morck)和他的合作者在 2000 年的《金融经济学期刊》(*Journal of Financial Economics*)上发表了他们关于股票价格同向变化的研究。[一]他们认为如果一个市场上股票价格同向变动的比例越高的话,那么这个市场就越缺乏汇总企业层面信息的能力,股票的价格也就越缺乏信息含量,难以指导资源的合理配置。

这里面的道理很简单,因为这样的市场里面的大部分投资者由于种种原因,只是跟随大市的追风者,他们对一只股票价值的看法和认知并没有被反映到股票价格中去。这样的股价没有太多的信息含量。在兰德尔·莫克和他的合作者所研究的 40 个资本市场里,中国在此项指标上的排名高居第二,仅次于波兰。中国上市公司平均每周有超过 80% 的股票在同向变动(例如,大市上涨,80% 的股票上涨;大市下滑,80% 的股票价格下滑),而这个数字在美国和加拿大分别是 57% 和 58%。由于公司治理的原因,中国上市公司并不透明,企业层面的信息没有被反映到股票交易价格中。

当用市场收益率解释股价变动时,兰德尔·莫克和他的合作者们发现中国上市公司平均的 R^2 高达 45%,在 40 个市场中排名第二,同样仅次于波兰。作为对比,美国上市公司平均的 R^2 不到 10%。按照理查德·罗尔的逻辑,这一证据再度说明相较美国市场而言,中国股票价格缺乏信息含量,定价不合理。

兰德尔·莫克等认为股票市场在信息含量上的差异与股票市场的制度基础设施有关,在私有产权保护较好、公司治理水平比较高的市场,关联交易少,企业财务报表信息质量更高,这样投资者能够更好地对企业进行分析,通过买卖行为决定的股价更合理,信息含量自然更高。这样的市场里股价定价机制更有效,股价指导资源配置的作用更显著。由此观之,中

[一] "The information content of stock markets: why do emerging markets have synchronous stock price movements" (Randall Morck, Bernard Yeung, and Wayne Yu), JFE, 2000。

国股市还没有形成有效的定价机制。

对上市公司成长性的估值

定价不合理，价格信号无法指导资源的有效配置反映在中国股市的诸多方面。传统企业的股价估值尚且荒腔走板，具有成长性的高科技企业的股价估值更是惨不忍睹。我在表6-1中比较美国的NASDAQ和中国的创业板在估值上的差异。我以2018年1月的股价为基准，在表6-1中比较美国NASDAQ和中国创业板上市公司的平均市盈率。这两个市场无论从定位还是从上市公司的结构方面都有很强的可比性，通过比较能够发现中国股票市场在定价方面的诸多问题。

这两个市场都是针对具有成长性的创新型企业而设。NASDAQ自1973年成立后，吸引了接近10 000家企业先后上市，市场淘汰机制的作用发挥得淋漓尽致，40多年间，上市公司大进大出，至2018年1月底，有完整交易和收入数据的上市公司有2 527家，平均市盈率达到36倍。作为一个对比，更为年轻的中国创业板同期有716家上市公司，平均市盈率为48。

在两个市场上市的公司均以成长性为主，市值规模大的企业占比相对较低。在表6-1中，我将两个市场里市值超过300亿元人民币的企业从样本中剔除，NASDAQ还有2 450家上市公司，平均市盈率为68，明显比全部样本的36倍高，表明NASDAQ的投资者给市值相对小一些的企业（成长性更大些的企业）估值更高一些。作为鲜明对比，在剔除市值超过300亿元的上市公司之后，创业板还剩下696家上市公司，而这些按道理讲成长性更好的企业的平均市盈率几乎没有变化，为47。

在表6-1的第四列，我将两个市场里市值超过200亿元人民币的企业从样本中剔除，NASDAQ还有2 418家上市公司，平均市盈率剧增至81——NASDAQ的投资者在给成长性更好的企业更高的估值。在剔除市值超过200亿元的上市公司之后，创业板还剩下682家上市公司，它们的平均市盈率几乎没有任何变化，为48。

在表6-1的倒数第二列，我把市值在100亿元以上的企业从样本中去掉，只分析那些市值相对较小的上市公司。NASDAQ还剩下2 338家上市公司，平均市盈率为208，估值倍数远远超过包含全部NASDAQ上市公司的市盈率：36。以如此高的市盈率给上市公司估值，表明投资者愿意为这些企业的成长性支付巨大的溢价。反观创业板剩下的605家市值在100亿元以下的上市公司，它们平均的市盈率只比那些大市值的企业略有提升，从48倍升到51倍，变化极其细微。创业板的投资者们并没有为这些企业的成长性支付太高的溢价。

表6-1 美国NASDAQ和中国创业板市盈率比较（2018年1月）

市值	全部样本	市值<300亿元	市值<200亿元	市值<100亿元	市值<50亿元
NASDAQ企业数	2 527	2 450	2 418	2 338	2 228
NASDAQ市盈率	36	68	81	208	NA
创业板企业数	716	696	682	605	404
创业板市盈率	48	47	48	51	57

数据来源：Wind资讯；彭博（Bloomberg）；作者统计。

注：我在计算NASDAQ市盈率时，由于数据缺失，剔除141家市值或收入缺值的企业，共2 527家上市公司。

仔细分析表6-1这些数据及其背后隐藏的信息，有几个有趣的发现。其一，市值小的企业具有更强的成长性，NASDAQ上市公司中市值越小的企业市盈率倍数越高，表明投资者愿意给这些具有成长性的企业更高的估值倍数——NASDAQ上市公司的估值里面包含有明显的成长性溢价；再看创业板上市公司，市值大小（成长性的高低）与上市企业市盈率倍数之间的关系不大，投资者在给创业板上市公司估值时并没有充分考虑企业层面的差异，估值几乎是"一刀切"，投资者并没有给这些企业的成长性任何溢价；其二，创业板公司的估值表现显示创业板企业的股价其实没有包含企业层面的信息，它们反映的更多的是市场层面的信息，上市公司的成长性并没有体现在估值之中。依照我在上文中的分析，中国创业板上市公司的股价的同向变动的趋势更为显著，R^2的取值更高。

按照金融学的基本定价原则，一个企业的基本面价值由两部分组成：目前的表现所带来的价值和未来成长性所带来的价值。由于NASDAQ和创业板的特殊定位，这两个市场里的上市公司的价值中更大一部分应该源自未来成长性所带来的价值。按照金融学里的净现值（NPV）估值原则，这些企业的价值很大一部分应该来自未来的现金流增长。当这部分价值没有充分反映到股市估值中时，我们只能说市场价格没有充分反映这些企业真实的价值，没有反映这些企业的成长性，扭曲的价格信号因而不具备指引资源有效配置的功能。

表6-1呈现的是一幅"悲凉"的景象：**中国创业板并不具备价格发现的功能**。当然，对表6-1里的发现还有另外一种可能的诠释，那就是创业板企业，不论市值大小及其在企业生命周期中所处的位置，根本就没有成长性，股价反映的只是这些企业目前的表现所代表的价值。如果是这种情况，那么一个针对具有成长性企业而设立的股票市场实质上并不具备通过市场力量筛选出真正具有成长性的企业的能力，这代表着一种更大的市场失败！

中国认沽权证泡沫

2011年，金融经济学家熊伟和余家林联合在《美国经济评论》上发表了一篇关于中国权证市场的研究文章。该文研究了2005—2008年发行的18只上市公司的认沽权证（put warrants）的价格变动。这些权证赋予其持有人在权证到期前以事先认定的价格卖出上市公司的股票的权利。熊伟和余家林发现，2005—2007年的大部分时间，因为中国股市大涨，这些权证大部分远在价外（deep out of money）——即行权价远远低于公司股票市值。几乎可以肯定，这些权证期满时将会一文不值。尽管如此，这些权证几乎无一例外在每天的交易中都会被转手3次以上，而且每次转手时，交易价格都会被大幅哄抬到高位。权证的价值能根据布莱克－斯科尔斯期权定价公式计算出来，而且相对清楚地呈现在广大投资者面前，这些权证都有预先设定的到期日，但是，这些在股市大幅上涨时几乎毫无价值的权证却被"炒"到很高的价位，出现经典意义上的类似荷兰郁金香泡沫（1634—1637年）、密西西比泡沫（1719—1720年）和南海泡沫（1720年）这样的泡沫。几乎300年后，类似这些经济史上著名泡沫的泡沫在中国资本市场出现，这一现象其实已经提供充分证据证明——中国股票市场定价机制是严重扭曲的。

该文特别提及五粮液公司2006年4月3日发行的认沽权证。该权证期限为两年，至2008年4月2日到期，该权证给予持有人在两年内以7.96元一股的价格卖出五粮液股票的权利（该权证发行时五粮液的股价为7.11元）。然而，2006年4月3日—2007年10月15日，五粮液的股价从7.11元一直上涨到71.56元。按道理，在这种情况下，五粮液认沽权证应该毫无价值。然而，该权证的交易异常活跃，甚至在2007年6月时权证价格还高达8.15元。一个基本面价值几乎为零的金融产品获得如此之高的市场交易价格，经济学里的"一价定律"（Law of One Price）或是金融学里的"无套利原则"（No Arbitrage Principle）在这里统统失灵。

当股票市场失去合理定价的能力，不论企业基本面价值几何，市场估值几乎都是一样的倍数。如果创造价值与否都可以得到一样的回报，长此以往，那些优质、高成长的企业会因为无法得到更合理的估值从而不能更好地成长，反而是大量经营状况恶劣、公司治理不佳的企业却利用定价机制扭曲，通过制度寻租与财务造假，获取利益。市场上普遍存在的"逆淘汰"使得中国资本市场很难实现资源配置的功能，而这最终也影响到中国资本市场的融资功能。从资本市场最重要的融资和引导资源配置功能这两个维度来评判中国资本市场，其表现显然是不及格的。

透过"壳价值"看中国股票市场问题的根源

"壳价值"高企是中国股市上一个特有现象。因为没有一批基本面健康、质量良好的上市公司作为资本市场的压舱石，股市就像经济学家凯恩斯在《通论》中所说的，"只是实体部分的穿插表演（sideshow）。"中国股票市场表现不彰，很大程度上与我们最早的制度设计有关。卡塔琳娜·皮斯托（Katharina Pistor）和许成钢认为中国股市许多问题能溯源到中国早期采用的以"额度制"为核心的股票发行制度（Pistor 和 Xu，2005）。

在"额度制"下，当时的国家计委和国家体改委将上市指标分配给各省的计划委员会，然后各省再把上市指标分配给钦点的企业，这些企业根据所获的额度相应实施股改，划拨适当的资产到上市公司。上市公司的股份制改造和公开发行完全是由所获额度倒推出来的。

需要指出，"额度制"在中国股市的发展过程中起到了两个重要作用：其一，监管机构能够更好地控制 IPO 的规模和节奏；其二，给予地方政府在额度分配上的自主权使得地方政府有足够的动力去筛选需要优先支持的企业。得益于"额度制"的使用，中国股市在发展过程中取得了一定的成功。但是，"额度制"存在着天然的缺陷。与其他处于转型过渡期的经济体一样，"额度制"的使用给地方政府带来了许多"寻租"的机会（Shleifer 和 Vishny，1998）。地方政府往往会把有限的上市指标分配给其能从中攫取最多利益的企业，并会选择能够最大化自身利益的股权结构。地方政府的"效用函数"（偏好顺序）与中、小股东截然不同。因此，尽管中国的私有化进程在速度和规模上不像俄罗斯和其他东欧国家那样激进，但地方政府或控股股东通过"自我交易"（self-dealing）进行寻租的现象仍然非常普遍。

尽管 IPO 制度后来改变很大，从"额度制"逐渐过渡到"审核制"，以及现在呼之欲出的注册制，但是上市难、上市贵的问题一直存在，带来的直接后果是"壳价值"的存在。事实上，通过资本市场上"壳价值"这个角度，我们对中国股票市场问题的根源能有更清晰的认识。

"壳"为什么有价值

伯尔和米恩斯（Berle and Means）在其经典著作《现代企业和私有产权》（*The Modern Corporation and Private Property*）中毫不掩饰地流露出对所有权和经营权分离的现代企业制度下经营者（公司管理层）出于自身利益需要而采纳有害所有者（股东）的行为的担忧。经济学里也逐渐衍生出一大分支，专门研究怎么解决这种所谓的"代理人问题"（agency problem）。长期以来，研究"代理人问题"的文献把注意力放在如何利用适宜的公司组织形式、职业经理人市场、内部激励机制或外部收购兼并市场等机制来降低经理人产生"代理人问题"的可能性。理论是成功的，它在实际中的运用也卓有成效，美国及欧洲经济的迅猛发展，包括日本在内的亚洲新兴市场的崛起，都验证了现代企业制度的卓有成效。

然而这种以股份制及股票市场为基础的现代企业制度在发展中也逐渐暴露出种种弊端，尤其是这种企业制度在亚洲新兴市场里的运用更历来为人所诟病。这种反思在亚洲金融危机之后更是登峰造极。经济学家们逐渐认识到在新兴市场中，另一类型的"代理人问题"，即发生在公司居控制地位的大股东（large shareholder）和小股东（minority shareholder）之间的"代理人问题"，其实更具伤害性。这种"代理人问题"的具体体现是大股东通过各种安排，攫取本属于小股东的财富。发生在中国资本市场上的上市公司"圈钱"行为（钱从小股民手里流向上市公司，继而进一步流向大股东手里）便是这一类"代理人问题"体现。哈佛经济学家安德雷·谢莱佛（Andrei Shleifer）及他的研究小组很形象地用"隧道行为"（tunneling）来描述这一类型的"代理人问题"，意即上市公司（或者说是控制上市公司的大股东）用种种手段挖掘见不得光的地下通道，将财富从小股东钱包里偷走。

在仔细研究盛行于东亚国家的上市公司的公司治理结构之后，芝加哥大学经济学家拉古拉迈·拉詹（Raghuram G. Rajan）和路易吉·津加莱斯（Luigi Zingales）一针见血地指出这些国家采纳的其实是与经典经济学定义的资本主义制度迥异的另一种类型的资本主义——关系资本主义（Relationship-based Capitalism）（Rajan, Zingales, 2003）。这里，资本的运作、生产的组织、财富的分配及再分配是建立在关系基础上的。市场机制反而成了一件被盗用的外衣。裙带关系、朋友关系、亲戚关系有效地黏合不同利益主体，维系了公司运作。这种以关系为基础的企业制度在某一历史阶段的确能够有效地降低交易成本或是信息成本，从而使交易能够顺利进行，但是它的负面作用却随着这些国家经济的逐渐发展和市场的进一步完善变得愈来愈明显。从某种程度上讲，亚洲金融危机并不是宏观和货币层面的危机，而是植根于微观基础的更深一步的危机，最根本的原因是普遍采用的以家族和裙带关系为基础而建立起来的企业制度。

显然，这种具有亚洲特色的企业制度已经远远偏离了亚当·斯密、伯尔和米恩斯、罗纳得·科斯（Ronald Coase）等经济学大师所细心阐释及维护的现代企业制度。在这里，利润最大化（Profit-maximization）已经不再是公司经营的最终目标，取而代之的是建立在关系之下的某一群体（例如，控股股东或某一家族、某一集团公司）的利益最大化。于是，我们在资本市场上看到了"隧道行为"，深深地体验了大股东对小股东不加抑制的赤裸裸的掠夺。日本的株式会社式企业结构（Keiretsu）、韩国的财团体制（Chaebol）都是这种具有亚洲特色的公司治理结构的代表。其表象是高度集中的以家族或裙带关系为核心的所有权结构，完全由"圈内人"组成的董事会，对中小股东的保护几乎没有，混乱而误导的会计信息披露，缺乏有效的企业控制权转让市场（例如，活跃的收购兼并市场）等不一而足，其结果是大量的只是满足少数大股东利益的投资和财富分配的行为。

公司治理机制的缺失必然带来上市公司信息披露质量低下，从而使得股票市场价格扭曲。图6-4和6-5分别给出了中国和美国上市公司在2016—2018这三年净资产收益率（ROE）分布的直方图。在正常情况下（即公司没有系统作假的情况下），当上市公司数量足够多时，其净资产收益率的直方图应该是无限接近正态分布，形似"钟"形（bell curve）。如图6-5所示，美国2016—2018年上市公司的ROE的分布情况近似于正态分布。这里，好企业和坏企业的分布是对称的，符合市场竞争规律——市场竞争中有成功者，也有失败者。

如图6-4所示，中国上市公司ROE的分布情况则明显不符合"正态分布"的特点。首先，中国好企业和坏企业的分布并不对称，ROE直方图形状怪异；其次，中国有大量企业的净资产收益率密集集中在0的右边。这种"巧合"暗含着一个可能的事实：为了避免亏损，大量的企业对自己的盈利情况做了修饰，把亏损做成了微利。企业如此行事背后的动机容易理解：在中国现有的监管制度下，连续两年亏损就要被"特别处理"（Special Treatment，简称ST），意味着有退市从而失去"壳价值"的危险；为了避免亏损，企业有很强的动力去做假。无疑，图6-4所揭示出的中国上市公司的净资产收益率的分布情况表明中国的上市公司在信息披露上存在严重问题——信息披露的准确性及可靠性存在太多可疑之处。

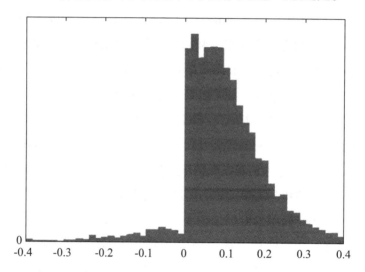

图 6-4　中国上市公司 2016—2018 年净资产收益率（ROE）直方图
数据来源：Bloomberg；作者计算。

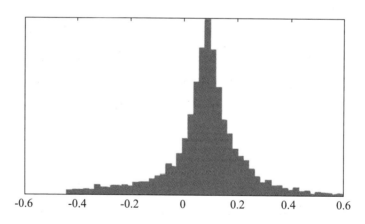

图 6-5　美国上市公司 2016—2018 年净资产收益率（ROE）直方图
数据来源：Bloomberg；作者计算。

至此，我想我们已经能够回答上文提出的问题：为什么上市公司的"壳资源"会有价值？扭曲的公司治理（例如图 6-4）赋予了上市公司（或是有控制权的大股东）进行"隧道行为"的特权。他们能够利用上市公司的身份，利用类型不同的地下通道，源源不断地从小股东身上汲取满足大股东利益所需的资金。不为夸张地说，中国股市上层出不穷的种种怪现象最终都与大股东从小股东身上"圈钱"的这一企图相关。既然获取一个上市公司的"壳"能够为控制企业的大股东带来如此好处,"壳"本身自然就有价值了。

可见,"壳价值"存在需要两个前提:第一,"壳"是稀缺的;第二,拥有"壳"能带来价值。在中国现有的制度背景下,IPO 制度本身制造了上市资源的稀缺性;而上市公司混乱的公司治理使得"代理人问题"盛行,拥有"壳"能带来大量的利益(private benefits)。这两个前置条件在中国目前股票市场上得到了完美的满足。

略通经济学知识的人会争辩,如果市场是完全竞争而有效的话,"壳"所带来的高额利润会吸引来越来越多的企业变为上市公司,这样,"壳"的价值会越降越低,进而消失。这一结论在逻辑上无懈可击,然而它却忽略了一个客观事实:在中国,IPO 市场远非完全竞争,更不是可以自由进入的。IPO 制度自 20 世纪 90 年代开始不断演变,但是上市难、上市贵仍是不争的事实;与此同时,混乱的公司治理结构使得有控制权的股东进行"隧道行为"的成本大为降低,进而把人们对上市公司"壳"的追求拉抬到无以复加的程度。

公司财务里有一个著名的"啄食顺序定理"(Pecking-order Theorem)(Myers 和 Majluf,1984),大意是从降低融资成本、提高企业价值的角度考虑,上市公司在筹集新资本的时候遵循一定的"啄食"顺序,它们总是首先利用自身累计盈利,其次再通过债务进行融资,发放新股进行筹资是企业最后的选择。而在中国,上市公司(或上市公司的母公司)在融资时的第一考虑是配股或发放新股,罔顾"啄食顺序"。仔细思考这一怪象,不难发现,其最根本的原因是配股或发放新股成本最低,几乎为零。只要有"壳",操纵上市公司的大股东就能以极低的成本从资本市场上源源不断地获取资金。于是,"割韭菜"成了中国股市的一大鲜明特色。

"壳价值"有多大

那么"壳"到底值多少钱呢?在开始考虑这个问题的时候,我沮丧地领悟到这个问题是不可回答的。"壳"资源的价值反映的是上市公司或其大股东能够从中小股东身上攫取财富的上限。可是这一系列活动都是通过掘隧道（tunneling）而进行的。换而言之，是在地下进行，企图不能予人知的行为，其数目和程度都不会有文字的记载，更难以量化。但是这个问题却唤起我极大的好奇心。我始终想做出一个判断，即一个扭曲的公司治理结构和不尽完善的股票发行制度能够给利益相关方带来多大的好处？中国资本市场作为一个寻租场所，因为制度基础设施不完善，包含多大的寻租机会？不论从哪一个角度看，估算出"壳价值"都是一个有趣的问题。

既然不能从正面回答"壳"的价值是多少，或许换个角度我们会有所获。上市公司愿意花多少钱去保一个"壳"？上市公司愿意花的钱显然反映了"壳价值"的下限。如果我们对这个价值有一个评估的话，它应该能大致反映出上市公司的"壳价值"。幸运的是（或不幸的是），中国资本市场上鲜活的实践，为这一评估提供了可能性。如上所述，在现阶段市场环境下，一个企业要是连续亏损或是财务状况出现异常变动，就会被冠上"特别处理"（ST）的帽子，进而面临退市的命运。退市意味着"壳资源"的丧失。显然任何企业都不希望发生这样的事。事实上，如图 6-4 所示，中国上市公司净资产收益率的分布形态充分显示大量的企业执着于把 ROE 取值置于 0 的右边，保"壳"的动机昭然若揭。

当一家企业被宣布为 ST 之后，立即就会有大量的运作围绕着"壳"展开。各相关利益群体频频运作——大股东注资、剥离债务、重组、置换资产、进行关联交易、改变管理层等热闹非凡。在这种热闹背后推波助澜的是一些股市上的大玩家（俗称庄家），近些年还冠以"市值管理"之名。中国资本市场上出现的一个极为独特的现象是 ST 股票反而较其他股票容易受到投资者的追捧，其股价反而更容易上涨。

熟悉现代金融理论的人可能会变得很郁闷：一个明显的坏消息（变成 ST）怎么反而会激活了市场对这只股票的良性反应呢？信奉市场有效性的人可能会说这个坏消息也许本不是坏的；另外一些人则有可能怀疑市场有效性这一论断的可靠性。坦白地讲，ST 现象在很长一段时间内也困扰着我，因为这与常识和经济学逻辑都大相径庭，让人无所适从。然而 ST 消息与股价异常变动之间的内在关联，在我们把它放在"壳"资源这个大的框架下面，就变得清晰起来。

在 2004 年完成的一篇学术论文中（Bai，Liu 和 Song，2004），我与几位合著者研究了被冠以 ST 的上市公司的股价表现。我们发现我们分析样本中的 ST 企业，在从被冠以"ST"3 个月以前到被冠以"ST"24 个月之后的这段时间，其股价平均起来比市场整体多涨了整整 32 个百分点[一]，其中涨幅最高的一只股票的股价比市场指数多涨了 116 个百分点。

中国股票市场是有效的吗？为什么如此明显的坏消息在中国股市居然产生了如此积极的市场反应？抛开盲目炒作等非理性成分，其中有理性的因素吗？在一家公司被宣布为 ST 之后，上市公司或是控制上市公司的利益团体为了保住"壳"资源，往往会频频运作，企图改善上市公司的财务状况。这其中最典型的措施就是撤走不良资产，注入优良资产。对于上市公司而言，资产质量的全面提高自然最终会反映到全面上扬的股价中。显然，这 32% 的超额回报反映的是控制上市公司或是企图控制上市公司的大股东们为了保持"壳"资源而注入上市公司的优良资产的价值。换句话说，它反映的是上市公司"壳资源"价值的下限，即大股东为了保持"壳"资源所愿付出的最大牺牲。回到我们上面讨论过的问题，"壳"价值最终源于大股东能从小股东身上通过"隧道行为"所攫取的利益，那么这 32% 的价值反映的是中国资本市场的一个现状：大股东从小股东身上能圈取相当于上市公司价值 32% 的财富。

简单测算，中国上市公司的总市值大约是 50 万亿元人民币，因为 IPO 制度和糟糕的公司治理带来的"壳"的总价值大约是 50 万亿 × 32% = 16 万亿元人民币。16 万亿元人民币的财富通过一个扭曲的制度设计和糟糕的公司治理从投资者手中转移到了上市公司或是操纵上市公司的利益群体手里，反映为"壳"的价值。这里揭示的是社会资源的极大浪费和具有稀缺性的资金的极为低效的配置。如果我们进一步考虑这种行为给社会财富带来的间接损失，比如资金低效配置的机会成本，对社会成员利益激励机制

[一] 被冠以"ST"的企业有 24 个月的时间扭亏为盈，否则将被要求退市。因此，24 个月是 ST 股改善其经营表现的合理时间长度。

的扭曲等，那么我们会得到一个比16万亿元人民币更高的数值……

32%的"壳溢价"源于股票发行制度和公司治理方面的一系列问题，反映为上市公司估值的扭曲，导致中国上市公司质量普遍不高。如图5-8所示，1998—2018年间，中国上市公司平均的投资资本收益率只有3%，这很大程度上与IPO制度和混乱的公司治理相关。"壳价值"的存在折射出中国股票市场上的一系列结构性问题。

值得欣慰的是，中国股市的参与者和监管者显然都已意识到问题的严重性。中国证监会正在着手改革股票发行上市制度，逐渐改变以行政管理为主导的股票发行机制。2019年6月13日正式推出的科创板更是率先试行注册制。可以预见，这样的实践会逐渐降低优质企业上市的成本，减少劣质企业上市的可能性，进而降低上市公司"壳资源"的价值。当然，根治这一问题的最终药方在于公司治理情况的全面改善。**只有在彻底消除上市公司或是其大股东利用"隧道行为"进行财富、利益转移的可能性之后，"壳资源"的价值才会最终降为零。**

相当于上市公司市值32%的"壳价值"，等于往上市公司市值里注入了32%的估值溢价。换言之，中国上市公司市值里平均有32%的部分与公司经营基本面没有关系，反映的只是制度设计和公司治理带来的定价扭曲。如果"壳"价值趋近于零，意味着中国股市估值将有一个重大调整——在其他条件不变的情况下，股市整体估值将下降32%。至此，我们可以理解为什么针对IPO制度和公司治理的一系列改革举措举步维艰。旨在消除"壳"价值的改革举措将会带来"租金"耗散，将给现有的利益相关方带来极大的冲击。然而，为了建设一个具备强大的融资功能和资源配置功能的资本市场，我们有别的选择吗？

建设好的股票市场

好的股票市场应该能够给投资人提供合理的投资回报；应该具备强大的融资功能；更为重要的是具备价格发现的功能，从而能够帮助实现资源更有效的配置，为实体经济提供更为迫切的支持。显然，在这三个维度上中国股票市场均表现不彰。而这背后的原因与我国资本市场制度基础设施建设不足严重相关。理解中国股票市场的特点及其历史沿革能为我们寻找破题的方法提供启示。

理解中国的股票市场，首先不要忘记中国经历了从计划经济向市场经济的转型。在经济改革的初期，我们缺乏发展市场经济所需要的一些制度基础设施层面的重要因素，包括私有产权的保护、运转良好的金融体系、成熟的投资者群体等。这些制度上的限制不但影响了中国上市公司的行为模式，造就了中国股市的诸多特点，而且也决定了中国政府所采用的资本市场发展路径和监管的总体架构。主要表现在如下二个方面。

第一，上市公司的股价与其基本面的关系相对较弱，受宏观经济政策和市场情绪的影响很大。中国股市上主要的投资者是个人投资者（散户），占到市场整体交易量的80%以上。在这样的微观结构下，市场的效率着实令人怀疑。例如，2015年上证综合指数从3000点涨至5100点后，在年底时又跌回3500点。当年总交易额高达254万亿元人民币，几乎是股市总市值的5倍。短短一年中每只股票的平均换手率高达5次之多，中国有多少投资者基于企业基本面在做长期投资和价值投资呢？散户如此行为尚可理解，因为大多数散户属于噪音交易者，但是众多机构出于各种原因，投资行为呈现出散户化的倾向。

第二，从重启之日起，政府就着力把股市打造成国有企业融资的渠道，并期望借助股市给国有企业的决策者施加一些市场约束。中国证监会把握着增长与控制之间的平衡（Liu, 2006），对股市进行严格的监管。既然中国发展股权市场的主要目的是帮助国有企业拓宽外部融资渠道、提升其业绩表现，因而中国股市的监管法规一般总是向国有企业或与政府有紧密联系的企业倾斜。这样的股市发展策略带来的一个后果就是，即使经济中最具活力的企业，如果与监管方或其他关键利益相关方没有紧密联系，那么可能也无法上市公开交易。同时，一旦企业成功上市，即使后续业绩表现不佳也很难被退市——因为"壳"具有价值。围绕"壳"进行的大量诸如资产重组这样的交易使得市场估值极为混乱，也难以形成有效的退市机制去淘汰质量不好的上市公司。A 股市场近 30 年来监管当局主动令其退市的公司不到 70 家，作为对比，美国仅在 20 世纪 90 年代至今就有超过 7 000 家企业退市。通过市场化的退市机制，那些经营不佳、财务状况不彰或是涉及虚假信息披露、财务舞弊的企业离开资本市场，从而确保上市公司整体质量。美国上市公司过去 100 多年平均的投资资本收益率在 10% 以上，与严格实施市场化的退市制度有很大关系。

第三，由于制度上的各种限制以及中国采用的监管架构，中国股市也在另几个方面展现出显著的特点，其中之一就反映在上市公司的股权结构上。中国上市公司的股权结构高度集中，大部分股权为国家持有。中国 60% 的上市公司由国家控制，95% 的上市公司都有一个绝对意义上的控股股东（Liu，Zheng 和 Zhu，2012）。正如我在前文讨论过，在 IPO 监管方面，中国自从 1990—1991 年重启股票市场以来首先使用的是"额度制"。按照中国证监会的要求，企业通常根据其允许公开发行的股票数量将其核心资产的全部或是一部分纳入上市公司中。这种安排造成了中国上市公司股权结构上的缺陷，超过 70% 的中国上市公司都从属于各自的集团公司或母公司。当上市公司有一个控股股东时，其经营目标很可能从企业价值最大化转换为控股股东利益最大化。这种情况下，传统的"代理人问题"可能对企业价值带来负面影响，不但影响以投资资本收益率（ROIC）来衡量的企业的基本面价值，还带来定价方面的扭曲。而缺乏有效的做空机制让价格长期背离基本面价值的情况更趋恶化。

改革上市制度和退市制度是关键

建设好的资本市场的核心要义在于提高上市公司的质量，而改革上市制度和实行市场化的退市制度是关键。我在上文所做的一系列分析甚至让我愿意做出这样的判断，**当上市公司的"壳"不再具有价值的时候，那么中国股市距离一个有效的、能够更好地服务实体经济的股市就无限接近了。**要实现这一目标，我们必须消除使得"壳"价值成立的两个前置条件："壳"的稀缺性以及"壳"带来的获利性。通过注册制可以解决稀缺性问题；而完善公司治理，实行严格的退市制度可以消除因持有"壳"所带来的寻租机会。

尽管中国政府曾计划于2018年采用国际资本市场普遍使用的注册制进行股票发行，但是由于种种原因，实施注册制的时间在往后滞延。直到2019年6月才在新推出的科创板上试行注册制。事实上，即使实施注册制，大多数市场参与者仍然认为监管机构能够轻易借助其他技术手段来限制企业上市的数量和速度。采用注册制后，政府对企业上市的限制将大幅放松，但之前所采用的行政审批核准制所带来的影响仍将持续很多年。尽管如此，注册制的实施是提高中国资本市场质量的必需之举。

首先，需要化解人们对注册制认知上的误区。注册制绝非是降低公司上市门槛。在操作中，注册制不是只要注册了，满足一些硬性条件就可以通过。除了满足若干硬性条件外，注册制审核过程中包含大量的问询环节。问询会围绕企业未来的发展战略和增长可持续性及路径等展开，包括企业成长性、商业模式稳健和合理性、公司治理机制是否完备、是否有具竞争力的管理团队、上市公司定位是否清晰、是否会与其他控股股东发生大量关联交易等。资本市场和投资者关心的问题，影响上市公司信息披露质量的问题，问询中都会涉及。而且，整个过程是公开的，这样就会释放出大量的信息，能够让投资人去做出评价。从这个角度讲，这样的注册流程是对企业有利的，它会变得更清晰透明，在未来上市以后做坏事的可能性会小一些。

其次，有效的注册制必须和严格的市场化的退市制度结合在一起。再仔细的事前筛查，不管用什么方式总会有漏网之鱼；此外，有很多企业在上市的时候企业经营情况不错，但是它所属的行业可能发生变化；再者，类似创业板和科创板这样的市场锁定的是具有成长性的企业，是有失败的概率的。如果没有严格执行的退市制度，垃圾公司为了不退市，总是要寻找重组或者其他安排，带来所谓的题材、概念和相应的炒作套利的机会。这样的例子在中国资本市场屡见不鲜，在各式以寻租为目的的交易盛行的市场，融资功能和价格发现的功能都无法得到完整发挥。而注册制和退市制度严格执行以后，让市场来筛选真正的好企业。监管机构只需要做到提供一个公开、公正、透明的市场环境。

不一样的上市公司

建设好的股票市场，中国需要高质量的上市公司。中国经济经历了40年的高速发展，正面临从高速增长向高质量发展的转型。中国经济的微观基础，尤其是上市公司的结构需要在这个过程中相应变化——投资拉动的增长路径和效率与创新驱动的增长路径所对应的上市公司是截然不同的。

表6-2给出了美国股票市场和中国A股市场按2019年6月30日的收盘价计算的市值最高的10家企业。由于我讨论的是A股市场，阿里巴巴和腾讯没有被纳入中国市值最大的前10名名单。通过对比我们可以发现如下差别。首先，就行业分布而言，美国的大市值公司的行业分布更加多元化。美国市值最高的10家公司中的前5名都来自信息科技行业；强生（Johnson & Johnson）来自消费品行业；埃克森美孚（ExxonMobil）来自能源行业；摩根大通、维萨卡和伯克希尔·哈撒韦（Berkshire Hathaway）则来自金融行业。美国市值最高的5家公司都是科技创新驱动型公司，无论是研发的投入，专利的数量和质量，还是对技术前沿的掌控都处于全球引领的位置。

表6-2　美国股票市场和中国A股市场市值最高的10家企业（2019年6月30日）

（单位：十亿美元）

2019年排名	美国上市公司	市值	中国A股上市公司	市值
1	微软	1 026.5	工商银行	294.6
2	亚马逊	932.3	中国平安	229.2
3	苹果公司	910.6	建设银行	217.5
4	谷歌	751.0	农业银行	180.2
5	脸书	551.0	贵州茅台	180.0
6	伯克希尔·哈撒韦	521.9	中国石油	173.9
7	强生	369.8	中国银行	150.1
8	摩根大通	362.7	招商银行	131.0
9	维萨卡	346.4	中国人寿	104.2
10	埃克森美孚	324.2	中国石化	93.5

资料来源：Bloomberg；作者计算。

注：由于阿里巴巴和腾讯分别在美国纽交所和香港联交所上市，故未列其中。

中国A股市值最高的10家公司与之形成鲜明对比。10家公司中有7家金融机构，有2家——中国石油和中国石化——来自能源行业，剩下1家贵州茅台属消费品行业。简单分析，中国A股市场上市值最高的10家公司有9家来自要素领域。甚至把茅台酒在中国商场文化中扮演的不可替代的作用考虑进来，那茅台酒也可算成一种生产要素！中国大市值上市公司这种结构分布其实与中国经济增长模式是完全一致的——依靠投资拉动并且还在高速增长的经济体对各类要素有着巨大的需求，也因此促进了要素领域大市值公司的出现。另外需要指出一点，中国前10大上市公司中有9家是国有企业，这与国有企业在要素领域的垄断地位密不可分。

表6-2呈现的中国上市公司结构在中国追求高质量发展的过程中必然会发生巨大的变化。事实上，这种改变正在发生。如果我不考虑上市的地点，那么所有上市的中国公司中市值排名前两名的将是阿里巴巴和腾讯。中国上市公司的结构正在发生变化。中国未来必然会涌现一批高科技、创新型的公司，能够创造价值、推动全要素生产率（TFP）提高的企业。而这些企业的涌现，显然无法靠顶层设计或是由监管机构钦点。通过良好的资本市场制度设计，由市场供需决定的交易价格把企业真正的价值挖掘出来，引导更多的资源配置过去，从而实现这些企业更好地成长和变迁。只有这样，才能最终改变中国经济的微观基础。最终做出裁决的将是市场！

结语：哈耶克和中国股市

早在20世纪三四十年代，奥地利经济学派代表人物弗里德里希·奥古斯特·冯·哈耶克（Friedrich August von Hayek）与约翰·梅纳德·凯恩斯（John Maynard Keynes）之间就有过一场激烈的辩论，辩论的主题就是在资源配置中究竟是政府还是市场应该发挥决定性作用。哈耶克则秉承奥地利经济学派（Austrian School）的伟大传统，强调个体信息与本地信息在资源配置中的重要性。对哈耶克来说，除了资本与劳动力之外，个体消费者和生产者所拥有的分散信息如果集合起来就能够指导资源配置并使生产活动更加高效。哈耶克认为，经济体中需要生产何种产品的信息和知识是分散的，存在于个体消费者不同的偏好、个体生产者不同的成本和技术等因素中。在缺乏市场机制的情况下收集这些分散的信息不论在实际操作中还是在理论上都是不可能的。哈耶克指出，相较于只掌握片面信息的中央计划者，市场上形成的价格能够聚合成千上万名消费者和生产者的分散信息，更加真实可靠，因而能够更好地指导资源配置（Hayek，1945）。

在哈耶克看来，有两个原因导致中央计划者的信息缺乏真实性和可靠性，在指导生产时效率低下。第一，中央计划者只掌握片面的信息，而市场价格却是由成千上万个代理人的买卖决策所决定的；第二，即使中央计划者能够掌握所有的信息，但由于人类总结推理能力的限制，我们无法理解、预测或规划非线性动态发展的经济系统。反之，市场价格则是由产品的供需关系所决定的，反映了买家和卖家各自的自我利益。显然，如果市场流动性足够大，并且允许个体参与市场交易并把个体信息反映在市场价格中，那么市场所形成的价格就更加真实可靠。

真实的价格是由千千万万的投资者通过他们的个体买卖行为决定的。在一个相对有效的市场里面，一个企业的真实价值是通过其得到认可的程度反映出来的。市场价格的引导作用非常强大，它对在一个领域或者某种技术范式下，涌现大量的创新、研发、创业，有极大的促进作用，最终让整个实体经济的微观基础更有活力。监管机构不应该为上市公司背书，不应该对价格进行过多干预和调控，应该更多相信市场的判断。监管机构只是一个资本市场的捍卫者，要做到的就是营造一个公平、公正、透明的市场环境，市场筛选过后严格执行退市制度，通过这个方式形成一个有活力的交易市场。

中国的资本市场到了亟须进行改革的时候。我们亟须提高上市公司的质量，实现资源优化配置。高质量的资本市场，其上市公司必须由那些能够反映经济增长新动能的变化，反映未来产业结构变化的高质量公司组成。做到这一点,需要让市场来发挥资源配置的决定性作用,让市场来做出选择。中国的决策层在资本市场的供给侧改革方面方向清晰,目标明确。国务院副总理刘鹤在2019陆家嘴论坛上明确指出中国股票市场建设的重点工作:(1)加快推进股票发行上市、退市等基础性制度改革;(2)以加强公司治理和信息披露为重点,提高上市公司的质量;(3)以更加市场化、便利化为导向,推进交易制度改革;(4)加快提升中介机构能力;(5)稳步扩大各类机构投资者的队伍,拓展保险资金、养老基金、企业年金等长期资金入市的渠道,并做出相应的制度安排。

第七章 中国地方政府金融

如果我没有刀,我就不能保护你。
如果我有刀,我就不能拥抱你。

——《剪刀手爱德华》

做任何一件事通常都需要两个理由:一个冠冕堂皇的理由和一个真正的理由。

——托马斯·卡莱尔(Thomas Carlyle)

政府到底有什么样的经济职能?这是经济学界一直争论不休的一个问题。在新古典经济学的框架里,一切经济活动都是通过亚当·斯密所描述的"看不见的手"(invisible hand),即市场和价格来进行的。市场和价格的有效调节,使经济趋于一种"竞争性均衡"(Competitive Equilibrium)。而福利经济学第一定理更以严格的数字形式证明"竞争性均衡"同时也是帕累托最优的(Pareto Optimum),即它已经达到一个经济所能达到的最优境界;福利经济学第二定理指出高效的资源配置会在"竞争性均衡"中实现并维持。这两个定理构成了新古典经济学的基础。显然,在新古典经济学的世界里,政府对经济所起的作用被极大地淡化了。许多新古典经济学的诠释者和追随者只愿意勉强承认政府作为"游戏规则"制定者而对经济生活所起的些微作用。

新古典经济学关于政府作用的理论显然无法解释中国改革开放40年来的实践。在几乎所有关于中国改革开放40年取得伟大成就的经济学解释中,都可以看到(地方)政府扮演的重要作用。例如,钱颖一和罗兰德(Qian 和 Roland,1998)将中国经济增长奇迹归结于"中国特色的联邦主义",他们发现中国地方政府发展经济的强激励主要包括行政分权和财政分权,前者使地方政府拥有自主经济决策权,后者以财政包干为内容从而使地方政府与中央分享财政收入。李宏彬和周黎安(Li 和 Zhou,2005)从地方官员晋升切入,发现地方官员之间围绕GDP增长而进行的"政绩锦标赛"（Political Tournament Based on Economic Performance）是理解政府激励与中国经济增长的关键线索；而"政绩锦标赛"是将行政权力集中与强激励相兼容的政府官员治理模式，其运行不依赖于政治体制的巨大变化。张五常（Cheung，2008）则从承包合约、县级竞争视角解读中国增长奇迹，认为中央政府拥有全国土地所有权，通过地方政府一层一层把土地承包给投资者并收取土地生产经营的溢价"租金"（即增值税）。由于地方政府对该"租金"享有一定比例（25%）分成，所以地方政府尤其是县级政府之间竞争非常激烈，甚至不惜以负地租吸引投资者来本县投资生产，从而推动中国经济快速增长。张军（2018）从土地改革和分税制改革视角分析中国增长，认为20世纪80年代中国的改革停留在微观，1994年分税制以后中国的改革开始走向宏观。分税制下的地方政府仅保留25%的增值税，财政十分紧张，为增加财政收入，地方政府开始关注招商引资，扩大实业投资；为找米下锅，各地方政府借鉴深圳、上海的土地改革试点经验，以土地出让、批租为突破口，拉开了一场积累公共资本、改善投资环境和投资基础设施建设的竞争，使得各地基础设施和投资环境大幅改善、财政收入显著提高，并直接促进了中国经济的持续增长（Qian，2017）。

地方政府的"政绩锦标赛"

上述关于中国经济发展模式的分析都强调地方政府作为经济生活的参与者所起的作用。**某种程度上，地方政府作为参与者强势介入经济生活是40年前中国开启改革开放时在制度创新上的必然。**自秦朝设立郡县制以来，中国形成了大一统并且层级森严的中央与地方治理架构。这套治理架构自上而下依次为中央、省、地级市、县、乡镇五个层级。每个层级里的个体数量越多，则该层级所处的等级越低。在这种架构中维系相邻的两层的是现代经济学里强调的契约关系（contract）——下级如果达到上级的考核指标则会获得好处（例如，提拔与升迁，上级给予下级的转移支付等），反之则可能受到惩罚。

一个精心设计的制度

这个层级森严的治理架构延续至今。其内涵在近40年有所变化，开始转向政治集权下的经济分权模式。事实上，经济分权模式在改革开放初期是决策层不得已的选择。改革开放急需恢复市场和市场指导资源配置的功能。在改革开放早期，在建立商品市场与公平竞争所需要素都不具备的情况下，因为经济分权模式，地方政府间的"政绩竞赛"为地方政府官员提供了发展经济的强烈动机，各地方政府间的竞争在某种意义上代替了市场竞争，推动了中国经济的高速发展。事实上，当地方的经济表现，例如GDP增速，成为地方政府官员的主要考核指标时，地方政府的主要精力就会从其他方面转向经济发展。

当然，必须指出，市场经济建设与中央和地方的垂直契约型结构有种种不协调之处。市场是千千万万买卖双方交易行为的总和，而买卖双方是个体层面的决策者。自上而下的大一统体制面临一个不可避免的问题，即严重的信息不对称的存在，而且中间层级越多，信息自下向上传递过程中耗散的程度也就越大。这种情况下，居于顶层的计划者很难对底层信息有充分的掌握，地方政府可能围绕自己的利益做出大量决策与中央计划者的利益不一致，形成地方政府道德风险。地方政府道德风险在信息严重不对称时容易泛滥，此时，"政绩锦标赛"围绕着相对直接和简单的经济增长目标更容易规范地方政府的行为，将其施政侧重从别的维度转向促进经济增长。

以"政绩锦标赛"为特征的地方政府分权模式是一种精心设计的制度，中央政府设计的考核指标赋予了地方政府发展经济的积极性，整个制度架构非常符合经济学里的激励兼容（incentive compatibility）理论。地方政府分权模式反映为地方政府在控制大部分经济资源的前提下，全权负责协调地方经济的发展。中央政府给予地方政府授权，鼓励它们发展本地经济，鼓励地区之间的经济竞争，地方政府领导的升迁机会也同地方经济发展的绩效联系在一起。地方政府分权模式下，地方政府发展经济的热情被极大地调动起来。可以说，"政绩锦标赛"创造了地方政府之间的竞争环境，通过制度设计创造了激励机制，带来了改革开放40年中国经济平均每年9.5%的增长率和现代市场体系的逐渐完善。在"政绩锦标赛"中，地方政府的行为模式更像企业。为了实现经济发展指标，地方政府需要做大量投资、融资决策。投资、融资的动力来源于在"政绩锦标赛"中胜出的强烈动机。这种情况下，市长就相当于企业的CEO，市委书记就像董事长（刘俏，2015，2017）。

"政绩锦标赛"在高速推动中国经济增长的同时也带来诸多弊端。"政绩锦标赛"的一个后果是为了促进GDP增长，地方政府往往愿意发展重工业和化工行业，从事大工程、大项目。投资拉动的增长模式造成对资源的过度使用，带来环境破坏和大面积的污染——在以GDP增长为主要考核指标时，环境保护的优先序位弱于经济发展。"政绩锦标赛"的另一个后果是统计数字膨胀。关于中国经济一个有趣的现象是，当人们把中国每个省的GDP加总时，往往得到一个远大于全国GDP的数字（俗称，每年多一个广东省）。为了在"政绩锦标赛"中获胜，地方有强烈的动机去"夸大"GDP数字，底层的实际情况无法得到真实的反映。此外，在"政绩锦标赛"中，政府与市场之间的界限往往模糊。当政府成为推动经济发展的主体时，由于地方政府道德风险和软预算约束的存在，政府主导的投资项目的投资资本收益率往往不高。但这些项目占用了大量的原材料和金融资源，形成了对民营经济和私营经济的挤出效应（crowding out effect）。

政府行为的政治周期性

最能反映"政绩锦标赛"对政府行为模式的影响的一个例子是投资的政治周期的存在。政治周期的存在大多与政府的行为动机相关。美国耶鲁大学的诺贝尔经济学奖获得者威廉·诺德豪斯（William Nordhouse）发现，在美国选举年，政府财政支出一般情况下会有较大提高，因为候选人会承诺选民各种公共福利以增加胜选概率；货币政策也表现出政治周期性，在选举年，政府一般倾向于多印钞票，以较为激进的货币政策帮助实现更好的政绩（见Nordhaus，1975）。

在"政绩锦标赛"下，政治周期在中国的表现形式略有不同，主要体现在投资方面。投资的政治周期表面上源于中国采取的投资拉动的增长模式，而深层次的原因则是地方政府的"政绩锦标赛"。地方政府通常情况下任期五年，新一届政府上任第一年往往大量投资，目的在于迅速提升GDP增速，这种现象往往持续两至三年，到地方政府任期第四年和第五年时，由于换届临近，政府大量投资的动机有所削弱，投资率开始回落，到换届年达到最低点（Huang，1996）。与地方政府在每一届任期的头几年具有强烈的固定资产投资冲动相仿，任期头几年地方政府在配置资源方面效率也相对较低，地方政府在资源配置方面也具有周期性（周黎安等，2013）。

我和罗炜、饶品贵在2018年的一篇工作论文中发现中国企业的偷税、漏税程度也具有政治周期性，而且，这种政治周期性与"政绩锦标赛"有关。我们发现新一届政府任期第一年，所辖地区企业的偷税漏税程度往往大为减少，这些企业偷税、漏税程度会随地方政府任期的推进逐渐回升，直到下一个周期的开始。我们的解释是在任期第一年，地方政府为了实现"开门红"，做出好的政绩，需要增加投资。这种情况下，加大征税力度，增加政府可以支配的财力变得更为重要。随后若干年，政府征税力度可能不像第一年那么大，同时企业也逐渐和政府建立各种政商联系（political connection），这种情况下，所受的监管放松，企业避税的空间增大，最终呈现出偷税、漏税程度上的周期性（Liu，Luo和Rao，2018）。

地方政府金融概念的提出

地方政府强势进入经济生活，需要做大量的投资和融资。财政收入一般情况下是地方政府一系列投资重要的资金来源。然而，1994年启动的分税制改革，从根本改变了中国地方政府的激励结构，使得地方政府的"财权"和"事权"出现长期不匹配。1994年以前，地方财政收入占全国财政收入的比重高达70%以上，中央财政非常紧张；1994年以后，这一比例大幅下滑，低于50%。分税制改革带来地方政府经济发展模式的变化。一方面，地方政府有强大的动力去把经济发展速度做快，把经济的规模做大，以获取更多的财政收入用于满足地方开支需要；另一方面，地方政府推进工业化的方式逐渐向园区工业化转变，同时政府主导的城市化速度加快。工业园区可以通过低价征收的土地作为优惠条件吸收纳税能力更强的企业；而城市化过程中带来的土地出让金和跟城市发展相关的建筑业税、营业税等划归政府，更是为地方政府推进以城市化和工业园区为主导的增长模式提供强大动力。

地方政府强烈的投资冲动同地方财权与事权的不匹配并存，决定了地方政府有强大的融资需求——规模巨大的财政资金缺口需要大量的资金来填补。我在图7-1中描述了地方政府财政不充足的程度（fiscal adequacy）与地级市市委书记的任期之间的关系。通过这一角度来反映地方政府为什么有强烈的融资需求。

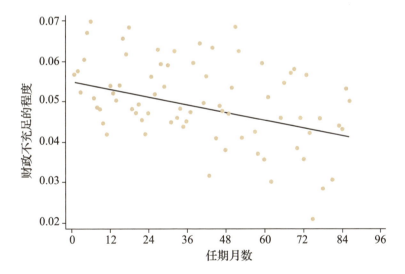

图7-1　地方政府财政不充足程度与市委书记任期（按月计算）关系
来源：作者分析。

在图7-1中横轴衡量的是按月份来计算的地级市市委书记的任期；纵轴衡量的是当地的地方政府财政不充足的程度，定义为地方财政开支与地方预算内收入之差。该变量取值越大，表明地方财政收入不足的情况越严重。我们可以用地方政府财政不充足的程度来衡量地方政府借助金融体系来获取资金的动机强度。图7-1显示,地方政府财政不充足的程度与地方政府首长的任期之间存在着显著的负相关关系,相关系数高达0.42。这意味着地方政府财政不充足的程度随市委书记任期的增长在逐渐减小。在任期刚开始的时候,新官上任三把火,新领导急于做出成绩,地方政府投资冲动更强烈,带来地方财政收入与支出之间严重摩擦,在这种情况下,地方政府财政不充足的程度更高一些。随着任期推进或是换届临近,投资拉动经济、做政绩的动力减弱,财政不充足的程度逐渐减小。地方财政的政治周期为广为施用的地方政府"政绩锦标赛"提供了另一个证据。

近20年,地方政府弥补资金缺口的主要方法有两个。其一,土地财政。图7-2显示的是2010—2018年中国地方政府性基金收入中国有土地使用权出让金与地方政府财政收入的比例。2010—2018年,土地使用权出让收入占地方政府财政收入的平均比例为53.3%。2010年达到峰值,将近70%;继2015年该比例跌至最近几年的最低点37.1%之后,地方政府土地使用权出让收入又开始回升,2018年,土地使用权出让收入与地方财政收入的比例高达64.3%,当年,地方财政收入总额达到9.8万亿元,而土地使用权出让给地方政府带来的收益高达6.3万亿元。

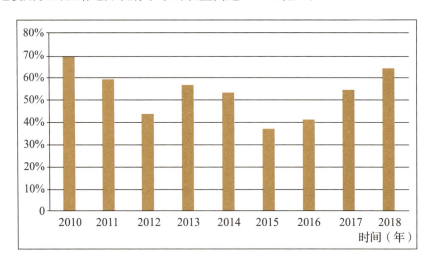

图7-2 国有土地使用权出让收入与地方财政收入的比例,2010—2018年
来源:Wind 资讯;作者整理。

城镇化进程的推进对土地使用权出让金的快速增长起到了很大推动作用。土地使用权出让金的规模和地方房价之间存在正向的反馈加强机制：房价涨得越高，征收的土地越值钱，政府征收后通过"招、拍、挂"转让出去获取的资金就越多；反之，则不然，房价下滑时，土地使用权出让金下滑，政府普遍会陷入缺钱状态。

其二，地方政府满足资金需求的第二个方法是地方政府债务。2014年9月之前，《中华人民共和国预算法》（以下简称《预算法》）明确规定地方政府不能负债经营，即地方政府不能作为借债主体。但这一限制并没有在实际操作过程中对地方政府负债经营形成实质意义上的限制，地方政府仍能通过地方融资平台或是地方政府控制的国有企业以企业债务的形式举债。地方政府通过融资平台发债，起源于1997年上海浦东建设债券。2009年中央的"4万亿元"要求地方配套1.25万亿元，凭借此势，2009年融资平台债规模从过去的不足千亿元，一跃超过3 000亿元。从此，发债这一渠道，开始进入到地方政府融资者的眼里，各地政府纷纷尝试发债融资，融资平台债务开始大幅攀升。

从地方债务管理体系来看，经济决策层已经接受了以市场为基础来解决地方政府债务问题的思路。除了在党的十八届三中全会文件中关于地方债务问题已有论述之外，2014年8月31日，新的《预算法》四审通过，为地方政府发行地方债扫清了法律障碍。2014年10月2日，国务院发布《关于加强地方性债务管理的意见》（即国务院"43号文"），明确了地方政府债将由地方政府申请，通过省在国务院申请额度，在获得全国人大常委会的批准后由省来代发。"开明渠，堵暗道"，以市场化方式治理庞乱繁杂的地方政府融资体系，这是沿市场化的方向搭建中国地方政府金融体系的第一步。2014年通过的《预算法》和国务院"43号文"建立了中国现阶段地方政府债务管理的基本框架。

最近20多年来，地方政府融入资金的主要渠道是银行、信托类和发债。最常见的方式是，地方政府通过土地、国有企业等资产注资成立融资平台公司，再将资产抵押取得银行或是信托贷款；此外，地方政府以地方财政和融资平台公司签订的基础设施建设回购协议（或形形色色的财政担保）作为政府信用背书，向银行、信托筹集资金；最后，地方政府通过地方融资平台作为发行主体，以发行企业债、中期票据、短期融资券等方式募集资金。2014年通过新的《预算法》和国务院"43号文"之后，地方财政也开始作为直接的融资主体开始发行地方政府债，以此进行融资。

在新的地方政府债务管理体系下，地方政府在举债前门打开的同时，举债的后门并没有完全关上。虽然2014年通过的新的《预算法》和国务院"43号文"建立了地方政府债务管理的基本框架，但在现有体制下，如何能够严格执行仍有很大挑战性。尤其是当《预算法》和国务院"43号文"对政府性债务的范围和举债形式做了明确切分后，出现了很多新的方式，融资平台公司变相举债，地方政府违规提供担保函、承诺函，或采取不规范的PPP（政府和社会资本合作）项目，通过政府投资基金"明股暗债"，以及以政府购买服务、专项建设基金等形式举债。表面上看，地方政府债务水平近两年保持平稳，但新出现融资方式的规模，以及其中在实质上属于地方政府应该负责的债务尚不确定。

地方政府债务的规模到底有多大？市场对这个问题争议一直很大。根据财政部统计数据，截至2016年年底，我国地方政府债务为15.32万亿元，加上纳入预算管理的中央政府债务12.01万亿元，两项合计，我国政府债务为27.33万亿元。我国政府负债率（债务余额/GDP）为36.7%，低于主要市场经济国家/地区和新兴市场国家/地区水平，更低于60%的国际通用的警戒线。但是，国际机构估测的中国政府债务会更高一些。例如，我在第一章的图1-4中引用的是国际清算银行的数据，截至2016年年底，中国政府债务总额为32.80万亿元，占GDP比例达到44.1%，比财政部的数字高了5.47万亿元。国际清算银行的数据显示，中国地方政府债务在2016年年底达到21.00万亿元，高于财政部的数字。同样采用国际清算银行的数据，中国的政府债务2018年年底达到了44.76万亿元，占GDP比例为49.8%。中国的政府债务占GDP比例从2007年的29.3%增加到2018年的49.8%，短短12年增加了20个百分点。其中，增长最快的部分是地方政府债务——地方政府债务在2008年的总体规模只是区区5万亿元

（刘俏，2017，2018b）。

既然从国际角度来看，中国地方政府债务规模并不算太大，地方政府债务风险为什么会被认为是中国金融系统风险的重中之重，格外引起决策者的注意呢？尤其是2017年5月3日，针对地方政府债务风险，财政部等六部委联合出台了《关于进一步规范地方政府举债融资行为的通知》，依法明确了地方政府举债融资边界，表明加强地方政府债务管理已经成为维护金融安全、防范系统性金融风险最为必要的一个环节。

这里面有三个原因。第一，中国地方政府债务规模虽然目前仍属于可控范围，但是增长速度较快。2008—2018年年底，地方政府债务从5万亿元左右增加到27万~30万亿元，年均增速超过18%，按此增速，地方政府债务至2021年的总体规模将超过50万亿元。尤其是进入2018年后，随着中美贸易摩擦越演越烈，中国经济增长的不确定性大大加强，经济下行压力剧增。为了实现6%以上的年均GDP增长速度，积极的财政政策和大量的基础设施建设成为必需的政策选择。这有可能会进一步加快地方政府债务的增长速度，对其可能出现的快速增长趋势不可不察。

第二，地方政府目前的债务规模尚属保守估计，该数据有很大可能性没有计入政府通过其他渠道融资所应承担的债务，如PPP以及地方政府引导基金"明股暗债"等融资方式，还有地方政府的隐性债务与或有债务等。真实的地方政府债务规模可能比目前统计所显示的要高。

第三，地方政府主导的投资，由于软预算约束的原因，投资资本收益率并不高；再加上对于任期的考虑，地方政府普遍缺乏较长远的预算规划。这一切造成地方政府普遍缺乏管理地方债务的意识和动机，也缺乏相应的机制，短期行为泛滥。在经济增长动能转换过程中当新的动能还未形成并充分发挥作用之时，地方政府主导的基建及房地产投资仍然是拉动经济增长的重要引擎。而地方政府主导的投资的资金主要来源仍是金融体系的债务支持，地方政府债务快速增长的结构性力量仍将长期存在。这种背景下，低水平的投资资本收益率（ROIC）将可能导致地方政府债务规模越滚越大。

地方政府债务问题的实质

中国地方政府债务问题的实质是患了投资饥渴症的地方政府用金融做财政的事,但扭曲的资金价格使得金融无法充分发挥有效配置资金的功能,从而导致地方投资的低效率,最终形成恶性循环。

政府积极参与经济事务是中国在改革开放初期实现经济奇迹的一个重要原因。强调经济表现的"政绩锦标赛"为地方政府提供了发展当地经济的强烈动机。然而,在中国的经济增长从投资拉动转向消费拉动和效率驱动时,政府的"帮助之手"所起的作用就不是那么明显了。**事实上,政府作为强势的经济决策者介入经济生活会带来两种扭曲。第一,政府基于银行贷款或是其他政府信用所做出的投资往往效率不高;第二,政府参与市场竞争会扭曲定价机制,最终导致资源配置效率低下。**对于第一种扭曲,我们通过分析中国地方政府的债务问题(见图7-3)来论述地方政府投资效率问题。

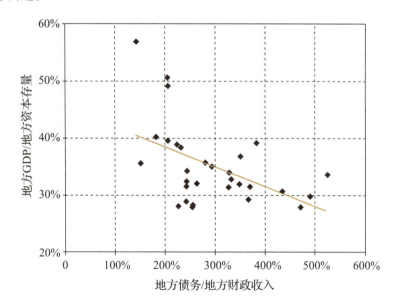

图7-3 地方政府投资效率与债务水平

资料来源:作者计算。

是效率问题，不是规模问题

中国经济的增长是"政治集中化"和"经济分散化"共同作用的结果。由于经济决策权分散，地方政府间的"政绩竞赛"为当地政府官员提供了发展经济的强烈动机。然而，地方政府投资项目的投资资本收益率（ROIC）却往往由于道德风险和软预算约束而低于其融资成本，因此只能依靠发行新的债务以偿还旧的债务。长此以往，地方政府的债务水平节节攀升。

图7-3显示地方政府债务水平的攀升与其较低的投资资本收益率（ROIC）有密切的关系。具体而言，我们用地方债务占地方财政收入的比值来衡量某个省份或直辖市的杠杆率（横轴）；用地方GDP与地方资本存量的比值来衡量该地方政府的投资效率（纵轴）。这里的资本存量是按照过去20年每年折旧率为5%的固定资产投资总量计算。从图7-3中我们可以明显地看出，在省级层面地方政府的投资效率与债务水平呈显著的负相关关系。投资效率较高的省份，当地政府债务占财政收入的比值较低。中国地方政府的债务问题与政策制定者所想象的不同，它并不是规模过大或范围过广的问题，而是地方政府债务如何使用、使用效率高低的问题。重复一遍，**中国地方政府债务问题不是规模问题，而是效率问题**。

扭曲的地方政府债定价机制

对于上文提到的第二种扭曲，如果政府积极参与到市场竞争中，那么我们便不能再理所当然地认为竞争环境是公平的，尤其当有效的公共治理机制缺失时更是如此。在"竞争中性"原则还无法落实到位的时候，当国有部门在经济中处于主导地位时，定价机制可能会被破坏，一价定律（Law of One Price）不再成立。自然，市场上形成的价格会产生偏差，无法有效地引导资源配置，经济的整体效率会受到损害。

我在这里结合中国地方政府金融的案例进一步讨论上述第二种扭曲。2014年全国人大常委会对《中华人民共和国预算法》进行了修订，允许地方政府自行发债。这是中国地方政府债务发行方面具有里程碑意义的事件。在此之前,国务院挑选了十个省市试点自主发行地方政府债券。地方政府第一次以政府名义对外发行债务,这为我们研究地方政府债券的价格形成机制以及债券价格的有效性提供了一个理想的场景。

表7-1列示了试点的结果,统计了相同到期年限的地方政府债券的利率与国债利率的差异[一]。仔细研读这些数字,有两个明显的异常情形:第一,一些省份发债成本低于国债成本。以山东为例,三个期限结构的发债成本均比国债低20个基点左右,但山东省的财力和信用情况能和国家相比吗?第二,这九个省、市除山东之外在发债成本上没有明显的差异性,即试点的这几个省、市在信用风险上没有明显差异。这显然与图7-3反映出的情况截然不同——中国地方政府的债务水平在不同地区有非常大的差异性,各地的信用情况应该是非常不一样的。

表7-1 地方债与国债利率的差异:2014年6—9月

地区	5年期	7年期	10年期
广东	0.00	0.01%	0.00
山东	-0.20%	-0.21%	-0.20%
江苏	0.03%	0.00	-0.10%
江西	0.02%	0.02%	0.02%
宁夏	0.00	0.02%	-0.01%
青岛	0.00	0.04%	0.05%
浙江	0.01%	0.01%	0.01%
北京	-0.01%	-0.01%	-0.01%
上海	0.03%	0.02%	0.04%

资料来源:作者根据公开信息整理。

可见,省级层面发债并没有形成能够反映地方政府风险水平的资金价格。现有地方债的价格形成很大程度上取决于地方政府与投资者(主要是银行)之间的博弈,地方政府的财政存款和地方政府对本地经济资源的控

[一] 我们收集到九个省、市地方政府债券的数据。

制给了地方政府定价权。这种单边市场（one-sided market）仍然是市场，但它显然无法形成真正的地方债基准利率体系。没有基准利率体系的指导，软预算约束和道德风险等导致地方政府债务问题出现的根本原因就无法根除，地方投资的效率自然无法提高。此外，按照当前规定，地方举债需要在额度内进行，而额度需要全国人大批准。这种额度管理与发展地方债市场的思路是矛盾的。一个地方需不需要举债、需要多大规模的债务，适合用什么样的举债成本，这些都取决于当地政府债务使用的效率和经济发展的效率（见图7-3）。用规模管控地方债务问题本身逻辑就不通，而且这种中央与地方的博弈会制造出大量的"寻租"机会。可见，**建立地方政府金融体系的根本出发点和基本原则，并不是一味限制规模，而是通过形成与地方风险相匹配的地方债定价机制，用市场力量确定合理的地方债务水平，进而提高地方债务的使用效率和地方经济发展效率。**这一原则当然也契合新常态下中国经济由投资拉动向效率驱动的转型。

正如美国历史上最伟大的财政部部长亚历山大·汉密尔顿（Alexander Hamilton）曾说过的，"政府债务，只要不过度，是对我们国家的一种祝福"。政府举债建设，只要投资有效率，不是坏事！

一个中国城市的政府金融故事

2013年7月下旬的一个下午，我和北京大学光华管理学院新金融中心地方政府金融课题组（以下简称北大光华地方政府金融课题组）朱元德博士来到南方某省的一个临海城市，宁洲。[①]宁洲市在本省近20个地级市中GDP处于中游，由于人口多（近600万人），人均GDP低于全国平均水平。和中国大多数地级城市相似，宁洲的产业结构相对单一，第二产业占比超过60%，第三产业占比只有29%。财政收入近年增速较快，但基本上

---

① 这里的分析用的都是六年前的历史数据。但出于保密需要，我用"宁洲"来代表我们分析的这个城市。文中人名和地名均非真实的人名和地名。

是"吃饭财政"。宁洲市领导把招商引资、增加固定资产投资作为城市经济增长的引擎。但是,怎样解决这里面的资金缺口一直困扰着地方官员,尤其是财政局的官员们。特别是自2013年起国家对银行信贷和信托融资等的管理更加严格,地方债务平台空间开始收紧;同时,宁洲的房价不高,政府征收城市发展土地所获有限,难以依靠政府性基金来帮助解决资金缺口。

傍晚,市政府蔡秘书长给我们接风,聊到我们此行的目的。我们解释课题组前期已经做了大量的研究,提出了"中国地方经济、财政及金融动态综合一体化分析框架"(CLEEF)。一个月前,我们有幸和宁洲市人民政府的成市长谈及此事,希望能够在宁洲试点。在向成市长介绍思路时,谈到课题组希望通过深入试点,摸索出一套科学合理解决地方债务问题,改变地方政府行为模式的解决方案。成市长认为若在宁洲试点,相当于课题组免费给宁洲做了个关于地方经济、财政和金融情况的"体检",对于地方政府了解自身情况有帮助,欣然同意我们在宁洲试点。在接触宁洲市之前,我们和至少5个地方政府做过沟通,希望能够在当地试点,但都因为地方政府的种种顾虑未能成行。得知宁洲市同意安排调研的消息,课题组的成员都觉得很振奋。

我们向蔡秘书长和财政局江局长介绍我们未来一段时间准备做的工作,包括:(1)利用"中国地方经济、财政及金融动态综合一体化分析框架"(CLEEF)对宁洲市2008—2017年的经济、财政和金融情况做十年的全面分析与预测(五年历史回顾加上五年预测);(2)基于对宁洲市未来经济发展的不同场景假设,为宁洲市人民政府编制2008—2017年的资产负债表和财政收入支出表,既包括过去的数据也包括未来的预测;(3)通过对经济、金融、财政、资产负债表和财政收入支出表的分析,根据我们的信用评级框架,给宁洲市提供一个信用评级;(4)通过分析宁洲市财政收入、支出的未来发展空间,测算宁洲市未来通过地方政府债务平台融资的空间;(5)通过在宁洲市和其他城市的试点,我们希望找到一套解决方案改变地方政府的行为模式,具体包括:可以考虑放开地市县级地方政府债券市场,引入市政债券评级体制,允许有条件的地方政府自主发行市政债券，将无序的融资转变为有序的融资，通过市场化手段约束地方政府举债行为，让其主动进行充分信息披露，并让市场决定地方政府举债能力，将隐性政府债务转变为显性政府债务；同时应鼓励和积极推动融资平台债务风险化解，可以考虑将有稳定现金流的项目资产进行证券化；**最后，我们也希望在试点的基础上探索将地方政府信用评级的变化作为考查地方政府政绩的指标之一。**

听完我们的介绍之后，蔡秘书长显然还有很多不解甚至顾虑。但他是一个执行力非常强的地方官员，根据我们的需求迅速安排好下面几天的调研访谈工作。余下几天，我们以半天为时间单元，走访了市财政局、统计局、市发改委、土地局、地方金融局、国资委等部门，得到了大量的一手数据和访谈数据。同时，我们挤出时间走访了宁洲市正在力推的几个大型招商引资项目，这些项目顺利落地对宁洲市长期的经济发展和财政金融情况影响深远。

调研过程中，我们为地方政府官员发展本地经济的热诚所感动，我们同时感慨地方政府在经济、金融方面的规划几乎无处不在。中国改革开放取得卓越成就，政府顶层设计再加上自下向上激发底层活力功不可没。当然，因为各地经济基础各异，自然禀赋条件也大不相同，各届政府施政的思路和发展重心不完全一致，如何找到推动经济健康可持续发展的路径是大家共同关心的事情。

中国地方经济、财政及金融动态综合一体化分析框架（CLEEF）

我们的调研遵循北大光华地方政府金融课题组经过一年多研究逐渐形成的"中国地方经济、财政及金融动态一体化分析框架"（CLEEF）来进行。通过数据收集与分析，大量访谈，力争对地方政府的经济、财政和金融等情况形成深度认知，并针对未来发展提出有效的政策建议。

图7-4给出了我们采用的框架的一个示意图。根据国家战略发展和地方经济的定位，我们首先形成关于地方经济、财政和金融等维度的战略判断。在此基础上，对宁洲市的经济发展、地方财政和地方金融分别进行分析。具体方法是在战略观点和对长期趋势的把握形成后，将其转换为具体

的参数假设（例如，GDP 年增速，财政收入支出的变化，关键指标与 GDP 的比例等），通过对重要参数取值的确定，我们构建详细模型，形成地方政府的资产负债表和财政收入支出表，并在此基础上进行大量分析，最终形成一系列分析结果，并同时给出相应的战略规划和具体的政策建议。

按照我们的设计，我们拟获取的具体分析结果包括：（1）宁洲市未来 5 年的经济发展、预算与非预算的收入与支出、地方债务规模与期限结构、地方流动和固定资产的动态场景，主要体现为资产负债表和财政收入支出表；（2）对宁洲市经济发展目标与战略、地方财政稳健性、地方经济发展融资来源、规模、融资成本及还债能力做出前瞻性的综合评估；（3）根据宁洲市经济、财政及金融三个板块的内在联系，对宁洲市经济发展战略和经济结构、财政及金融稳健性提出具体建议；（4）具体在金融领域，全面、动态地评估宁洲市政府信用状况，提供合理的以宁洲市政府为主体的信用评级，同时为宁洲市制定合理的金融战略，提供具体实施方案。

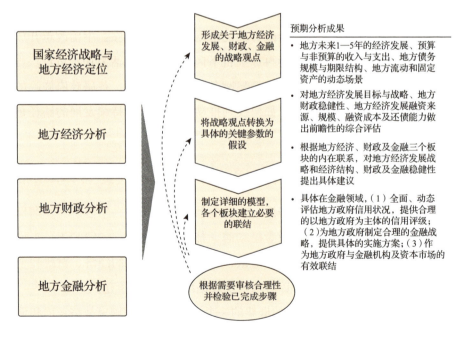

图 7-4　中国地方经济、财政及金融动态综合一体化分析框架（CLEEF）
来源：北大光华地方政府金融课题组。

为此，我们首先对当时的宏观经济形势及国家层面的财政和金融政策的总体趋势进行把握，然后对宁洲市的经济规模、GDP 增速、人均 GDP、人均可支配收入、工业产出和固定资产投资等指标的过去表现和未来走势进行判断，对三大产业分配和行业集中度进行分析，从而形成对宁洲市经济层面的总体展望。其次，我们通过从财政局等部门获得的数据分析宁洲市财政收入、财政支出情况，分析宁洲市财政灵活性（例如，上一级政府的支持、土地财政的情况、财政开支方面的灵活性等）；最后，我们对宁洲市的地方债务水平、显性债务和隐形债务的情况以及债务管理能力（流动负债水平、利息支出水平、财政承担债务水平）进行评估和预测，分析地方政府投融资能力和整体风险水平。

宁洲市资产负债表和财政收入支出表

在整个调研中，为宁洲市政府编制资产负债表和财政收入支出表是最关键的工作。而这两张表主要科目都与按 GDP 来衡量的经济总量之间有一定的关系。这种假设有一定合理性。首先，在地方经济平稳发展过程中，这些科目与经济规模之间的关系有一定的稳定性；其次，当经济增长时，这些科目也稳定增长。当然，未来发展的非线性、不确定性会让这种稳定关系发生变化，因此，在编制这两张政府报表时，需要考虑历史表现和对未来的总体掌控，并按场景进行调整。

既然 GDP 如此重要，中国地方政府经济、财政、金融动态分析第一步是对宁洲市的 GDP 进行分析和预测。根据过往五年的历史数据，结合宁洲市发展目标，我们预测了宁洲市未来五年的 GDP 情况（详见图 7-5）。总体而言，宁洲市经济发展有几个利好因素：（1）经济仍处于高速增长时期，经济增速过去五年排名在全省居第二位；（2）宁洲市固定资产投资占 GDP 比重比省平均值要高，说明投资领域依然广阔；（3）宁洲市经济以民营经济为主，民营经济升级换代潜力巨大；（4）宁洲市几个大的投资超百亿元人民币的投资项目将成为未来五年经济增长强有力的新动能；（5）城镇化和市政建设将提供大量的投资和经济增长机会。给定这些利好，我们在基本情形下给予宁洲市未来五年较高的 GDP 增速预测。在图 7-5 中，

2008—2012 年是历史数据，2013—2017 年是预测数据。

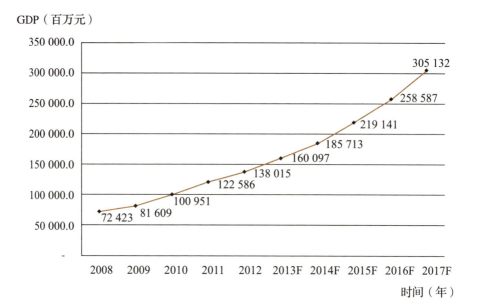

图 7-5　宁洲市 GDP，2008—2017 年（基本情形）
来源：北大光华地方政府金融课题组。

对于未来预测需要做多场景分析，限于篇幅，我只在此介绍基本情形（除此之外还包括乐观情形和悲观情形）。有了 GDP 数字，我们将资产负债表和财政收入的主要项目转换成 GDP 的一定比例。这些比例关系的确定既基于过去五年的情况，也考虑到宁洲市经济社会发展未来五年可能出现的一些大变化（例如，重大项目投资等）。

图 7-6 给出了宁洲市十年的资产负债表，其中 2013—2017 年是预测数据。如图 7-6 所示，地方政府的资产主要包括国企资产、土地储备、事业和行政单位资产以及包括在建工程等其他资产；而负债包括企业、事业、行政单位的负债以及调研过程发现的隐性负债。总资产减去总负债得到净资产。如图 7-6 所示，2012 年宁洲市的总资产为 316.22 亿元，总负债为 149.09 亿元，地方政府持有的净资产规模为 167.13 亿元。

	2008	2009	2010	2011	2012	2013F	2014F	2015F	2016F	2017F
政府总资产	21 808.3	24 114.1	28 184.8	27 894.2	31 622.1	38 127.2	43 706.1	52 281.9	63 406.6	75 854.8
国有企业总资产	4 171.9	5 188.8	6 407.4	6 146.1	6 856.9	7 954.0	9 226.6	10 887.4	12 847.2	15 159.6
其中融资平台	259.3	1 002.1	2 691.6	4 078.1	5 427.2					
土地储备	1 847.4	1 885.2	2 021.7	1 321.2	1 877.6	3 102.9	4 210.6	5 713.7	7 753.5	10 521.6
政府机构非营利性单位	14 173.8	15 253.9	17 667.9	18 360.1	20 545.2	24 246.1	27 031.4	31 808.0	38 109.1	44 554.8
1. 行政单位	3 745.8	4 083.3	5 470.6	5 599.6	6 201.1	7 727.4	8 597.0	10 189.3	12 158.5	14 219.8
2. 事业单位	10 425.3	11 167.3	12 194.2	12 758.3	14 334.2	16 507.8	18 422.3	21 605.5	25 936.3	30 318.9
3. 企业化管理事业单位	2.7	3.3	3.2	2.7	9.9	10.9	12.0	13.2	14.5	16.0
其他资产（例如，在建工程）	1 615.4	1 786.2	2 087.8	2 066.2	2 342.4	2 824.2	3 237.5	3 872.7	4 696.8	5 618.9
政府总负债	9 726.2	11 021.2	13 011.2	12 571.0	14 908.8	18 569.1	21 846.2	26 734.7	32 707.2	39 951.7
国有企业总负债	1 325.6	1 648.7	2 035.9	1 952.8	2 178.7	2 570.9	3 033.6	3 579.7	4 224.5	4 984.3
其中融资平台	76.3	818.4	1 117.1	1 054.9	912.6					
政府机构非营利性单位	4 697.0	5 701.1	6 865.8	7 230.7	8 510.1	10 071.1	11 364.5	13 568.6	16 032.4	18 826.9
1. 行政单位	1 494.6	1 530.5	2 259.2	2 308.4	2 809.9	3 285.7	3 696.5	4 440.3	5 231.2	6 143.0
2. 事业单位	3 202.0	4 169.7	4 606.4	4 923.1	5 696.0	6 780.7	7 662.8	9 122.5	10 795.4	12 677.0
3. 企业化管理事业单位	0.5	0.9	0.2	(0.7)	4.3	4.8	5.2	5.8	6.3	7.0
隐性负债（例如，BT）	3 703.6	3 671.4	4 109.4	3 387.4	4 220.0	5 927.1	7 448.1	9 586.5	12 450.3	16 140.4
政府净资产	12 082.1	13 092.9	15 173.6	15 323.2	16 713.2	19 558.1	21 859.9	25 547.2	30 699.4	35 903.2

图7-6　宁洲市资产负债表，2008—2017年（单位：百万元）

来源：北大光华地方政府金融课题组。

按同样的逻辑，我们编制了宁洲市2008—2017年的财政收入支出表，见图7-7。图7-7显示，2012年宁洲市地方财政预算收入为56.70亿元，转移支付和税收返还为92.78亿元，地方财政预算支出为149.48亿元；同年，宁洲市的财政总收入为预算收入再加上土地出让收入（即政府性基金），总金额为68.93亿元。

	2008	2009	2010	2011	2012	2013F	2014F	2015F	2016F	2017F
（一）地方财政预算收入	2 237	2 887	3 865	4 635	5 670	6 662	7 994	9 593	13 547	17 500
（二）转移支付与税收返还	3 997	4 792	5 603	7 757	9 278	10 528	11 774	13 141	12 821	12 500
（三）土地出让收入	1 094	569	1 507	2 515	1 223	2 725	3 698	5 018	6 810	9 241
（四）土地相关支出	662	181	530	1 555	821	1 479	1 977	2 736	3 844	5 152
（五）城市建设及其他支出	399	388	772	846	304	1 246	1 721	2 282	2 966	4 089
地方财政预算支出(一)+(二)	6 234	7 697	9 468	12 392	14 948	17 190	19 769	22 734	26 367	30 000
财政总收入(一)+(二)	3 331	3 456	5 372	7 150	6 893	9 387	11 693	14 611	20 357	26 741

图7-7　宁洲市财政收入支出表，2008—2017年（单位：百万元）

来源：北大光华地方政府金融课题组。

结果讨论

我在此讨论根据宁洲市的资产负债表和财政收入支出表,结合调研获取的信息,综合考虑宁洲市的总体经济发展情况,分析得到的结果。

结果1:宁洲市融资规模和金融发展战略

基于资产负债表和财政收入支出表,很容易就确定宁洲市未来五年融资规模。我们假定宁洲市未来经济增长维持基本情形不变,现有的经济结构不发生大的变化,尤其是现有的政府信用情况不发生变化。给定这些假设,图7-8给出了宁洲市未来五年(2013—2017年)的融资情况分析。

图7-8 宁洲市政府未来净融资能力分析(基本情形):2013-2017年
来源:北大光华地方政府金融课题组。

我们的分析显示未来五年(含2013年)宁洲市在财政金融情况未发生结构性变化的前提下融资规模分别为:24.7亿元、17.9亿元、31.4亿元、38.3亿元和46.3亿元。然而,根据宁洲市打造成新型工业城市的规划,未来投资仍然将在很大程度上主导宁洲市的经济成长,投资需求和未来五年的净融资规模的上限之间有巨大的落差。当然,这个落差可以通过突破融资上限予以解决,但这会带来宁洲市地方政府债务的攀高,最终影响宁洲市政府的信用情况。可以说,在上面分析中,维护资产负债表质量给地方政府融资规模带来了约束。

解决投资与融资能力两者之间的落差,我们建议宁洲市的投资应该主要以民营资本为主,政府主要扮演的角色是规划者、秩序维护者、公共服务提供者。政府应该在未来密切关心政府债务(显性和隐性)的规模和结构的变化。同时,我们发现宁洲市整体银行体系贷存比(loan-deposit regulation,简称LDR)相对较低,意味着地方金融体系在服务中小企业和民营企业方面有很大的提升空间,而金融深化有利于地方政府把金融资源更好地投入到地方实体经济。民营银行机构准入的条件已经成熟,宁洲市可以利用这个机会积极争取获得民营银行的经营资格,以此作为进一步金融深化的契机。大力发展金融创新,尤其是资产证券化,政府可考虑以重大工程和投资项目的现金流为标的,通过信托或是产业基金等形式,推动金融深化;此外,宁洲市应该努力通过产业结构调整,鼓励中小企业收购兼并,形成一批龙头企业,有利于增强产业经济的融资能力。

结果2:宁洲市经济情况分析

我们对宁洲市的经济发展情况进行总体分析,主要围绕着主要经济指标(含经济规模,经济增长速度,人均GDP,人均可支配收入,工业总产出,固定资产投资)、经济结构(含第三产业占比,行业集中度,民营经济比例),人口与就业(人口增速,非农人口,从业人数),政府治理(含政府管理水平及行政效率,信息透明性,政府信用记录),未来展望(重大项目推进经济,劳动密集型向资本密集型转化)。

对于上述指标,我们将宁洲市与中国有数据的289个地级市做比较,给出从1~5分这样一个分析,1分意味着指标表现在全国属于顶级,5分则是该项指标表现很差。限于篇幅,我没有给出宁洲市在各项指标的具体得分。我们的分析显示:宁洲市总体经济表现在我们有数据的289个地级市里表现**平均偏上**;宁洲市民营经济占主导地位,市场化程度高,有利于后续发展;现已落实的几个重大项目将在未来五年对宁洲市经济增长产生强有力的推动作用；同时，人均可支配收入的增幅在289个城市中排在第72名，相对靠前，对促进消费和服务业发展比较有利；在产业结构调整方面，产业升级换代已在实施之中。

当然，宁洲市在经济发展中也有很大问题。其中，第二产业占比达到61%，服务业相对不发达，这种经济结构在未来需要调整。在产业结构方面，中小企业偏多，缺乏龙头企业。

结果3：宁洲市财政情况分析

我们根据宁洲市财政收入支出表分析其财政情况，具体关注财政预算情况（包括财政收入规模，财政支出规模和财政收入的未来趋势）和财政灵活性（包括上级政府支持程度，国有资产挖潜，土地收入占财政收入比例，土地收入发展趋势，重大投资项目对财政影响和财政支出刚性等）。

我们的分析显示宁洲市财政收入总体规模不大，是典型的小财政；而且在目前的市场条件下，土地出让收入对宁洲市的财政收入贡献相对有限；与此同时，宁洲市的财政支出刚性比较大，地方政府积极融资的空间不大。

结果4：宁洲市的地方政府债务分析

我们分析的重点是宁洲市地方政府债务情况。我们具体关注地方政府债务规模（含总债务，显性债务，隐性债务，隐性债务未来发展趋势，地方债务的未来变化，人均债务等），地方债务管理能力（含财政承担债务占财政收入的比例，该比例的未来变化，利息支付占财政收入的比例，该比例的未来变化，流动资产占债务的比例，该比例的未来变化等），地方债务平台（含平台数量、平台债务水平、有无债券发行等）和地方政府融资能力（未来新增债务动态可能性，银行信用额度和对债券市场的利用等）。

我们的分析显示宁洲市的债务和投融资表现**总体良好**。首先，宁洲市的地方债务规模相对较小、人均债务只有全国平均水平的20%~30%，相对于宁洲市的地方经济规模，宁洲市的债务问题并不突出。然而，宁洲市在债务管理方面的评分相对差一些，这主要缘于宁洲市规模相对较小的财政收入。为此，一个合理的建议是宁洲市应该控制地方债的规模。我们同时发现，宁洲市相对于国内其他可比城市呈现相对较强的融资能力，反映在下面几个方面：（1）地方债务平台数目不多，债务规模不大；（2）整个金融体系存贷比相对偏低，有进一步贷款的空间，但是需要当地金融机构通过金融创新找到针对性的方法为宁洲市数量庞大的中小企业提供资金支持。

结果5：宁洲市未来的风险分析

我们分析宁洲市经济社会发展未来可能出现的风险因素。这些风险因素包括过度负债风险，产业集中度过高风险，土地出让收入下降风险，金融体系风险和社保缺口偿付风险。

我们发现宁洲市过度负债风险不高；目前多产业并进，产业集中度趋于改善；但是土地出让收入有下降的风险；金融体系风险不高；社保缺口偿付风险为长期风险，短期其实不明显。

地方政府信用评级

我们引入的"中国地方经济、财政及金融动态综合一体化分析框架"（CLEEF）的一个核心目标是给地方政府提供一个市场化的信用评级。现有由国内评级机构提供的信用评级主要针对地方政府融资平台。虽然地方融资平台背后有地方政府的信用背书，但是，对地方政府融资平台的评价并没有充分反映地方经济的全面情况，也不是基于地方政府的资产负债表和财政收入支出表。这类评价的参照意义因而大打折扣。

我们引入 CLEEF，对宁洲市经济、财政、金融等情况进行了综合分析，对各项子指标的具体表现加权考虑之后，其实已经形成了给地方政府进行信用评级的基础。在我们的分析中，影响一个地方政府信用评级的因素包括：地方经济发展现状和趋势，地方政府财务灵活性，地方公共治理水平，财政收入充足性，地方政府债务比例，政府融资需求，政府信用记录，隐性债务规模及动态等。这些维度集中在五大方面，宏观环境（5%），地方经济（10%），地方财政（30%），地方金融（50%）及风险因素（5%）。我在上文已经讨论过宁洲市在这五大方面各项子指标的取值，括号中的数值代表该项指标得分的权重。显然，在给中国地方政府进行信用评级时，地方金融占的权重应该更大一些。

对上述五大方面的各项子指标取值进行加权平均，我们得出宁洲市的平均分值为2.3分。按照图7-9的评级体系，2.3分对应着A+的信用评级。按标准普尔或者穆迪对A+信用评级的解读，这意味着在正常的市场环境和经济运行状况下，宁洲市没有太大的还款的风险，但不排除极端情况下出现风险的可能，比如台风的影响（该市是一个沿海城市）或是宏观经济的影响（该市本身的产业结构现在仍然比较集中）。

我们对宁洲市的信用评级情况也进行了多场景分析。例如，我们发现如果宁洲市债务水平比现有情况高50%，将会严重影响宁洲市资产负债表的质量，同时也将影响其在地方经济、财政、金融及风险因素等方面的各项子指标的取值情况，最终加权平均得分变为2.7分，按照图7-9的评级标准，宁洲市的信用评级将变为A-。

得分	信用评级
1.0-1.5	AAA
1.6-1.8	AA+
1.9-2.0	AA
2.1-2.2	AA-
2.3-2.4	A+
2.5-2.6	A
2.7-3.0	A-
3.1-4.0	BBB

图7-9 CLEEF 信用评级体系

来源：北大光华地方政府金融课题组。

在另外一个场景分析中，我们假设宁洲市的GDP增长速度比现有的基本情形水平每年少3个百分点（悲观情形）。依据我们的模型，宁洲市在地方经济、财政、金融及风险因素方面的加权平均得分是2.8分，依照市场化的评级标准，宁洲市的信用评级将变为A-。

给地方政府编制资产负债表和财政收入支出表，在调研基础上给予地方政府一个市场化的信用评级至少有两个意义。首先，以宁洲市为例，如果建立地方政府信用评级体系，可将信用评级作为监管手段，未来考核地方政府业绩时把地方政府的信用评级变化纳入考核范围。这样便于规范地方债务，加强地方政府的信用管理，对地方政府债务进行直接监督、审查和问责。

其次，有了市场化的地方政府信用评级之后，可以把它作为地方政府债务定价的"锚"，为地方政府信用风险找到一个定价基础。地方政府发的债务可以是纯信用债，依赖信用评级，无须抵押和担保，使得地方政府信用得到合理定价，而不再是依赖以土地作为抵押品获得信用。这将降低地方政府对房地产市场和土地金融的依赖，有利于经济增长模式转型。从土地金融转向信用金融，是建立中国地方政府金融体系的合理路径。

最后，建立市场化的地方政府信用评级体系并以此为定价基础发行地方政府债务，可以形成完整的地方政府债收益率曲线。收益率曲线是金融制度基础设施建设的重要部分。国际经验表明，政府债的收益率曲线是最可靠的收益率曲线。

后续发展

我们在宁洲市的调研持续了将近一周的时间。返回北京后，我们对收集的数据和访谈结果做了大量分析，中间经过多次修改，最终在一个月后形成了研究报告。两个月后，我们在宁洲市政府办公楼的一个会议室向成市长和政府机关各部门负责人做了汇报。通过系统地分析地方政府经济、财政、金融的综合动态，以过去五年和未来五年（预测）的资产负债表和财政收入支出表为基础，我们对宁洲市的经济、财政和金融做了一次彻底的"体检"。我们也根据调研结果对宁洲市经济、财政和金融提出了若干政策建议，得到了市委、市政府的高度认同。

2014年2月，我们受邀再度奔赴宁洲市，对其下辖的七个主要县、区进行了经济、财政、金融的评估，分别编制了资产负债表和财政收入支出表。这些工作，一方面验证我们早先对宁洲市在地市级层面所做的分析，另一方面也帮助我们进一步厘清改变地方政府行为模式，建立地方政府金融体系所需采取的改革举措。

通过试验，我们对这套体系的信心更强了，但我们也意识到，控制地方政府债务，改变地方政府行为模式，有如"刮骨疗毒"，过程会非常痛苦。即使对宁洲市这样财政盘子较小、债务负担相对较轻的城市，也是一场大考。如果没有上级部门在体制创新、干部考核等方面的政策支持，要想继续将试验推向深入，使之真正成为改变地方政府行为模式、控制地方政府债务的利器是不可能的。

2014年2月的调研结束之后，我们尝试着以宁洲市地方政府A+的信用评级为基础，以地方融资平台为举债主体（当时，新的《预算法》还未通过，地方政府尚不能作为发债主体），发行没有担保、抵押的信用债。如果成功，这将是中国版的市政债（municipal bond）。我们离这样的市场有多远？这样的市场可能出现吗？答案是肯定的，愿意投资的机构很多，投资意愿也很强烈。

余下的故事读者都知道。2014年8月31日，新的《预算法》四审通过，允许地方政府直接发行债务。2014年10月2日，国务院"43号文"发布，明确了地方政府债将由地方政府申请，通过省在国务院申请额度，在获得全国人大常委会的批准后由省财政来代发。由省来代发，地级市的信用得到省财政的背书，以地级市信用作为定价基础的发债机制不复存在。兜兜转转，中国地方政府发债机制又回到了最初的起点，我们的探索自然也暂时画上了一个句号……

建设好的地方政府金融体系

我们在宁洲市未竟其功的试点仍然给如何建设好的地方政府金融体系带来很多启示。在中国经济开启新一轮改革，重构经济增长动能之际，地方政府在经济生活中仍将扮演极其重要的作用。在这种背景下，正确理解地方债务问题的缘起及本质，建立一个真正以市场为基础的地方政府金融体系至关重要。**建立好的地方政府金融体系的根本出发点和基本原则是通过形成与地方风险相匹配的地方债定价机制，进而提高地方债务的使用效率和地方经济发展效率。**为此，中国需要一个不同于往常的金融生态系统，需要形成与之相匹配的地方政府金融体系。这个全新的金融生态系统的核心要素包括以下几个方面。

第一，加强地方政府财政稳健性、金融风险可控性和经济发展可持续

性。地方政府作为融资主体，需要有清晰的资产负债表和财政收入支出表，为了使财政部门可以动态监管，以及使地方政府可以内在地、系统地了解自身融资能力和债务管理能力，需要对地方政府未来几年的资产负债情况及财政收入、支出情况根据地方经济规划做出全面预测，并纳入预算管理。通过对地方政府资产负债表和收入支出表的编制和动态分析，地方政府可以更好地对预算内与预算外收入支出情况、潜在新增收入领域、对地方财政收支可能形成影响的资产价格变动、企业利润变动等因素进行全面的动态分析，从而更好地规划投资领域及投、融资模式；结合城市财政收入支出表，了解地方政府融资和偿债能力和安全负债的规模上限，同时建立多层次政府债务风险预警指标体系，搭建以信息披露为核心，以规模控制、信用评级、风险预警、危机化解等为手段的风险监控框架体系，为地方政府有效防范财政与金融系统性风险提供全面保障。

第二，引入市场机制，建立政府信用评级体系。对地方政府进行信用评级并把它纳入对地方政府的考核体系，有利于规范地方政府投融资行为，并在地方政府换届之际，有清晰、透明的地方资产负债和财政收入支出信息来合理评估政府施政业绩，有利于科学设定考核政府的业绩指标，保证地方经济发展目标的连贯性。

第三，改进地方政府业绩考核，转变地方政府行为模式。通过市场机制建立政府信用评级体系有利于实现对地方政府的有效监管。对地方政府进行信用评级并把它纳入对地方政府的考核体系，可以有效地规范地方政府投融资，避免短期行为。用清晰、透明的地方资产负债和财政收入支出信息以及地方政府信用评级，有利于"完善发展成果考核评价体系，纠正单纯以经济增长速度评定政绩的偏向"。控制风险与确保财政可持续性是地方政府债务管理的核心问题，在市场化基础上建立内在约束机制，可以实现风险可控条件下的财政可持续性。

第四，利用市场力量和民间资本，优化地方政府债务规模、结构和融资成本。通过推行地方政府资产负债表和收入支出表的编制和动态分析，建立地方政府的信用评级体系，有利于把地方政府债务通过"证券化"的方式推向市场，一方面，可以增加市场上金融产品的种类；另一方面，可以利用民间资本化解地方政府债务问题。同时，我国地方政府债务问题的根本解决，需要把现行的表外融资平台负债变为表内的市政负债，并建立地方政府债务监督和预警机制。这个制度的基础是编制规范科学的地方政府资产负债表和财政收入支出表。

任何能够创造价值的投资，无论投资主体是企业或政府，都需要满足投资资本收益率（ROIC）大于资本成本（WACC）这一条件。以市场为基础的地方政府金融体系，将地方政府视为企业，用市场化的机制解决公共治理问题，尤其是政府层面的委托代理问题，重新界定政府在公共生活中的职能，有助于提高政府投资的投资资本收益率（ROIC），最终化解金融系统风险，稳中求进，从而可以实现经济平稳健康发展。

第八章 中国的影子银行和非正规金融体系

祝福一切有用的物件，
骨头做的勺子，
烹饪梦想的床垫，
打字机，我的教堂，
装满钥匙的祭坛一直在等待。

——安妮·萨克斯顿（Anne Sexton）

在中国最近十年金融监管和金融政策的话语体系里，"影子银行"是出现频率最高的词汇之一。如果不深入了解中国各类影子银行的规模、产生的原因、对金融和经济的影响以及未来发展趋势，我们不可能形成对中国金融的完整理解。一方面，影子银行自2008年全球金融危机之后在中国发展迅速，规模飞速增长。最高峰的2017年，影子银行规模达到65.6万亿元之巨。正如图8-1所示，截至2018年年底，中国影子银行规模已经相当于GDP的68.3%、银行贷款规模的45%及银行总资产规模的23.5%。影子银行已经成为中国金融不可或缺的组成部分；[一]另一方面，**影子银行在中国的迅速崛起有其必然性，甚至可以说影子银行是中国现有金融中介模式下的必然产物**。影子银行在中国经济生活中有其积极作用；但是，大量的影子银行业务落在金融监管的范围之外，天生与风险紧密关联，很容易就成为口诛笔伐的对象。分析影子银行产生和崛起的原因，研究其对实体经济和金融体系林林总总的各种影响，可以帮助人们更好、更完整地理解中国金融，同时为防范系统性金融风险、建

[一] 虽然图8-1用的是影子银行规模占比这样的表述，但更正确的措辞是"相当于"。因为影子银行某种程度上是与现有银行体系平行的金融中介体系，两者虽有交集，但是影子银行并非现有银行体系的子集。用"影子银行占银行贷款比重"或是"影子银行占银行总资产比重"这样的表述存在着语义上的模糊性。

设好金融提供诸多有益的启示。

影子银行的定义及其本质

影子银行（The Shadow Banking System）这个概念最早是由美国太平洋投资管理公司执行董事保罗·麦卡利（Paul McCulley）提出，正式诞生于2007年的美联储年度会议。[一]关于影子银行目前尚未有被一致接受的定义。最广义的影子银行界定认为所有游离于正规银行体系之外，进行信贷活动（credit intermediation）的金融实体或活动都可以划入"影子银行体系"。按照金融稳定理事会（FSB）的定义，影子银行是指游离于银行监管体系之外、可能引发系统性风险和监管套利（Regulatory Arbitrage）等问题的信用中介体系。由于金融市场环境、金融体系结构和金融监管框架的差异，中国影子银行体系的呈现有所不同。2013年5月，中国人民银行将影子银行定义为，"在正规银行体系之外，由具有流动性和信用转换功能，存在引发系统性风险或监管套利可能的机构和业务构成的信用中介体系。"[二]

虽然定义略有不同，但是中国影子银行业务与美国影子银行业务在本质上大同小异。要准确理解影子银行的本质，我们需要首先了解银行的特性。按照狭义的银行定义，银行是将短期资金转换成期限更长的投资的信用中介机构。银行业务的一大特点是资金期限错配（maturity mismatch）。将资金的期限错配引入信用中介过程带来流动性风险，因为银行面临存款人提取存款的不虞之需，尤其是当大量存款人突然在同一时点提取存款时，银行面临挤兑风险（Bank Run）。因为资金期限错配的存在，从存款

[一] 保罗·麦卡利认为影子银行系统（The Shadow Banking System）可被理解为平行银行系统（The Parallel Banking System）。包括投资银行、对冲基金、货币市场基金、债券、保险公司、结构性投资工具（SIV）等非银行金融机构所从事的信用中介活动都可纳入影子银行范畴。但美国的影子银行显然与中国的影子银行有很大的差异。

[二] 中国人民银行《2013年中国金融稳定报告》。

人角度,银行的价值在于提供流动性服务以满足存款人遇到流动性冲击时的提款需求;从监管者角度,银行挤兑风险的存在使得银行业本身具有脆弱性(fragility)。戴蒙德(Diamond)和迪布维格(Dybvig)于1983年发表在《政治经济学期刊》(*Journal of Political Economy*)上的经典文章极富洞见性地指出:银行提供流动性服务和银行挤兑风险这两种力量的存在,不仅为引入政府管理的存款保险制度提供了理论支持,同时也为政府通过存款准备金或是资本充足率等机制严格监管银行提供了合理性。○

不论是存款保险制度还是存款准备金或资本充足率的约束,对于像银行这样的信用中介机构而言都是有成本的。当中介机构在监管范围之外提供期限错配的信用中介服务时,影子银行便诞生了。可见,驱动影子银行业务最大的动力就是逃避监管。根据这一本质,影子银行具有商业银行期限错配、信用转换、流动性转换等功能,同时又不需要接受商业银行所面对的强监管,当然也不能像商业银行体系那样受到诸如存款保险制度、央行的再贷款等制度的保护。

图 8-1 中国影子银行比重

来源:Wind 资讯;国家统计局;作者整理。

○ Diamond 和 Dybvig (1983);还可参考 Diamond 和 Rajan (2001)。

中国的影子银行与正规银行体系有密切的关系，甚至可以说正规银行体系是中国影子银行的轴心。这一点与美国以金融市场为核心的影子银行体系差别很大。美国影子银行体系主要由三个部分组成：第一个部分指的是政府支持企业发起的影子银行体系（government-sponsored shadow banking sub-system），如房地美、房利美、美国联邦住房融资机构等政府发起企业（GSE）所进行的信用中介活动；第二个部分主要指美国的金融控股公司（FHC）从原有的"发起并持有"模式（originate-to-hold）转变为"发起并销售"模式（originate-to-distribute）形成的资产证券化；第三个部分指的是传统商业银行体系之外的影子银行体系，主要是经纪人券商以及各类专业化的金融公司或机构所进行的信用中介活动。在美国，典型的影子银行业务包括资产证券化产品（例如，asset-backed commercial paper，即ABCP）、货币基金（money market mutual funds，即MMMFs）、结构化金融产品等。

虽然本质相近，但是中国影子银行活动的形式与美国大相径庭。正规银行体系在影子银行体系中扮演着核心作用，中国影子银行大部分业务都是正规银行通过与其他非银行金融机构（例如，信托公司、基金公司及其子公司、券商公司等）联合完成。这里，商业银行充当资金的融出方，其他非银行金融机构充当通道方，通过资产管理计划、信托计划、各类收益权等产品，商业银行将表内的自营资金或表外的理财资金绕道放贷给实体经济或投资于更长期限的金融产品，由此形成了以正规银行体系为核心的中国影子银行体系。

如何量度影子银行规模

中国核心影子银行业务包括委托贷款、信托贷款和未贴现银行承兑汇票，均包含在官方统计的社会融资总量数据之中。这三项表外业务对于银行来讲，虽说不由自有资金直接派生，但其获利基础在于银行自身信用，一旦上下游发生违约，搭桥的银行必然亲自善后。而广义影子银行除包括此外，还包括理财产品、银行表外资产、财务公司贷款、民间借贷以及金融租赁、小额贷款、P2P网贷等，其中很大一部分在常规金融教科书中被纳入非正规金融体系（informal finance）。

因为定义的模糊性和业务类型的多样性、复杂性和不透明性，确定影子银行的业务范围及其规模注定充满争议。影子银行体系的规模和其形成的金融资产规模是两个不同的概念。一般而论，中国影子银行体系包括（1）**信托贷款**——信托公司收取客户资金，由受托人根据委托人的意愿（如对象、用途、金额、期限与利率等方面的原则）进行投资；（2）**委托贷款**——委托贷款与信托贷款类似，但委托人具体明确了资金的使用用途和对象；（3）**银行承兑汇票**——银行承兑汇票是公司发行的并由商业银行提供担保的短期债务工具，一般用于商业交易；（4）**理财产品**；（5）**其他金融机构贷款**——包括融资公司、典当行、担保公司、小贷款公司和金融租赁；（6）**民间集资**——民间集资是指个人之间相互直接借贷的非正规信贷行为，通常是以亲友关系或个人声望等作为担保。影子银行规模衡量的是影子银行活动的总量。我在图8-2中界定的2004—2018年每年的影子银行规模依照的就是这一标准。

但是在计算某一特定时点由影子银行活动形成的金融资产规模时，真正相关的是资金的运用。由于理财产品等涉及的是影子银行活动的资金来源，本身不应该纳入影子银行存量资产的范畴，因此，在量度影子银行活动形成的金融资产的规模时，我们需要从资金的运用角度出发。常见的做法有两种。第一种从社会融资总量这一角度尝试给出影子银行形成的存量金融资产规模。根据社会融资总额的定义，中国影子银行体系所产生的金融资产包括：信托贷款、委托贷款、银行承兑汇票和其他融资中的非股权类融资。在具体计算时，我们将社会融资总额减去人民币贷款、外币贷款、企业债券融资额和非金融企业境内股票融资额，**所余部分即影子银行资产规模**。在实务操作和政策讨论中，这个定义经常被用来作为影子银行规模的衡量。严格意义上讲，这种定义并不准确，因为它衡量的是影子银行业务形成的金融资产规模，与我们理解的影子银行业务规模口径是不一样的（例如，理财产品没有被考虑进来）。

第二种方法范围相对更窄，只包括信托贷款、委托贷款、银行承兑汇票这三类金融资产。这对应着狭义的影子银行业务所形成的金融资产规模。

值得特别讨论的是，用影子银行体系的金融资产规模来衡量影子银行对金融体系和实体经济的影响容易低估影子银行的作用，尤其是负面作用。影子银行资产的形成过程中各类业务犬牙交错，不论是正规银行体系内的资金通过各类通道业务最终形成各类金融资产，还是银行体系外的资金通过各类影子银行业务进入金融体系，这个过程中因为在期限错配、信用转换和流动性转换等方面都容易出现期限、流动性和信用错配的风险，对金融体系的稳定构成威胁。从这个角度分析，**影子银行业务活动的总量，包括各种形式的资金提供和资金运用，更能反映影子银行的影响和风险暴露。**但从统计角度，后者不可避免会有大量的重复计算，其根本原因在于影子银行活动的本质——很长的资金链条和大量的层层嵌套。在本书中，我选择去衡量影子银行活动的总量，而不是去衡量这些活动产生的金融资产存量规模。

影子银行在中国的发展

影子银行活动在中国由来已久。早期以信托、融资租赁、典当行等为主。自 2004 年起，银行内部理财业务逐渐兴起，成为影子银行的主要活动，这一期间，小额贷款、汽车金融等也飞速发展，但影子银行规模总体较小，2005 年中国影子银行的规模只有 1.6 万亿元，至 2008 年才增长为 3.6 万亿元（见图 8-2）。

2009 年始，伴随国家 4 万亿元经济刺激计划，为了解决拉动投资所需要的庞大资金缺口，央行开始实行量化宽松货币政策；同时，金融监管也相对放松，鼓励金融机构或是非金融机构进行各类创新尝试。在这一阶段，银信合作、信托贷款及信贷资产转让等业务迅速发展起来，中国影子银行从小到大，规模迅速膨胀，至 2013 年，影子银行规模已经达到 25 万亿元。这一阶段影子银行的主要业务链条为"理财产品—通道业务—非标资产"。商业银行的理财业务作为存款的替代品快速兴起，成为影子银行资金募集的主要方式。大量理财资金通过银信、银证、银基、银保等与非银行金融机构合作的通道业务，流向房地产、地方融资平台等领域的非标资产。

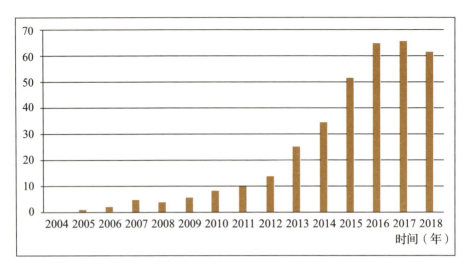

图 8-2　中国影子银行规模（单位：万亿元），2004—2018 年
来源：Wind 资讯；国家统计局；作者整理。

2013—2016 年，影子银行规模继续高速膨胀，但发展模式有所变化。针对 C 端（消费者）的传统理财产品在继续发展的同时，银行间同业理财从无到有。2015 年年初同业理财规模仅 5 600 亿元，但到年底就达到 3 万亿元；到 2016 年，同业理财占理财产品余额的比重超过 15%。2014 年《关于规范金融机构同业业务的通知》出台后，应收款项科目又成为银行投资于非标资产的重要渠道。同时，2013 年年底开始发行的同业存单与同业理财一道，成为中小商业银行主动进行负债管理的新工具。2017 年中国影子银行规模达到峰值，为 65.6 万亿元。随后，随着以"去杠杆""控风险"为目标的资管新规出台，影子银行规模开始止步不前，逐渐下滑。2018 年，中国影子银行规模下滑到 61.3 万亿元。即便如此，影子银行规模仍然相当于银行信贷存量规模的 45%（见图 8-1）。

中国影子银行规模迅速膨胀的原因

从 2005 年的 1.6 万亿元到 2018 年的 61.3 万亿元，14 年时间平均年增速达 29.7%，中国影子银行规模扩张速度之快，令人咋舌。推动影子银行规模发展的因素有很多。金融机构的监管套利是很重要的原因；此外，中国现有的金融体系存在金融服务覆盖面不足、金融中介成本高昂、结构不合理的痼疾，影子银行业务创新在某种程度上扩大了金融服务的覆盖面，使得一些企业、机构或是个体能够得到资金的支持，从这个角度讲，影子银行是对正规银行体系服务能力不足、结构不合理在供给端做出的回应。

金融机构监管套利动机

中国金融以间接融资为主。2016年至2019年4月，中国存量社会融资总额中，通过IPO、再融资和债券发行等直接融资方式贡献的存量规模平均只有17.1%（见图3-1）。正规银行体系是中国经济社会活动资金最大和最重要的贡献者。分析正规银行体系的行为模式和背后的动机，可以帮助我们理解推动影子银行发展背后的推动力量。

商业银行是强监管行业。因为商业的本质是经营风险和信用，各国监管机构对商业银行的资本充足率、存贷利差、存贷款比率、存款准备金等都有严格的监管规定。改革开放期间，中国政府采取的适度的"金融抑制"政策，导致商业银行严格监管在中国有不同的体现形式。对于一个资金相对稀缺的国家，集中力量把稀缺的金融资源优先配置到国家重点发展的领域，这是一个很自然的选择。尤其是中国在推进工业化进程中，对资本的需求很旺盛，采用"有所为，有所不为"的金融发展战略有极大的合理性。适度的金融抑制在改革开放期间有两种主要表现形式：**第一，政府严格管制关键利率，确保商业银行等金融机构存贷款利差的稳定（价格管控）。第二，政府严格管控金融服务业的许可证（准入管控）。**

当利率受到管制时，企业的资本成本不是由市场的供需情况来决定的。政府设定的储蓄利率水平低于市场实际利率，将财富从储户转移至银行，然后又转移至借款方（企业）。银行受益于这一中介过程，因为政府规定的存、贷款利差大且稳定——大约在3个百分点左右甚至更高（见图4-4），银行只需要把存款贷出便可轻松获利。[一]银行因此可以获得稳定且

[一] 如图4-4所示，2004-2015年间中国的城商行存、贷利差平均达到5.85%。

丰厚的利润，能够得到融资的借款方（企业）也从这种制度安排中获益，因为借款利率被人为地压低，企业能够以较低的成本获得信贷。但与此同时，辛苦挣钱存入银行的储户却只能拿到微薄的回报。在我上面的叙述中，"能够得到融资的借款方（企业）"值得特别讨论，因为它们只是代表了超过3 000万家大、中、小、微企业中很小的一部分。更大比例的企业被遗漏在正规银行体系的服务范围之外。

虽然中国政府不断推进利率的市场化改革，但进展并不是特别顺利，尤其是对存款利率的监管仍然严格；与此同时，在经济高速增长或是投资大幅上升时期，市场对资金需求非常旺盛。相对稳定和规模可观的存、贷款利差给了银行体系很强的动机去扩张其信贷。但是，银行体系在配置资金时仍偏好大企业或是国有板块，但这些部门由于软预算约束等问题的存在，投资效率往往不佳[一]。由于软预算约束，这些企业不需要履行其债务约定，导致作为企业决策者决策依据的"资金成本"往往低于市场上的资金成本，这反过来又促使这些企业进一步投资。这种过度投资的倾向往往会更进一步拉低投资的效率。事实上，如果"刚兑"不能打破的话，企业感受到的资本成本是零。这种情况下，可以说中国是没有真正的金融的。

影子银行业务与金融创新密不可分。而金融创新的一个原动力在于金融监管。早期关于金融创新的研究普遍认为金融创新是金融机构为了降低其面临的各类约束所形成的成本而进行的创新性活动[二]。在中国特定的制度背景下，水平较高且稳定存贷利差给了银行很强劲的动机去多发贷款。对此，监管机构采取资本充足率、贷存比限制等手段去约束商业银行的贷款冲动。我国在1995年发布的《中华人民共和国商业银行法》第三十九条要求，商业银行资本充足率不得低于8%，贷款余额与存款余额的比例不

[一] 关于国家垄断的金融体系及其影响的研究，请参见 Brandt 和 Li（2003）；Cull 和 Xu（2003）；Boyreau-Debray 和 Wei（2005）。

[二] Kane（1988）和 Silber（1983）。

得超过75%，流动性资产余额与流动性负债余额的比例不得低于25%，对同一借款人的贷款余额与商业银行资本余额的比例不得超过10%。这些规定严格约束着商业银行贷款的发放规模，在逐利动机下寻求外部通道突破这些限制成为商业银行开展影子银行业务的重要原因。

以影子银行体系里的理财产品为例。阿查里亚（Acharya）、钱军（Qian）和杨之曙（Yang）（2016）指出，由于中国商业银行面临着准备金计提、资本金和流动性约束、75%存贷比、信贷规模和放贷领域约束等限制，而非银行金融机构在这些方面的监管较为宽松，监管政策的不对称性赋予商业银行足够大的动机通过发行理财产品，广泛地和非银行金融机构合作，创新性地开展影子银行业务。理财产品（wealth management products），尤其是不保本的理财产品一般不计入银行的资产负债表，这给银行尤其是中小银行提供足够的动力去发行理财产品，降低资本充足率方面的压力；为了绕开75%的存贷比限制，银行也有很强的动力去从事表外信贷活动，而理财产品形成的贷款一般不反映在银行的资产负债表上；同时，理财产品一般能够提供比存款利率更高的收益，有利于吸收更多的资金用来从事信贷，从而增加银行利润。不同于表外影子银行对75%存贷比的监管约束，商业银行在表内开展影子银行业务的动机之一是为了规避资本充足率监管。随着监管政策的变化，商业银行会通过腾挪资产负债表各科目的变化而规避监管，并且资本约束受限越严格的银行，会越大规模地开展表内影子银行业务。

图8-3给出了中国的银行理财产品规模2009—2018年的变化。十年间，银行理财产品规模从2009年的1.7万亿元激增到2018年的32.1万亿元，年平均增速达到34.2%。其中，国有银行和股份制银行贡献了超过90%的银行业理财产品。如图8-4所示，截至我们有数据的2018年5月，国有银行发行的理财产品存量部分占到62.4%，而股份制银行贡献了31.9%的理财产品。

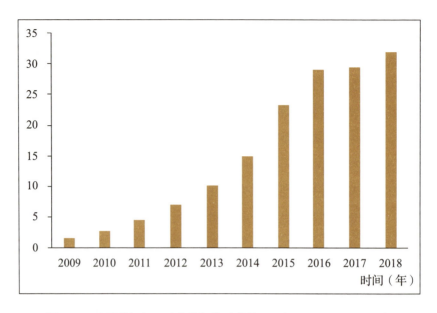

图 8-3 中国的银行理财产品规模（单位：万亿元），2009—2018 年
来源：Wind 资讯；作者整理。

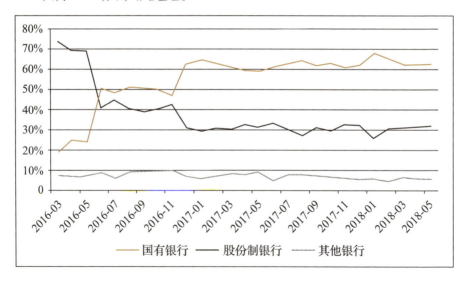

图 8-4 不同银行理财产品规模占比（%）
来源：Wind 资讯；作者整理。

进入 2015 年后，中国政府为了提升对中小微企业和"三农"等的金融支持力度，逐渐增加存贷比指标弹性。2015 年 10 月生效的《中华人民共和国商业银行法修正案（草案）》删除了商业银行"贷款余额与存款余额的比例不得超过75%"的规定,将存贷比由法定监管指标转为流动性监测指标。尽管如此,资本充足率要求、对某些部门和行业的贷款约束等仍为有强烈贷款动机的银行体系提供从事影子银行业务的强大动力。

金融体系和地方政府对周期性宏观政策和产业政策的回应

金融机构进行监管套利的动机一直都存在。中国影子银行体系规模的迅速膨胀与2009年起我国宏观经济政策的巨大变化有关。宏观政策的巨大变化对经济生活各参与方产生的影响不尽相同。为了应对2008年全球金融危机的影响,中国采取了积极的、大规模的财政刺激方案,与"4万亿元"相配合,央行采取了量化宽松的货币政策。这个过程中,国有板块和地方政府大幅增加投资,而资金的来源主要是银行体系的信贷。因为经济持续过热,通胀压力大幅上升,从2010年起,中国的货币政策开始收紧。2012年年底财政部等出台政策严控地方融资平台的新增贷款规模。地方政府债务平台,也包括大量的国有企业,急需资金解决前两年大量投资形成的债务的还本付息。这些领域通常对信贷依赖度较大,而且能够承担较高的贷款利率;而陆续出台的监管政策约束银行对上述领域的信贷投放。为了追求更多利润,银行有动力借助外部通道绕开监管,对房地产、基建及相关产能过剩行业提供资金,推动了类似信托贷款和企业委托贷款这样的影子银行业务规模的上升。

中国经济在2008年后这段长周期中一直饱受房地产泡沫和大面积行业产能过剩的困扰。在房地产领域,中央政府一直采取各种各样的调控政策,希望控制住日益上涨的房价;在产业方面,中央政府希望通过信贷政策的引导,逐步消除过剩产能。此外,2009年开始国家出台一系列政策措施抑制"两高一剩"行业扩张,要求银行严控"两高一剩"行业贷款。㊀2010年"新国十条"实行严格的差别化住房信贷政策,对房地产进行调控。此后国家多次出台房地产调控政策,收紧对房地产行业贷款。但是,

---

㊀ 特指高污染、高能耗的资源性的行业和产能过剩行业。

由于地方政府"政绩锦标赛"的原因，地方政府的财力很大一部分来自出售土地带来的收入，地方政府并不希望房价下滑。同时，地方就业也是考核地方政府政绩的重要指标，地方政府不希望本地大规模企业关闭或是重组。这一切给地方政府提供了强烈的动机去利用影子银行体系给那些受到信贷政策限制的行业提供急需的资金。

我在这里引用多伦多大学经济学教授朱晓东的研究来分析影子银行在中国迅速崛起的原因。[一] 朱晓冬主要分析了中国影子银行体系三大组成部分——信托贷款、企业贷款和银行承兑汇票——对不同行业和不同板块投资的影响。利用省际层面 2015 年和 2016 年两年的数据，他发现省际层面企业委托贷款所占比例与房地产投资比例之间有显著的正相关关系，说明企业贷款大多用去支持房地产市场的资金需求；他同时发现，省际层面信托贷款所占比例与国有板块投资比例之间有显著的正相关关系，而与私营部门的投资呈现负相关关系，意味着信托贷款大部分用去支持地方债务平台或是地方国企，对更为市场化的私营部门没有形成强有力的资金支持。这些证据从另一个角度表明中国影子银行体系迅速扩张的一个重要原因是地方政府和金融体系对周期性的宏观政策和产业政策的回应。

金融服务覆盖面不足，融资难、融资贵

中国长期存在的金融抑制导致金融服务的覆盖面严重不足。一方面，近年来居民财富增长快，储蓄率高，对资产保值增值的需求强烈。图 8-5 引用了国际咨询公司波士顿咨询公司（BCG）的数据，对中国个人可投资金融资产的总量做了估测。至 2018 年年底，中国个人可投资金融资产的金额已经达到 159 万亿元，而且增速依然很高，预计 2021 年将达到 221 万亿元。现有金融体系很难提供具有较高的风险调整后收益率的金融产品，存款脱媒的压力增大，理财类产品和各类融资平台应运而生，为影子银行提供了重要的资金来源。

[一] "*The varying shadow of China's banking system*"（Zhu，2018）.

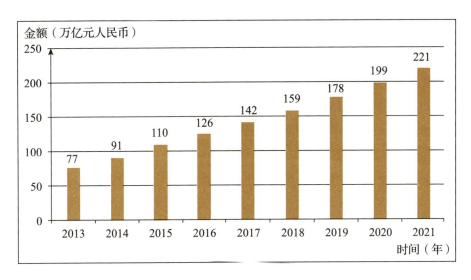

图 8-5　中国个人可投资金融资产总量

来源：BCG 全球财富数据库；作者计算。

注：个人可投资金融资产包括离岸资产，但不含房地产、奢侈品等非金融投资资产。

一方面，国企及地方政府能够从银行获得大量低成本贷款，很多融资需求强烈的中小企业却难以从银行获取资金，金融抑制程度严重，需要影子银行来填补融资缺口；另一方面，以中小企业和民营企业为例，中国的中小企业，以民营企业为主，普遍面临融资难和融资贵的问题。这背后有三个结构性的原因。

其一，相较而言，民营企业规模小、商业模式较为单一、可用作担保和抵押的资产不多、风险较大、信息不对称导致建立信任的成本比较高，这种情况下民营企业融资相对会困难些。

其二，政府隐性信用担保和预算软约束下的金融资源低效配置也是民营企业融资难的一个原因。刚性兑付或者预算软约束的存在使得那些以低于市场化成本得到金融支持的企业乐于通过不断融资来实现规模上的突破。影子银行中的企业委托贷款绝大部分是一些大企业尤其是国有大企业从正规银行体系以较低成本得到资金后再通过影子银行体系转贷出去即为明证。这一方面降低了投资效率，增加金融系统性风险，使得我国迟迟不能形成市场化的收益率曲线，难以形成给风险进行市场化定价的"锚"；另一方面也形成金融资源在配置上的"挤出效应"，使得民营企业普遍面临融资难和融资贵的问题。

其三，民营企业自身的原因，主要反映为过于注重追求规模扩张，而对价值创造和投资资本收益率关注度不够。在经济高歌猛进的时候，企业还可以靠大量的银行信贷或是影子银行的资金支持做大规模。但经济增长如果长期依靠投资，而投资效率跟不上，势必形成企业层面高杠杆。随着中国经济进入转型阶段，传统增长逻辑不再成立。在去杠杆的压力之下，包括银行在内的整个金融体系害怕风险，不敢给民营企业贷款，客观上造成民营企业融资难问题的恶化。此外，一些民营企业存在"道德风险"，滥用股权质押获得资金，背离主营业务，虽然获得短暂的增长和收益，但在企业基本面并没有改善甚至恶化的情况下，巨额的债务反而给企业带来困扰甚至使企业陷入困局。

如我在图3-4中给出的中国小微企业贷款在金融机构所有贷款中所占的比例。截至2018年年底，金融机构所有贷款的存量为136.3万亿元，其中给予数量庞大的小微企业的贷款只有33.5万亿元，占到所有贷款规模的24.6%。2015—2018年这四年，小微企业贷款占比平均值为24.9%。民营企业占到中国企业数量的90%，其中绝大多数是小微企业。

民营经济的发展离不开金融体系的支持。当正规的金融体系不能给对中国经济社会发展有至关重要影响的民营经济提供强有力的支持时，为了生存和发展，民营企业借助影子银行体系或是非正规金融体系以较高的成本获得资金，成为一个必然选择。很大程度上，类似银行承兑汇票、财务公司贷款、民间借贷、小额贷款、典当行贷款、P2P（互联网金融点对点借贷平台）贷款等这样的影子银行业务是民营企业对正规银行体系支持不力而采取的不得已的选择。这一方面缓解了民营企业的融资问题，另一方面因为影子银行体系资金来源复杂，融资成本相对较高，业务层层嵌套不透明，增加了整个金融体系的系统风险。

中国影子银行带来了什么

影子银行在中国的蓬勃发展在某种程度上印证了费南多·德索托（Fernando de Soto）（2000）的观点：正规体系是非正规体系产生的原因。

中国的正规金融体系金融服务覆盖面不足、中介成本高和结构不合理等痼疾为影子银行业务的崛起和规模上的攻城略地提供了可能性。然而，影子银行业务毕竟游离于银行监管体系之外，有极大的可能性引发金融系统的高风险。从结果判断，中国式的影子银行业务非但没有降低金融中介的成本，反而，带来一系列新的问题。

高金融中介成本

正是因为不能从正规银行体系得到资金的支持，大量的民营企业、小微企业或是受信贷政策约束的企业不得不通过影子银行体系获取资金，例如，类似信托贷款、委托贷款的非标融资渠道，甚至P2P等融资平台等。**在极端情况下，一些小微企业甚至用利率更高的消费贷来满足对流动资金的需求。**这些融资方式中间环节冗长，涉及的中介机构数量繁多，大大增加了融资成本。

图8-6以影子银行中常见的信托贷款为例。我把贷款类信托产品预期年收益率作为融资成本的代理变量。必须指出，用信托产品预期年收益率来衡量融资成本其实严重低估了企业实际支付的成本。信托贷款的真实利率将更高，因为信托公司、担保公司、征信公司等中介在"制造"信托贷款的过程中提供了各类服务，需要有赚取利润的空间。

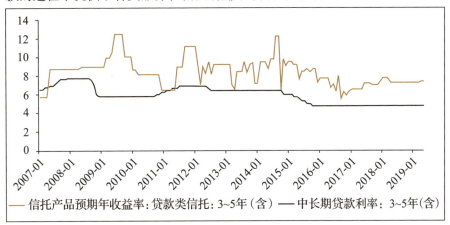

图8-6　贷款类信托产品预期年收益率与中长期贷款利率的对比

来源：Wind资讯；作者整理。

如图 8-6 所示，2007 年 1 月—2019 年 1 月这段时间，3~5 年的中长期贷款利率的平均值为 5.93%；而同期 3~5 年的贷款类信托产品的平均预期年收益率为 8.40%。后者比前者高 2.47 个百分点。如上所述，企业实际支付的贷款利率比 8.40% 肯定要高出很多。可见，通过影子银行业务虽然可以增加资金的可到达性（access to finance），扩大金融服务的覆盖面，但代价是付出远高于银行贷款利率的融资成本。

高融资成本对应着影子银行业务的高风险，这也符合金融学的基本原理。在中国，影子银行业务的本质就是在正规银行体系之外提供流动性或是进行信用转换或是期限转换；甚至这些业务的初衷就是绕开监管机构的监管。因为不透明，中间层级繁杂，影子银行业务天生就带有高风险性。从金融资产定价角度，高风险必然带来高的风险溢价，增加通过影子银行进行融资的成本。金融创新如果不能降低建立信任的成本，进而降低金融中介成本，那么这种创新很难说是能够创造价值的。

金融系统的高风险

中国的影子银行业务大都由正规银行体系"减少资本占用、规避审慎监管规定、突破分业监管要求"等来驱动。不论是银行的表内同业业务或是表外理财业务，银行与信托、保险、证券、资产管理、金融租赁等各类非银行金融机构建立起广泛而密切的联系。银行资金外溢与其他金融机构业务交叉融合，大大提升了信贷、货币、债券、股票、房地产等各子市场的连通性和关联度。连通性和关联度的提升增加了金融体系不透明的程度。而且，在分业监管体系下，影子银行业务发展不仅容易带来监管的盲区，也带来大量的监管套利可能性，增加金融体系的系统性风险。

现有的影子银行业务主要反映为信托收益权、各类资产计划收益权、回购协议、信托贷款、委托贷款和地方政府债务平台贷款等形式。影子银行体系里的资产相当大一部分是非标准化信贷资产；而信托受益权和各类资管计划存在着结构化程度高，信用链条长且结构复杂，杠杆率和底层资产情况不透明、不清晰等问题。总而言之，影子银行体系的金融产品往往相互嵌套，信用关系复杂，资金链条长。在监管部门加强监管时，一些产品更是以多层结构嵌套的通道业务或刻意模糊真实信用状况来满足不同监管部门的要求，甚至专以满足盈利激励而"空转"，只在内部循环。

中国监管层一直在鼓励金融创新与加强监管之间摇摆不定。监管部门与金融部门之间存在着长期博弈。监管机构出于鼓励创新、改革金融供给端、更好地服务实体经济等考虑，对一些新兴机构或是新的金融产品持包容态度。然而，由于寻租动机的驱使，大量以监管套利为出发点的金融产品或是创新存在着关联复杂、透明度低、涉及资金额巨大、融资主体的信用约束弱化等林林总总的问题。市场主体与监管部门之间的"博弈"使得监管协调不够，效果不明显，这也增加金融体系的系统风险。

最近几年，学界开始关注影子银行问题，也提供了一些实证证据，证明影子银行确实增加了金融体系的风险。阿查里亚（Acharya）、钱军（Qian）和杨之曙（Yang）（2016）研究中国银行体系以理财产品为主的影子银行模式。他们提供的证据显示影子银行业务冲击了中国商业银行经营的稳定性。主要反映为：（1）在存款利率被管制的背景下，以理财产品为主的影子银行模式发源于银行，特别是中小银行。在面临的激烈的存款竞争和监管约束的情况下，中小银行通过承诺较高收益率的理财产品获取资金，一方面应对存款竞争，另一方面也绕开诸如资本充足率、存款准备金、存贷比和行业限制等带来的监管约束；（2）资本充足率相对较低、风险较高的银行往往在理财产品业务上更激进，反映为发行规模更大、承诺的回报更高；（3）基于监管套利动机的理财产品业务在规模不断扩大的同时，给金融机构带来不断增加的展期压力和流动性风险。

具体分析影子银行业务可以更好地理解风险是如何被放大的。影子银行很大一部分是商业银行的表内影子银行业务。表内影子银行业务主要有两类：一类是"买入返售金融资产"，另一类为"应收款项类投资"。"买入返售金融资产"是指商业银行与金融机构按照协议约定先买入金融资产，再按约定价格于到期日返售给该金融机构的资金融通行为。该业务的实质是利用会计科目包装，以同业业务为名，进行资产买卖。由于买入返售的核心是以资产为依托，向交易对手融出资金，而相关资产并不真正转移。通过这种方式，交易对手方在基本不改变资产负债表总量的情况下，在表外完成了放贷活动。这些资产主要包括信托收益权和其他收益权,信贷资产和票据等。

"应收款项类投资"的本质则是,银行通过信托收益权、资管计划等形式做结构化安排,将自营资金或理财资金投资于信托或资管计划的优先级,而其他金融同业机构或地方政府财政资金投资于计划的劣后级。监管方面,"应收款项类投资"同样可以规避资本充足率和信贷方面的监管。资本充足率方面,虽然在"应收款项类投资"项下,资本计提需要按照所投资基础资产的性质,准确计提风险。但对于有其他金融机构增信措施的投资,银行可将其视为同业资产,并根据金融机构交易对手而非最终借款人的信用状况评估信用风险。因此,对有增信措施的投资资产而言,风险权重最低可降至25%。这意味着,应收款项科目仍然具备资本充足率方面的套利空间。此外,信贷监管方面,由于在应收款项类投资科目下,银行的信贷资产可以被包装为资产负债表中银信、银证或银银合作的同业产品。因此,通过该科目,银行可以绕开信贷监管进行信用扩张。

中国商业银行开展表内影子银行是为了监管套利,特别是绕开资本充足率的限制。**对于资本充足率越低的银行,其开展的表内影子银行规模占比越高。**由于同业资产所需计提的风险权重远远小于信贷资产,因此对于资本充足率较低的银行而言,其可以通过将信贷资产包装为同业资产,或者通过腾挪资产在不同同业科目中的占比,从而应对监管层对资本充足率和同业业务的监管。

值得注意的是,商业银行开展表内影子银行业务会加大银行的经营风险,并且经营风险的加大主要是由于较低的资本充足率和盈利能力的较大波动导致。在中国,中小银行有着更强的规避监管的动机,在表内影子银行业务上表现得更为激进,并由此引发更严重的经营风险。

削弱货币政策的有效性

陈凯迹(Chen)、任珏(Ren)和查涛(Zha)(2018)关注影子银行对央行货币政策有效性的影响。他们发现,紧缩的货币政策再加上信贷监管政策,会影响商业银行从事影子银行活动的积极性。与国有商业银行相比，非国有商业银行在影子银行业务上表现得更为激进。这一发现与阿查里亚（Acharya）、钱军（Qian）和杨之曙（Yang）（2016）的主要结论相似。非国有商业银行会通过增加资产负债表中的"应收款项类投资"科目变相进行放贷活动或者高风险的投资，这类影子银行业务活动不受存贷比的限制，同时也可以通过交易结构的设计投向受国家信贷政策约束的行业。由于影子银行体系参与信贷活动但并不在银行的信贷规模中体现，这使得货币政策有效性被大幅削弱，增大了央行通过货币政策调控经济的难度。

影子银行业务的发展，尤其是资产证券化业务的推进，一定程度上冲击了中国现有的中央银行再加上商业银行共同参与的货币创造机制。在有针对性的监管缺位的情况下，影子银行业务会衍生出信用货币创造的能力，使得货币总量的衡量和派生机制变得模糊。然而，中国现有的货币政策的出发点仍为控制 M2（广义货币）或是社会融资规模。影子银行业务的发展为传统货币政策的实施带来挑战，从长远看将有可能改变银行的业务模式和货币供应机制。

被阴影笼罩的影子银行业务

透过监管缝隙蔓延开来的影子银行业务，在来自实体经济对资金的强烈需求的推动下，在中国蓬勃发展。毋庸置疑，在一个金融抑制还普遍存在的市场环境里，大量的机构对资金的需求，大量的个人和家庭对风险和收益相对合理的金融产品的需求很难得到满足。金融抑制使得影子银行业务应运而生——正规金融体系存在的一系列弊端正是"非正规"的影子银行体系蓬勃生长的土壤。从这个角度理解，影子银行形成了对现有低效率的正规金融体系的冲击，有一定的正面意义。然而，大量以"创新"为名的影子银行业务从动机上以监管套利为主，从实施结果上拉长了资金供给方与资金需求方之间的链条，增加了金融中介的成本；同时，因为实体经济投资回报率低，大量通过影子银行体系形成的宽松的流动性并没有进入实体经济，而是滞留在影子银行体系内空转，推高了金融业的系统性风险；再者，影子银行绕开信贷监管对约束性行业的限制，大量涌向房地产和过剩产能行业，刺激了地产泡沫，延缓了产能出清。显然，这样的金融带来的负面作用极有可能压倒其正面作用。

资管新规

影子银行带来的风险在近年变得尤为突出。[一]从 2017 年起，"去杠杆"成为金融监管的重中之重，而防范化解影子银行风险是去杠杆的关键。各类针对理财、资产管理、委托贷款等业务的监管措施相继出台，开始约束影子银行的规模，规范影子银行的业务，尝试让影子银行业务更加透明化。这些监管措施主要反映在通过一系列举措限制表外的理财业务和表内的同业业务，从源头限制影子银行资金的来源，并对影子银行机构间层层嵌套的交易模式产生抑制作用。

2018 年 4 月 27 日，为规范金融机构资产管理业务，统一同类资产管理产品监管标准，中国人民银行、中国银保监会、中国证监会、国家外汇管理局联合发布《关于规范金融机构资产管理业务的指导意见》（即著名的"资管新规"）。2018 年 7 月 20 日，中国人民银行发布《关于进一步明确规范金融机构资产管理业务指导意见有关事项的通知》。2018 年 9 月，中国银保监会发布《商业银行理财业务监督管理办法》（即"理财新规"）；2018 年 12 月，中国银保监会发布《商业银行理财子公司管理办法》。针对影子银行在中国发展呈现的特点和发展中凸显出的风险，中国金融监管的侧重点主要放在以下四个方面：

其一，防范由于期限错配和高杠杆所引起的流动性风险。例如资产新规对期限错配进行了明确限制，规定封闭式理财产品期限不短于 90 天，并对公募和私募产品提出杠杆率的要求。此外，资管新规还提出根据业务实质采取穿透式监管，对多层嵌套结构进行了明确限制。

[一] 中国金融2013 年和 2015 年两次流动性波动的出现，2015 年和 2016 年股票、债券等金融市场的大幅波动等问题与影子银行的风险积累有关。

其二，打破刚性兑付。刚性兑付的存在，难以形成给风险合理定价的"锚"，不仅使商业银行主体过度承担风险，也不利于投资者培养风险意识。资管新规打破了刚性兑付，明确金融机构不得承诺保本、保收益的产品，引导资产管理业务回归"受人之托、代人理财"的本源。同时，资产新规确立了净值化管理原则，及时反映产品真实的收益和风险，向投资者传递"卖者尽责，买者自负"理念。

其三，建立风险隔离。例如，商业银行通过设立理财子公司，有利于规范理财业务，实现与商业银行的风险隔离，避免影子银行风险向商业银行的传递。

其四，通过建立资产管理业务的宏观审慎政策框架，完善政策工具，从宏观、逆周期、跨市场的角度加强监测；同时对同类资管产品适用同一标准，强化功能监管和穿透式监管，消除套利空间，以此遏制产品嵌套导致的风险传递。2017年以来宏观审慎监管（MPA）考核的实施将表外理财、同业负债纳入监管范围，促进对影子银行体系的全面监管。此外，资管新规、理财新规等均明确了金融机构的信息披露义务，增强了信息透明度，有助于对影子银行风险进行合理评估和预测，降低了风险的不可控性。

影子银行的未来

那究竟有没有好的影子银行？好的影子银行是什么样的？为回答这个问题，我们必须回归到金融的本质，回归到鉴别好金融的普世标准。金融的本质在于为实体经济提供服务，而衡量好金融的标准在于它能否帮助降低金融中介的成本，增加金融服务的覆盖面，同时防范金融风险的汇聚。以此观之，单纯依靠监管套利的影子银行运作模式显然不是好金融。

建设好的影子银行业务体系，诚如上文所言，必须回归到金融的本质，必须按照坚定不移地降低金融中介成本来进行：

其一，坚定不移地服务实体经济。融资需求强烈的中小微企业和民营企业的存在，大量的居民对财富保值增值的强烈渴求，为影子银行业务的存在提供了合理性。但是，影子银行业务的出发点应该是服务实体经济，满足实体经济中差异化的融资和资产管理需求,而不是一味地寻求规模突破和利润的上升,更不是绕开监管机构。只有真正服务于实体经济的影子银行模式才能获得长久发展。

其二,好的影子银行业务应该帮助降低建立信任的成本,最终反映为下降的金融中介成本。那种中间链条无比冗长,采用多层嵌套结构的影子银行业务创新,显然只会增加中介成本,背离好金融的本质。好的影子银行体系不以监管套利作为业务底层逻辑,而是依靠产品、服务、技术和管理等方面的创新形成核心竞争力,从原来的同质化竞争向差异化竞争转型。通过市场竞争和不断的创新,影子银行服务实体经济的能力在大幅提高的同时,金融中介成本不应该也不会大幅上升。

其三,好的影子银行必须在统一和全面的监管架构下规范发展,业务实现透明化。未来在金融供给侧改革不断推进的情况下,影子银行业务的侧重有可能转向以金融信贷、知识产权、基础设施、长租公寓等为底层资产的资产证券化业务。以房地产市场为例,中国现有的房地产按公允价值计其价值总量已经达到300万亿元,如果其中10%能够被证券化,这将带领一个30万亿元的新市场。再以基础设施为例,中国目前基础设施存量高达100万亿元,如果其中10%被证券化,这将是一个10万亿元的市场。未来影子银行业务有广阔的发展空间。

在金融抑制普遍存在的环境里,对金融服务的需求无处不在,中国金融中介效率低以及覆盖面窄为中国的影子银行业务提供了生存的合理性。我想再次重申,我反对以"防范风险"为由采用"一刀切"的监管措施。金融发展史从来不缺乏本着良好意愿却带来效果不及预期的监管先例。我想以美国历史上反高利贷法的实施为例,讨论罔顾一项金融实践存在的底层原因,简单采用"堵"和"限"的监管可能给经济生活带来的伤害。埃夫拉伊姆·本梅勒克(Efraim Benmelech)和托拜厄斯·莫斯科维茨(Tobias Moskowitz)在2010年的《金融期刊》(*Journal of Finance*)发表文章讨论美国19世纪各州分别实施反高利贷法(Usury Law)后带来的影响。他们发现,当某个州开始通过反高利贷法严格限制贷款利率上限之后,该州的经济活动和金融活动的活跃度都呈现出下降趋势,主要反映为产出下降和融资量缩水,而且在这个过程中,规模较小的企业受到的负面冲击尤甚。究其原因,积极呼吁立法机构推出反高利贷法的往往是大金融机构和大企业主。他们显然是"限制性"监管的受益者——反高利贷法的推出使得市场进入门槛更高,市场竞争程度降低,自然惠及现有的金融机构和融资没有障碍的大企业。

为了加强金融中介的效率和惠及性,我们这个时代的金融需要新的进入者,需要更多的"进入新市场的竞争"(competition for the market)。我将在本书第十章讨论新的"行业闯入者"和"进入新市场的竞争"对降低金融中介成本的重要性。中国的影子银行正以一种幼稚笨拙的姿势闯入我们这个时代的金融,给监管者提出一个严肃的问题:他们应该如何成长?

第九章 重新塑造我们这个时代的金融

我们叫作开始的注注就是结束,
而宣告结束也就是着手开始,
终点是我们出发的地方。

——T. S. 艾略特《四个四重奏：小吉丁》

从 1949 年至今，新中国的金融体系走过了漫长的发展道路。70 年间，具有诸多中国元素、反映特定经济发展阶段和发展模式的中国金融在不断演进。中国金融的演进是动态、非线性的。改革开放 40 余年，金融发展的速度加快。尤其是最近 25 年，在中国经济改革的重心从农村转向城市之后，以土地（房地产）和基础设施为抵押品的社会信用增长迅速，为中国经济发展提供了大量的资金。房地产和基础设施具备的强大的信用创造能力，一方面极大地促进了投资的形成和经济的增长；另一方面，在中国投资资本收益率（ROIC）普遍不高的情况下，也带来了高杠杆和系统性金融风险的汇聚。规模急剧扩张的同时，中国金融发展仍然没有摆脱我在第四章提出的"金融发展之谜"这个陷阱——经过 40 年的变迁，中国金融中介的成本始终没有降下来。这一略显尴尬的事实不断提醒我们，**在中国经济实现从高速增长向高质量发展转型的过程中，中国金融发展的使命不再是进一步扩大规模，而是要建立起能够以更低的金融中介成本有效服务实体经济的好金融。**

重塑我们这个时代的金融，我们需要新的金融发展范式。这不仅要求我们果断革新金融机构的商业模式和它们所提供的产品和服务，改变金融市场的形态以及金融监管体系，更要求我们升级金融思维，重新回归到千百年来已经形成的正确认知上来，坚守常识，在金融演进过程中涌现出的普世规律面前保持敬畏。建设好金融，我们需要一起发现金融的眼前苟且和它所蕴含的诗与远方,通过理性分析的视角去还原金融的本意,并以此为基础,重新定义并构建新一代的中国金融体系,找到破解"金融发展之谜"的中国方案。

我们的探索从哪里起步呢?我在第二章的图2-2给出了现代经济体系下一个高度凝练的金融中介基准模型,并指出完整描绘金融中介模式的五个重要维度:实体经济、金融系统、政府宏观政策、国际资金流动和资产定价的动态变化。任何一种形式的金融中介(financial intermediation)都是通过这五个维度内部或是彼此之间错综复杂的动态交互来完成的。当这五个维度中的任何一个出现断裂点(breaking point)时,正常的金融中介过程都可能受到冲击,影响到金融体系以简单、直接、有效的方式向实体经济注入资金,严重时甚至触发金融危机的爆发。明确识别中国金融体系在这五个维度内部或是彼此链接上存在的断裂点,通过供给侧的改革去修复这些断裂点,夯实连接实体经济和金融系统的各个链条,是重新塑造我们这个时代中国金融的核心要义。

实体经济的断裂点

金融是金融,金融又不仅仅是金融。影响金融体系正常运转的各类因素,除了分布于金融系统之内的那些外,实体经济表现得好坏同样重要。实体经济表现不彰,会通过资产价格的起伏,宏观政策的变化,甚至资本的跨境流动最终影响到金融体系的健康。在本节,我着重讨论中国实体经济中影响金融健康发展的四个潜在断裂点,包括:相对较低的投资资本收益率(ROIC)、收入分配不平等、人口老龄化和城市人口布局不合理。

相对较低的投资资本收益率

根据增长恒等式:增长率=投资率×投资资本收益率,投资率和投资资本收益率(ROIC)都能够推动一个国家的经济增长。中国改革开放以来经济快速增长的原因既包括要素投入的大幅增加,又包括科学技术的快速进步,以及制度改革所带来的资源配置效率的提高。

回顾中国最近一轮的工业化过程,作为全球化红利的受益者,庞大的国际市场和不断提升的国内消费需求使得大规模生产得以实现,产业能够迅速崛起。改革开放前30年,中国保持了年均在3%~4%之间的全要素生产率(TFP)增速。中国自19世纪60年代的洋务运动起就开始工业化的尝试,屡败屡战。终于,随着中国的改革开放,尝试了150年的工业化进程在中国接近完成。随着工业化进程接近完成,中国的全要素生产率的增速开始明显下滑。最近六年TFP的年均增长速度已从改革开放最初30年的4%降到2%左右。在这种情况下,未来中国的经济增长急需提高效率和质量——以银行信贷驱动的投资作为经济增长主要动力这种局面已经难以为继。

相对较低的投资资本收益率正是中国出现泡沫金融的根本原因。[1]在经济高速增长时期,如果投资资本收益率不高,拉动增长只有靠投资率。高杠杆已经成为中国经济最大的风险点,而其根源正是相对脆弱的中国经济微观基础——具体体现为水平较低的投资资本收益率。只有当中国经济微观单位(企业)的投资资本收益率(ROIC)得到普遍提高时,中国经济整体的投资资本收益率才能得到大幅改善。中国经济增长才有可能摆脱对信用扩张驱动这种增长逻辑的依赖。低投资资本收益率是中国实体经济中最大的断裂点。未来,中国需要更多依靠提高投资资本收益率(ROIC)来维持增长。中国经济将经历艰苦的从投资拉动向效率驱动的转型。未来的增长将更多地来自于全要素生产率的提高,因为它能带来更高的投资资本收益率。**提高投资资本收益率是提高中国金融中介质量的基础。**

收入分配不平等

收入分配不平等,贫富差距持续扩大,是导致金融乱象的重要原因。[2]当一个社会的大量财富集中在一小部分人手里时,大量资金将被投入虚拟

---

[1] 中国A股上市公司1998—2018年这21年平均的投资资本收益率只有3%(见图5-8)。
[2] 详见我在第二章对2008—2009年全球金融危机的分析;读者还可参考刘鹤(2013)关于两次危机(1929年大衰退和2008—2009年全球金融危机)的比较。

经济，直接后果就是金融资产价格的大幅变化，于是，房地产泡沫和股市泡沫相继出现，泡沫的出现将使得企业杠杆和家庭杠杆的大幅上升，最终，随着资产价格泡沫的破灭，金融体系的稳定受到伤害，金融危机爆发。这一段描述适用于美国1929年经济大衰退，也同样适用于1997—1998年亚洲金融危机以及2008—2009年全球金融危机。事实上，收入分配不平等及其带来的社会流动性的消失，是全球范围内导致历次金融危机爆发最重要的原因之一。收入分配不平等同样是中国金融稳定的最大威胁之一。

收入不平等还通过另外的渠道影响金融。 经济学家们提供了大量的实证研究结果显示共同的宗教信仰和相同的价值观有助于"信任"（Trust）的形成。**收入不平等加剧了价值观或是生活态度等方面的割裂度，不利于信任的形成。**[一]降低金融中介成本的关键在于降低资金两端建立信任的成本。改善收入不平等的程度因为有利于信任的形成，有利于提高金融中介的质量，实现包容性的经济增长因而是建设中国好金融的重要背景。

我关注两个收入不平等指标：基尼系数和"收入后50%群体的收入份额"。两者均体现出中国的收入不平等在不断扩大。基尼系数是收入不平等的衡量指标，为0时代表完全平等，所有个体收入相同，为1时代表最后一单位群体拥有所有收入，收入极度不平衡。基尼系数一般采用抽样调查数据所得。谢宇（Xie）和周翔（Zhou）（2014）利用了多个数据来源计算中国的基尼系数，发现总体上中国的基尼系数从2005年后持续上升，在2014年保持在0.53~0.55的水平。图9-1显示了根据不同数据来源计算的基尼系数。

根据中国家庭追踪调查等数据计算的基尼系数与国家统计局公布的基尼系数有较大偏离。根据中国家庭追踪调查计算的数据要高于国家统计局的数据，个别年份甚至高达0.6，意味着中国已经落入收入分配严重不平等的范畴。根据国家统计局的数据，2012—2017年，中国居民收入的基尼系数分别为0.474、0.473、0.469、0.462、0.465、0.467。该数据表明2012年后，中国的基尼系数有所下降。图9-1还显示，按基尼系数衡量

[一] 阿莱西娜（Alesina）和费拉拉（Ferrara）（2002）；格莱泽（Glaeser）等（2000）。

的收入不平等，中国在程度上已经超过美国；按中国家庭追踪调查的数据，中国收入不平等的程度更是远远超过美国。

收入分配不平等是导致历次金融危机的重要底层原因之一；收入分配不平等大大增加社会的割裂度，使得建立"信任"变得更为困难，最终反映为上升的金融中介成本。采取有效措施减缓乃至降低中国的基尼系数，是建设中国好金融必需的基础工作。

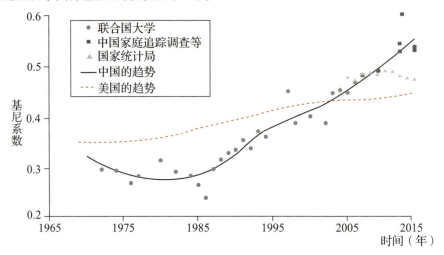

图 9-1　多个数据来源显示中国的基尼系数在上升

数据来源：Xie 和 Zhou（2014）图 1。

基尼系数是衡量收入不平等最常用的指标。但该指数关注的更多是社会整体的平均水平，在政策实施上操作性不强。作为政策考虑的主要因素，政府更应该关注底层收入群体的实际收入增长速度；中上层群体之间的不平等很难作为政策执行的依据。法国经济学家托马斯·皮凯蒂（Thomas Piketty）和他的合作者利用多样化的公开数据，结合各类数据的优点，研究中国的收入分配（皮凯蒂等，2017）。托马斯·皮凯蒂等认为统计局调查收入和财富时使用抽样调查，这样的调查比较不容易接触到高收入和高财富的群体，因此存在抽样误差。他和合作者利用个人所得税和免税资本收入对统计局的家庭收入调查进行修正，同时用财富榜单数据对高收入群体的财富进行修正。他们认为调查数据中收入为后 80% 的个人不存在偏差，而中间群体的收入可以用插值方法进行修正。

皮凯蒂等的研究发现，从1978—2015年，中国"前10%收入人群的收入份额"占总收入的比例从27%上升至40%，"中间40%收入人群的收入份额"稳定在45%，"后50%收入人群的收入份额"则从27%下降至15%。2014年，中国"前10%收入人群的人均实际收入"是后50%群体的14倍。而这一比例在法国仅为7倍，在美国为18倍。皮凯蒂等同时发现，世界各国内部的收入不平等在加剧——中国、法国、美国的"后50%收入人群的收入份额"都在下降。"后50%收入人群"的收入增长速度低于"前50%收入人群"的收入增长速度。这种趋势在各国间又有区别：中国"后50%收入人群的收入份额"虽然下降，但是该部分人群的实际收入在改革开放后仍然增长了4倍，年均增长4.5%；而美国的"后50%收入人群的真实收入"同期没有明显增长；法国的"后50%收入人群的真实收入"增长只有39%，年均增长0.9%。这三个国家"前1%收入人群"在同期都有增长，中国年均增长速度达到8.4%，美国有3.0%，而法国为1.4%。"前0.001%收入人群"的收入增长速度远远高于其他收入群体：中国"前0.001%收入人群"在1978—2015年间收入年均增长速度为10.4%，美国为5.7%，法国为2.6%（见图9-2）。

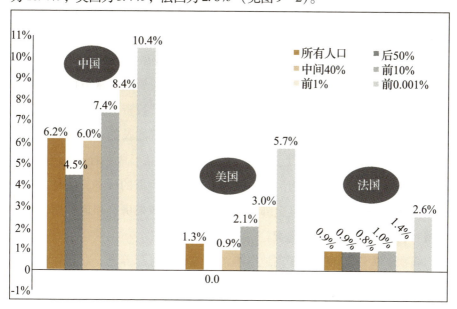

图9-2 各国各收入人群实际收入平均增速，1978—2015年

数据来源：根据皮凯蒂等（2017）数据绘制。

如何让"后50%收入人群"真正在经济发展过程中能够受益，是一个经济体实现包容性增长的核心要义。即使是在中国经济高速增长的改革开放阶段，这个群体的收入年均增速只有4.5%，远低于"前10%收入人群"的7.4%。这也是中国收入不平等程度在不断加剧的重要原因。美国作家安·兰德（Ayn Rand）曾经说："**上流阶层代表一个国家的过去，只有中产阶级才代表一个国家的未来。**"（The upper class is a nation's past, only the middle class is a nation's future）。如何在经济发展过程中增加中等收入群体的比例，同时增加低收入阶层的收入占比？金融在这个过程中能够起到什么样的作用？定义我们这个时代的中国好金融，必须直面这一问题。而解决这个问题也有利于建设真正能够降低信任成本的好金融。

人口老龄化

人口结构的变化通过几个渠道影响金融中介的效率和金融体系的稳定。首先，各国经验和实证研究都显示，人口老龄化导致国民储蓄率的下降，这将给中国未来的投资率带来负面影响。虽然其程度还需进一步分析，但需要尽早将中国经济增长动能从投资率转向投资效率。投资不足以及因为储蓄率下降带来的企业融资成本的大幅上升，都将威胁到实体经济的稳健增长，增大实体企业还本付息的压力，给金融体系带来风险。

其次，人口老龄化的影响也反映在对房地产投资的需求方面，日本的经验启示我们，当人口老龄化程度加剧时，房地产投资和土地价格都会显著下降。中国未来如果出现类似变化，对现有经济增长的动能和地方财政收入都会带来负面冲击。以土地和房地产为抵押品形成的社会信用扩张，在中国经济高速成长时期为经济增长提供了投资所需的资本，但是因此形成的房地产经济在很大程度上绑架了中国经济，如果房价和地价出现大幅下滑，将危及金融体系的健康。

再次，人口老龄化将深刻地影响消费端，对医疗养老、财富管理和社会保障等提出大量需求，深刻影响未来产业结构的变迁。这些动态变化也将给金融系统带来不可预测的冲击。

常见的衡量人口老龄化程度的指标包括老年人口占比（65岁以上），

老年人口抚养比（65 岁及以上人口数/15~64 岁人口数），少儿抚养比（14 岁及以下人口数/15~64 岁人口数）和总抚养比［(14 岁及以下 +65 岁及以上人口数)/15~64 岁人口数］等（见表9-1）。

表9-1 中国人口结构与预测

年份	2017	2020	2025	2035
总人口数预测（亿）	13.95	14.206	14.465	14.397
老年人口占比（65岁以上）	11.4%	12.2%	14.4%	23.29%
总抚养比	39.2%	41.3%	44.8%	58.4%
老年人口抚养比	15.9%	17.7%	21.7%	36.9%

数据来源：世界银行数据和世界卫生组织数据，作者测算。

我根据世界银行和世界卫生组织提供的数据，对中国未来人口结构作了预测。分析显示，到 2035 年，中国老年人口抚养比将会达到 36.9%；65 岁以上人口将占到中国总人口的 23.29%，人数达到 3.35 亿，人口老龄化带来的挑战非常严峻。如果做一个纵向比较，更容易发现中国人口老龄化程度之严重。按照我的估算，中国的人均 GDP 在 2035 年将达到 3.5 万国际元（按 2011 年购买力平价计算），①相当于美国 1988 年和日本 2004 年的人均 GDP 水平。而美国在 1988 年 65 岁以上的人口占比只是 12.46%；日本在 2004 年老年人口占比是 14.15%，显然中国 2035 年可能达到的 23.29% 的老年人口占比远远高于人均 GDP 达到相同水平时的美国和日本。**中国"未富先老"趋势明显**。此外，中国 2035 年老年人口抚养比将达到 36.9%，美国在 1988 年、日本在 2004 年老年人口抚养比分别为 18.91% 和 28.54%！中国人口迅速老龄化以及"未富先老"将给金融体系带来极大的压力和风险。

---

① 我假设中国人均 GDP 在 2019—2020 年增速为 5.5%，之后五年降到 5.0%，2026—2030 年保持在 4.5%，而 2031 年起降到 4.0% 的水平。假设依据参见我牵头完成的北大光华管理学院承接的国家发改委研究课题《2035 年远景目标和 2050 年展望研究》。

城市人口布局不合理

随着城市化的推进和产业结构的升级，中国城市的规模在不断增长。但中国目前的城市人口结构不合理，城市人口规模普遍偏低，大城市人口数量不足。根据城市经济学理论和基于发达国家的研究，每个城市都存在一个最优人口规模。在该最优人口规模下，城市的人均福利能达到最高水平。通过构建**"城市人口规模合适度指数"**（即实际人口/最优人口），我们可以考察目前的中国城市人口规模过大还是过小，并且预测其未来的发展趋势。

每个城市的最优人口规模取决于该城市的技术、产业结构、交通设施、制度以及地理等因素，并且是动态变化的。城市经济学认为一个城市的居民福利水平与该城市人口规模密切相关。具体说，人均福利随着城市总人口规模的增大而呈现出先增加后减小的趋势，即倒 U 型关系。这种关系是两种相反的力量作用的结果。一方面城市总人口的增加会带来正向规模经济，这主要来源于大城市的集聚效应和更多样化的中间品的服务，以及更大的本地市场所带来的贸易优势；但另一方面，更多的人口会导致通勤成本上升、交通拥堵和环境污染等负面影响。一开始，正面影响占优，居民福利随着城市规模的扩大而提高；当城市规模过大时，负面影响压倒了正面影响，居民福利随着城市规模的增加而降低。

利用中国城市层面的数据，通过估计出决定城市福利与人口规模的倒 U 型曲线的关键参数，从而计算出每个城市的最优人口规模；然后将每个城市的实际人口与其最优人口规模相比较，可以计算出中国的"城市人口规模合适度指数"。欧振中（Au）与亨德森（Henderson）（2006）首次运用前述分析方法，研究了 1997 年中国 225 个地级以及地级以上城市，发现中国只有 10% 的城市超过了最优规模，大部分城市远低于最优规模。北京大学光华管理学院课题组利用 2010 年 227 个地级市的数据估计出关键参数，计算出 2010 年中国城市人口规模合适度指数。中国 2010 年城市人口规模合适度指数的分布情况如图 9-3 所示。

实证研究结果显示如下。2010 年中国城市的最优规模本身有很大提升,约为1997年最优城市规模的2~3倍。这主要是由于城市产业结构的提升和交通基础设施建设投资加大,大大增加了集聚效应和城市所能容纳的最优人口规模。但是,2001年开始的户籍制度改革并未使得大部分地级市人口实际规模小于最优规模的情况有大幅缓解。**在2010年,约88%的地级城市的人口规模不到最优规模的40%**。主要原因可能是生产要素的空间错配以及较高的隐性移民成本。此外,在绝大多数城市人口不足的同时,北京、上海、广州、深圳、天津、重庆、杭州等七座城市的人口规模显著偏大。

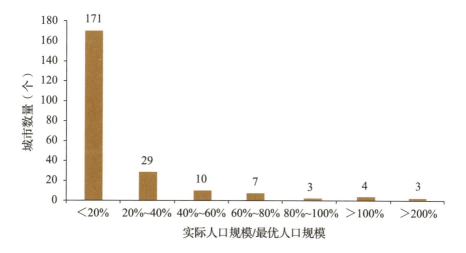

图 9-3 2010年中国城市人口规模合适度指数的分布情况

数据来源:北京大学光华管理学院课题组根据中国城市统计年鉴数据计算。

城市人口规模不合理可能导致金融体系一系列问题的出现。首先,如我在前文所述,房地产和基础设施投资一直是中国经济增长的重要动能,以房地产和基础设施为抵押品的社会信用的扩张,也是中国金融资产规模迅速扩大的重要原因。随着城镇化率的提高,产业结构的变迁和劳动力的重新配置,现有的产业投资、公共服务体系建设、房地产投资和城市基础设施急需优化配置。但是,如果对城市的人口规模没有合理认识,很可能会导致大量不合理的房地产或是基础设施投资,带来金融资源的不当配置,而金融中介没有效率会导致金融体系风险的汇聚。

其次,目前大城市产业功能过于集中,没有形成和周边中小城市合理分工、功能互补、协同发展的区域一体化产业体系。规模适当的城市通过将各种资源集中起来实现专业分工、规模效应、集聚效应，可以促进产业结构多元化，提高人均收入，带动基础设施建设和消费升级，提高全要素生产率，促进城市的经济增长。而实体经济发展质量的提高最终将惠及金融体系。在现在以及可以预见的未来若干年，房地产和基础设施投资仍将是中国经济增长的重要动能，只有改善城市人口分布不合理的状况，才有可能提高房地产和基础设施投资的效率。

金融体系的断裂点

中国现有金融中介模式的形成，跟中国政府在快速工业化过程中有意识地保持适度的金融抑制（financial repression）有关。适度的金融抑制促进了中国经济的快速成长，也帮助造就了一批大企业。2019年，按营业收入排名的《财富》全球500强企业里已经有129家中国企业（加上了中国台湾的10家企业），已经超过了美国的121家。中国已经成为全球拥有大企业数量最多的经济体。但是，大不等于强。金融抑制的负面作用在中国经济转型的大背景下日益凸显出来。金融体系和实体经济的动态交互在中国经济增速下行、经济社会发展进入新常态之后呈现出一些不利的变化，形成金融体系内可能触发金融危机爆发的断裂点。

高杠杆及隐身其后的金融"过度发展"

阅读至此，读者已经熟悉下面的数据。改革开放40年，中国金融业增加值的GDP占比从1978年的2.1%增加到2018年的7.5%。中国金融的规模发展尤以最近十年为甚。例如，金融业增加值占GDP的比例在全球金融危机爆发前的2007年仅为5.6%，2015年激增到8.4%，2017年后虽略有回落，但仍高于美国在过去130年平均4%~6%的水平。金融业的发展也反映为金融资产规模的大幅提高。金融资产与GDP的比例从2004年的2.4倍迅速提高到2018年的3.9倍，其间在2016年更是达到了4.3倍。按照

第九章
重新塑造我们这个时代的金融

本书的计算口径，中国金融资产总额截至 2018 年年底已经达到 351 万亿元。

在中国金融以间接融资为主、直接融资不足的背景下，金融资产规模的大幅上升主要反映为债务融资的增加。然而，不断增加的金融资产规模和金融业增加值与"资金脱实向虚""融资难""融资贵"等形成强烈反差，不断提醒我们中国需要的不是更多的金融，而是能够更有效地支持实体经济的更好的金融。事实上，不断增加的货币供给及逐年攀升的企业和地方政府债务也能推动金融资产规模的扩张和金融业增加值的快速增长，但这样的金融发展不但不能形成对实体经济的坚实支持，反而加剧金融风险的积聚。**中国特色的金融"过度发展"本质是金融发展的不充分和不平衡。**

高杠杆和金融"过度发展"背后有三个结构性的原因：经济增长模式、金融认知上的误区和制度基础设施建设的不足。按照经济学的重要分析框架——**增长率＝投资率×投资资本收益率**，投资率和投资资本收益率都能驱动经济增长。改革初期中国经济发展的起点较低，资本相对稀缺，资本的边际收益率保持在一个较高的水平。随着我国工业化进程的完成和高速增长阶段的结束，投资资本收益率开始下降。当投资资本收益率下降时，为了完成较高的增长目标，只有靠提高投资率。最近几年，房地产投资和基础设施投资成为稳增长的重要手段即为明证。在这种经济增长逻辑下，中国经济对融资特别是银行信贷的依赖度不断加强。在这个过程中，当融资对经济增长的边际作用变得疲弱时，保增长需要更大剂量的资金投入经济生活，形成金融"繁荣"。

长期以来，受金融深化理论的影响，发展金融等同于扩大金融资产规模和金融业增加值。我国金融资产占 GDP 的比例已经达到发达国家平均水平；金融业增加值的 GDP 占比更是超过危机爆发前美国的水平。但是，**当金融体系中介效率比较低，大量资金流向投资回报并不高的行业或企业时，金融发展只体现为杠杆率的上升，而不是对实体经济支持力度的上升。**强调增加金融业的 GDP 占比是认知上的巨大误区。金融错误认知带来的另一个后果是大量的实体企业被金融繁荣的假象所吸引，争相以产融结合之由大举进军金融业。这不仅加剧了金融领域的低质竞争,使得金融中介效率更趋低下,还导致金融对实体经济投资的挤出效应。

制度基础设施是现代化经济体系的重要组成部分。不完善的制度基础设施阻碍了中国金融发挥资源有效配置的功能,导致高杠杆的出现和金融的不平衡、不充分发展。例如,刚性兑付或是软预算约束的存在使得实体企业、金融机构和地方政府的风险溢价不能得到合理估值,这些机构乐于通过不断融资来实现规模上的突破,不仅降低了投资资本收益率,增加了金融系统性风险,还使得我国迟迟不能形成市场化的收益率曲线以及给风险资产定价的"锚"。再例如,信息不对称导致借贷双方建立信任需要高昂的成本。这是中小企业融资难、融资贵的重要原因,也是发展普惠金融、绿色金融和消费金融的最大瓶颈。个人、企业和地方政府征信制度不完善,使得"逆淘汰"盛行,资金流向信用质量不高的个人或实体,徒增金融体系各类风险。再如,在混业经营趋势下,我国目前的金融分业监管体系导致诸多监管"短板"和空白区域的存在,监管套利盛行,导致各种金融乱象。

衰退的企业资产负债表

与金融"过度发展"密切相关的是高杠杆率,而高杠杆已经成为中国金融系统最大的风险点。第一章的图 1-4 中显示,截至 2018 年年底,中国的宏观杠杆率(定义为非金融部门的债务与 GDP 的比例)达到了 254%,只比 2017 年增加了 0.6 个百分点,似乎高杠杆得到了控制。但是中国杠杆率的主要问题并不是总量问题,而是结构不合理。集中反映为非金融企业的杠杆率过高。

图 9-4 给出了按季度编制的中美两国非金融企业的杠杆率情况。图中,企业杠杆率计算为两国非金融企业总债务除以 GDP。虽然中国和美国宏观杠杆率差别并不大,但是如图 9-4 所示,中国非金融企业的杠杆率远远高于美国。中国非金融企业债务与 GDP 的比例从 2008 年开始快速增长,2008 年为 97.5%,至 2018 年年底,该比例已经增长到 151.6%,远远高于同期美国的 74.4%。显然,中国非金融企业的杠杆率太高了。过重的企业

债务对应着恶化的企业资产负债表,给实体企业保持持续稳定的增长带来沉重的财务压力。举个简单例子,如果中国企业平均的举债成本是6.6%,那么151.6%的企业债务率意味着中国非金融企业每年支付的利息就将达到GDP的10%。

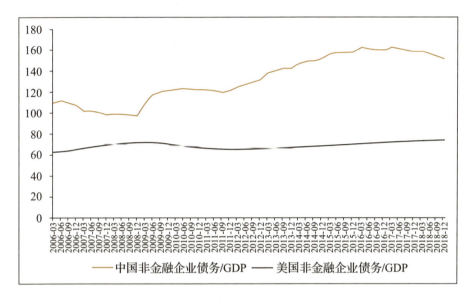

图9-4 中美非金融企业杠杆率对比(%)

数据来源:国际清算银行;作者整理。

沉重的还本付息负担给企业的运营带来极大的制约——不断衰退的企业资产负债表的质量一直困扰着中国的实体经济。进入2018年后,中国的固定资产投资增速大幅下降,投资动力不足与企业层面的债务过重明显联系在一起。1997—1998年亚洲金融危机的经验和教训表明,企业债务率过高是导致金融危机的主要原因。如何通过提高企业运营的效率,通过进一步的改革和开放,修复企业的资产负债表,降低企业的杠杆率,是中国应对和化解金融系统性风险,建设好金融的必需之举。

金融资源低效配置

重温本书第五章的部分结论。图5-11显示,从1999—2018年,非国有板块比国有板块有更高的投资资本收益率。从资源优化配置角度和资本流向规律考虑，更多的资本和投资应该投向投资资本收益率更高的非国有板块。但是银行的新增贷款却大量流向国有板块，从2014年起，配置到民营企业的新增信贷逐年下降——从2014年的34%一路下降到2016年的17%（见图5-12）。图5-13显示2014—2018年这五年间，民营企业贷款在各类贷款中的比重，从48.1%锐减到2018年的25.8%。

金融资源的这种逆向配置与中国投资拉动的经济增长模式是吻合的。大量的投资由国有企业或地方政府来实施，在与拉动经济相配套的信贷扩张中，得到大头、受益最多的也是大型国有企业或是地方政府。这种信贷流向最根本的原因是薄弱的制度基础设施，反映为资源配置上的行政干预、政府频频作为投资主体挥袖上阵、生产要素市场严格的政府管制等现象。在这些因素的制约下，银行体系在将储蓄转换成投资的金融中介过程中，偏好的是那些国家做了隐性担保的企业和投资项目，而投资资本收益率并不是主要考虑因素。因为利率没有完全市场化，存贷利差在不同类型的企业间并没有太大的差距，同等情况下，资金流向国有板块的风险会低很多。这样，大量的银行资金流向那些国有企业占主导地位的行业，在这些领域形成资本；而投资回报高，相对更需要投资的企业和行业在现有金融体系下得不到资金的强有力支持。

系统性金融风险汇聚已经成为中国经济发展中最大的风险点之一。"去杠杆"也已经成为重要的政策目标。但是，如果金融体系的结构性问题得不到解决，紧缩的信贷政策和"去杠杆"只会让私营企业和中小企业更加雪上加霜，投入经济体的资金增量部分还是会向投资资本收益率较低的行业或板块倾斜。长此以往，中国经济总体的投资资本收益率无法提高，最终拉动经济增长还得靠投资率，中国将很难走出传统的经济增长逻辑。

金融抑制背景下金融机构的道德风险

在经济高速发展阶段，中国采取了适度"金融抑制"政策来确保相对稀缺的资金能够被配置到实现国家战略所需要的重点领域。在金融抑制还普遍存在的情况下，中国金融服务的覆盖面和中介的效率都不高。大量的机构、个人和家庭对资金的需求难以得到满足，被屏蔽在正规金融体系的服务范围之外。这一切为非正规金融和影子银行业务的兴起提供了前置条件。然而，中国的金融机构，包括商业银行、信托公司、基金公司等，以"创新"为名进行的大量业务的实质是监管套利。这些业务一方面拉长了资金供给方与资金需求方之间的链条，增加了金融中介的成本；另一方面，因为实体经济投资回报率低，大量通过影子银行体系形成的宽松的流动性并没有进入实体经济，而是滞留在影子银行体系内空转，推高金融业的系统性风险。

回顾2008—2009年全球金融危机，金融机构的道德风险是催生金融危机爆发的重要原因之一。美国金融业进入21世纪后混业经营程度加剧，导致金融中介业务的趋同性及相关性增强，不仅放大了金融体系的系统性风险，也增加了金融监管的盲点。与此同时，金融业集中度加大，阻碍了市场竞争，助长了大机构的"道德风险"（大而不倒），使得资本配置更不合理。在扭曲的激励机制的刺激下，宽松信贷和高风险投资泛滥，表外业务盛行。发展过度的结构性金融产品极大地增加了金融体系的不透明性并汇聚了大量风险，而金融机构的高杠杆进一步放大了金融风险。这些原因合在一起导致系统性金融风险在整个金融体系里聚集，最终失控形成金融危机。

在金融抑制的大背景下，中国的金融机构应该如何创新？以监管套利为出发点的金融创新显然只是增加了金融体系的不透明性，加大了金融中介的成本，这样的创新非但不创造价值，反而使得金融体系更加脆弱，不能更好地履行支持实体经济发展的基本职能。**金融机构的创新和业务拓展很难从动机上予以鉴别，但是我们可以从结果作出判断。任何创新，如果没有降低资金供给和需求两端建立信任的成本，没有带来金融中介成本的下降，都是"伪"创新。**

资产价格环节的断裂点——缺乏给资产定价的"锚"

图2-2给出的金融中介基准模型显示，金融资产或是实物资产的价格变动会给金融中介的顺利进行带来重大影响。如果金融市场具备价格发现

的功能，能准确反映与企业或是资产相关的信息，那么通过市场交易形成的价格具备引导资源有效配置的能力。然而，现实生活中，资产价格往往大起大落。资产泡沫的出现和随后的泡沫破灭往往对实体经济和金融体系带来巨大的冲击。我在第二章中介绍过经济学家清泷信宏（Nobuhiro Kiyotaki）和约翰·摩尔（John Moore）诺贝尔经济学奖级别的研究工作。他们于1997年在《政治经济学期刊》（*Journal of Political Economy*）发表的论文构建了一个模型分析实物资产或是金融资产的价格变化如何影响实体经济。在他们的模型中，实物资产或是金融资产被用来作为银行信贷抵押品，当资产价格发生变动时，实物资产或是金融资产会影响到企业在银行抵押品的价值，从而影响到企业从银行进一步获取融资的能力，这不仅伤及实体经济，也损害金融体系的健康与稳定。这篇文章从理论层面阐释了金融或是实物资产价格变动通过什么样的机制影响实体经济和金融体系。

清泷信宏（Nobuhiro Kiyotaki）和约翰·摩尔（John Moore）的研究给我们理解中国金融体系带来很大的启示。既然资产价格的大幅波动给实体经济和金融体系带来实质性的伤害，寻找到给资产定价的"锚"就应该是金融制度基础设施建设的重要组成部分。而中国金融体系目前最大的一个短板，如我在前文多次论及，是缺乏给资产定价的"锚"。

以股票市场为例。第六章提供了大量的例子和实证证据显示中国股票市场严重缺乏给风险合理定价的能力。例如，图6-3显示2002—2018年这17年间，中国的市场风险溢价的平均值为1.17%，即股票市场平均收益率只比无风险的国债收益率高不到1.2个百分点。中国A股市场的风险显然不仅于此。过去100多年，美国股票市场的市场平均风险溢价保持在6%左右。没有形成合理定价的能力，长此以来，那些优质、高成长的企业因为无法得到更合理的估值而不能更好地成长，反而是经营状况恶劣、公司治理不佳的企业却利用定价机制的扭曲，通过制度寻租与财务造假，获取利益。市场上普遍存在的"逆淘汰"使得中国资本市场难以实现资源配置的功能。在这样的市场环境里，股票的价格往往不是由企业的基本面决定的，这势必造成股价的大起大落，给金融体系和实体经济带来严重伤害。

第九章
重新塑造我们这个时代的金融

再以银行信贷为例。因为利率双轨和刚性兑付的存在，再加上地方政府等的背书，国有企业在银行信贷的获得性和贷款成本方面都享有得天独厚的优势。金融体系在资金的配置方面并没有实现竞争中性的原则。根据我们对上市的民企和国企所做的分析，同等情况下，金融机构给民营企业提供贷款的时候，平均贷款利率相较于国企会高出1.38个百分点。由于各种制度性障碍，**中国的正规银行体系没有形成给信用风险定价的"锚"。这种信用定价上的"双轨制"的存在严重扭曲了信用风险定价，使得正规银行体系难以实现合理配置信贷资源的功能。**

中国经济发展长期依靠房地产和基础设施投资。以房地产投资为例，1999—2018年，中国房地产投资增长超过30倍。2018年，中国房地产投资累计值超过12万亿元，同比增幅达9.5%，较2017年的7%提高了2.5个百分点。**以房地产和基础设施为抵押品，成为中国经济社会生活中信用扩张的主要方式。** 房地产和基础设施投资大多与地方政府密切相关，卖地收入更是地方财政收入的重要来源之一。随着中国经济增长模式的转型，以土地、房地产和基础设施为抵押品的信用扩张难以成为中国经济未来进一步增长的发动机。从中长期看，急剧的人口老龄化带来的消费需求出现巨大变化，储蓄率下降，房地产价格和投资下降；随着城镇化率的提高、产业结构的变迁和劳动力的重新配置，现有的产业投资、公共服务体系建设、房地产投资和城市基础设施急需优化配置。为了提高房地产、基础设施、公共服务体系等的投资效率，准确的价格信号极其重要。中国需要给房地产、基础设施定价和地方政府信用定价的"锚"。建立起房地产市场、基础设施投融资市场和信用市场价格发现的功能，引导资源有效配置。

由哈佛大学著名经济学家爱德华·格莱泽（Edward Glaeser）和安德鲁·施莱弗（Andrei Shleifer）带领的研究团队2017年在《经济展望期刊》（*Journal of Economic Perspectives*）上发表了一篇关于中国房地产市场的研究文章。① 采用2000年的人口普查数据和2000—2010年的人均住房面积的增

---

① 格莱泽（Glaeser），黄伟（Huang），马悦然（Ma）和施莱弗（Shleifer）（2017）。

长数据，他们发现在中国的地级市层面，**人均 GDP 和人均住房面积增长之间存在非常显著的负相关关系**。经济发展相对落后的城市（以人均 GDP 衡量）2000—2010 年人均住房面积增长幅度更大，显示出更加激进的房地产投资；而经济相对发达城市在房地产投资方面则不那么激进。显然，落后地区的地方政府把房地产投资作为经济增长的主要动能。经济欠发达地区没有足够的产业消化就业，吸引人口流入，造成高空置率。低效投资让中国的房价非常脆弱，而房价的起起落落给实体经济和金融体系带来巨大的风险。

宏观政策环节的断裂点——不断弱化的宏观政策边际效应

图 2-2 给出的金融中介基准模型同时显示，**宏观政策的动态变化**也将影响金融中介的顺利进行。政府采纳的财政政策、货币政策及汇率政策等不仅影响金融活动的外部环境，也对金融中介本身产生很大的影响。在中国大致完成了工业化进程的当下，全要素生产率的增长速度已经开始下行。为了维持相对较高的 GDP 增长速度，政府宏观政策的选择项越来越局促。积极的财政政策和稳健的货币政策作为政策表述虽然在较长时间内保持不变，但其具体实施却往往受制于实体经济的运行状况和中国经济内、外部环境的变化。在中国经济的微观基础仍然薄弱的背景下，推动经济增长最可靠的动能往往还是以各类信贷驱动的固定资产投资和基础设施投资。然而，在全要素生产率增速下滑和投资资本收益率普遍不高的背景下，财政政策和货币政策对经济增长的拉动作用开始减弱。

我在前文计算过，2018 年全年 19.3 万亿元的社会融资增量带来了按不变价计算 5.5 万亿元的 GDP 增量——拉动 1 元钱的 GDP 需要 3.5 元的融资。而在 20 世纪 90 年代的大部分时间，中国拉动 1 元钱的 GDP 只需要 1 元融资。随着时间的流逝，中国经济总量和结构发生了巨大的变化，增长的底层逻辑也在变化，其中最突出的一个变化是货币政策的边际效应在大幅度减小。在宏观政策边际效应不断缩小的背景下，推动经济增长只能寄希望于力度更大的财政政策和货币政策,这将进一步推高中国的宏观杠杆率,增加金融体系的风险。不断弱化的宏观政策边际效应正成为中国金融体系的断裂点。

资金突如其来的跨境或是跨市场流动同样会严重影响金融中介顺利进行。资金跨境或是跨市场流动的速度远远超过机器或是商品货物流通的速度。由于杠杆原因,资金流动的规模更是远超过货物流通的规模。规模巨大、变化突然的资金流动会加剧金融体系和实体经济的波动性和脆弱性。中国改革开放40年,金融市场逐渐对外开放。现在,金融服务领域的对外开放更是中国进一步深化改革开放的重点领域。目前,中国A股已纳入MSCI和富时罗素新兴市场指数;2019年9月也已纳入标普道琼斯全球基准指数;中国债券也已被纳入彭博巴克莱全球综合指数。日前,富时罗素公司正在积极评估将中国债券纳入其旗下指数。当然,境外资金对中国金融体系目前的影响仍然较小。例如,截至2019年5月末,境外投资者持有的中国债券和股票分别为1.94万亿元和1.51万亿元,占比不算太高。截至2018年年末,离岸人民币存款余额大约为1.2万亿元。⊖

到目前为止,中国的政策制定者和监管者在管理跨境资金时,采取了渐进式、管道开放,并辅之以适当的额度管理的方式。这种渐进式开放的方法使得中国和一般的开放经济体不同,突然的和大规模的资金跨境流动对金融体系和实体经济的冲击相对可控。短期看,资金流出的动态变化尚不构成中国金融的重要断裂点。但是,随着中国逐步提高资本项目可兑换程度,跨境资金管理的难度会大大增加。资金的不利流动有可能在未来成为影响中国金融体系稳定的变量。

定义我们这个时代的中国金融

重塑我们这个时代的中国金融必须目标明确。新时代中国金融发展需要提高中介效率,降低中介成本。这一发展取向对应的应该是一个规模更

⊖ 《金融市场开放和人民币国际化》(霍颖励,《中国金融》2019年第14期)。

合适、结构更合理的中国金融。**新时代金融体系的改革与发展,其目标在于通过更合理的结构,有效的风险防范和化解机制,不断增加的金融服务覆盖面,更强大的社会资本吸收和动员能力,提高中国经济的全要素生产率和资本使用效率,实现高质量发展**。破题中国金融体系的痼疾,推动滞延已久的金融中介模式转型,建设"中国好金融",必须围绕提高全要素生产率和投资资本收益率这一根本目标,并聚焦中国金融领域的断裂点或空白领域。

依照图2-2给出的金融中介基准模型,我讨论了可能触发金融危机的十个断裂点:较低的投资资本收益率、收入分配不平等、人口老龄化、城市人口布局不合理、高杠杆及隐身其后的金融"过度发展"、衰退的企业资产负债表、金融资源的低效配置、金融抑制背景下金融机构的道德风险、缺乏给资产定价的"锚"和不断弱化的宏观政策边际效应。这些断裂点的存在为在我们这个时代建设好的中国金融刻画了可行的路径。**金融问题的形成与实体经济有关,其解决方案不可能局限在金融体系之内**。定义并建设"中国好金融"的核心要义,就在于甄别影响中国金融发展的第一性问题,然后通过供给侧改革,解决这些重要问题。

破解这些问题不会一蹴而就。中国40年改革开放的成功经验告诉我们,中国发展模式从来就不是一个固定不变的概念或是思维框架,它是一个随时间的变化而不断变化的思想探索和实践探索的集成。中国发展模式的价值不在于它提供所有问题的答案,而在于它以开放的精神、实事求是的态度,直面发展中的第一性问题,并不断寻求以现实可行的方法去破解这些问题。展望未来,应对挑战最好的方法是更为彻底的改革开放,让市场在资源配置中真正起到决定性的作用。

转变发展理念和经济增长模式,重新塑造中国经济微观基础

首先,我们必须充分理解实体经济和金融体系之间的辩证关系。中国式泡沫金融产生的根源在于高杠杆和不平衡、不充分的金融发展,而这背后更深层次的原因在于中国经济增长的驱动力越来越向由债务来驱动的投资率倾斜。因此,实现中国经济从高速增长向高质量发展的转型是防范系

第九章
重新塑造我们这个时代的金融

统性金融风险的根本。我们需要重新塑造中国经济的微观基础，提高企业层面的投资资本收益率，进而提高整个中国经济发展的资本使用效率，以此降低发展过程中对杠杆的依赖。

中国经济在过去40年保持了平均40%以上的固定资产投资率。但随着中国工业化进程接近结束，在全要素生产率增速开始下滑的情况下，未来中国的经济增长急需提高效率和质量。图9-5中给出了中国1978—2017年人均资本存量的变化及与主要高收入国家的比较。改革开放40年，中国人均资本存量从1978年的2 861国际元增加到2017年的67 331国际元，增速惊人。然而，跟其他高收入国家相比，中国目前人均资本存量的水平只是这些国家人均GDP达到35 000国际元时的1/3～1/2。例如，美国1988年人均GDP达到35 000国际元时人均资本存量为123 060国际元；韩国2016年人均GDP达到35 000国际元时人均资本存量为142 536国际元；英国2003年人均GDP达到35 000国际元时人均资本存量为142 947国际元……中国预计在2035年人均GDP将达到35 000国际元，国际比较显示未来十多年，中国在投资方面还有很大的空间可以挖掘，尤其是连接都市圈内各城市的轨道交通和城市的公共服务领域，还包括投资空间广阔的中国西部地区。

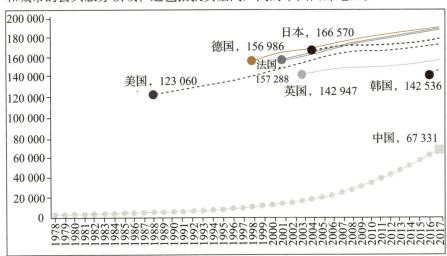

图9-5 改革开放40年中国人均资本存量与高收入国家比较（国际元/人）

来源：作者根据佩恩表（Penn World Table）9.1计算。

注：1国际元=1美元（2011年购买力平价）。

但是，我们必须同时看到，随着人口老龄化加剧，中国的国民储蓄率在下降；再加上较低的投资资本收益率带来的高杠杆率问题，以银行信贷驱动的投资作为经济增长的主要动能这种局面已经难以为继。中国经济将经历艰苦的从投资拉动向效率驱动的转型——我们未来需要更多依靠提高投资资本收益率（ROIC）来维持增长。未来的增长将更多地来自于全要素生产率的提高，因为它能带来更高的投资资本收益率。

在经济转型的过程中，以智力资本为基础的企业和创新型企业将会崛起。它们的基因中隐含着对更高的投资资本收益率的追求；对于传统行业，我们必须采用多种手段鼓励企业升级换代，共同将中国打造成为更绿色、更创新的"制造强国"。在这个过程中，我们期待看到中国传统行业的投资资本收益率得到显著改善。只有当中国经济微观单位（企业）的投资资本收益率（ROIC）得到普遍提高时，中国经济整体的投资资本收益率才能得到大幅改善。必须指出，中国进一步的改革开放与中国经济微观基础的重塑是紧密联系在一起的。只有通过进一步降低关税、保护知识产权、开放服务业、提升消费、改善产业结构、强化要素的市场化配置，中国经济增长的模式才可能发生根本变化。

实行竞争中性原则，改变地方政府考核指标体系

大量实证证据显示政府作为投资决策者时，其投资资本收益率并不高。与此同时，政府作为经济生活的参与者，会破坏公平竞争的环境，不利于优质企业的脱颖而出；另外，政府投资，尤其是强势政府的投资，会对私营企业的投资产生"挤出效应"（crowding out effect），不利于具有高投资资本收益率的企业的发展壮大。中国未来的增长将主要来自于全要素生产率的提高，而全要素生产率的提高则与创新和企业家精神有着密切的联系。各级政府应该减少在经济事务中的直接参与，让市场在资源配置中发挥决定性作用。在新的发展时期，拥有强大的价值主张、独特的产品服务而且目标客户众多的企业应该更好地利用消费升级和经济结构转型去获取成功。政府最应该做的是创造一个公平的竞争环境，停止给予相关利益集团的补贴和特权。转变政府职能具体还反映在打破行政性垄断，在基础

产业领域放宽准入，鼓励竞争，降低能源、物流、通信、资金、土地等基础性成本方面。唯此，才可能真正降低实体经济的运营成本，为高质量发展奠定基础。转变政府职能最终将体现为竞争中性原则的实施，即"在要素获取、准入许可、经营运行、政府采购和招投标等方面，对各类所有制企业平等对待。"㊀

为金融资产找到定价的"锚"，彻底实现资金的市场化配置

金融体系的一个重要功能是价格发现，即提供反映市场供需关系和金融资产风险水平的统一定价（即"一价定律"），否则存在套利或寻租机会，容易引致各种金融乱象。为此，中国必须建立给各类金融资产定价的"锚"。包括土地、劳动力、资金、技术要素等在内的要素的市场化改革迫在眉睫。国家严格控制生产要素市场给经济带来了两个不良后果。第一，生产要素的配置不是由市场决定，投资资本收益率（ROIC）高的企业虽然是经济增长的真正引擎，却可能无法获得足够的资源和资本去发展壮大；而效率较低的企业由于受到照顾却可能过度投资，不利于全要素生产率的提升；第二，国家垄断生产要素市场也会扭曲价格，导致资源配置效率低下，生产效率无法提高。

我们在金融领域应该推行真正的利率市场化，扩大金融服务领域的对内及对外开放。在现阶段的中国，利率市场化具有两重含义：其一，让市场来决定利率；其二，消除国家提供的隐性担保，把"软"预算约束变成"硬"预算约束。如果"刚性兑付"不打破，财政与金融很难分清，这样，有效率的金融无法建立起来。政府应该明确表态，国有企业和地方政府亦有违约风险。当利率市场化真正实现时，中国的银行就必须更加努力才能盈利；借款方由于需要支付市场化的利率也必须更加谨慎地选择投资项目；中国的家庭也能从储蓄中获得更多的利息收入。良性循环最终形成。中国利率市场化的进程早已启动。但目前我国贷款利率仍存在贷款基准利

㊀ 2019年政府工作报告。

率和市场利率并存的"利率双轨"问题,银行发放贷款时大多仍参照贷款基准利率定价,对市场利率向实体经济传导形成了阻碍。"两轨合一轨"是我国利率市场化改革最难走的"最后一公里"——如前文所述,2019年8月的贷款市场报价利率(LPR)改革,是利率市场化改革的重要举措,有利于贷款利率最终与货币市场利率紧密挂钩。

此外,在我国的工业化进程的推进过程中,政府一直采用"金融抑制"政策把稀缺的资金集中配置到符合国家战略的行业,以此推动工业化的发展。中国式的"金融抑制"反映在以下两个方面。第一,国家垄断的金融体系将大部分银行信贷资金配置到国有部门,对投资效率更高的民营部门产生了"挤出效应"。从某种意义上讲,中国的民营部门受到国有部门和外资企业的双重挤压——国有部门能够获得国有银行提供的成本相对较低的信贷,而外资企业则能够在海外以较低的成本融资。尽管民营企业的投资资本收益率(ROIC)高于国有企业,但因为融资的限制,很少能够发展到足够大的规模。第二,政府对金融行业设置了重重准入限制,导致民营资本几乎无法进入金融领域。以更开放的姿态鼓励民营资本、外资进入金融服务领域,通过市场竞争,提高金融中介效率,降低融资成本,尤为重要(刘俏,2018a,2018b)。

推动劳动力和土地配置的市场化改革

中国金融体系有很多断裂点与中国的要素配置,尤其是劳动力和土地的配置效率不高有关。以劳动力市场为例,劳动力的自由流动对优化产业结构、提高城镇化率、应对收入分配不平等、缩小城乡差距、实现区域均衡发展、解决我国城市人口规模分布不合理,甚至提升人力资本和创新活力等意义重大。在劳动力市场方面,因为一系列制度障碍如户籍制度以及和户籍捆绑在一起的教育、医疗、社会保障等,**劳动力跨行业、跨地区的优化配置受到严重阻碍**。未来需要深化户籍制度改革,逐渐引入与"居住和贡献"挂钩的教育医疗和社会保障,消除劳动力在城乡间和城市间迁移的制度障碍;提高基本公共服务的统筹水平,推进包括养老、医疗、教育等基本公共服务的可转移化改革;设计并实现与劳动力自由迁移相匹配的财政公共支出和分担机制，改变财权与事权的错配；与此同时，优化人才服务模式，加强人力资本建设，实行更开放的国际人才引进政策，发挥市场在人才配置中的基础性作用。

城乡二元土地制度以及在此基础上形成的土地配置的行政垄断导致土地配置效率不高，是中国目前众多经济社会问题的底层原因之一。土地市场的问题主要反映为土地在国有和民营之间错配；城市建设用地由政府征收，然后由行政寡头垄断的市场进行配置；农村土地资产无法有效进行市场化流转，以土地为主的农村资产很难入市并得到合理估值。这些问题导致农村资产收益率不高，同时削弱了资本进入农村的积极性。为了提高土地配置效率，未来需要：（1）改进耕地增减挂钩，建立全国性建设用地指标交易市场，解决建设用地错配问题；（2）扩大农村集体建设用地入市范围，解决农村建设用地使用效率低下和农民权益无法保障的问题；（3）探索城市工业用地和商住用地转换机制，制定增值收益共享机制，解决闲置工业用地退出难和变更难问题；（4）解决农村土地确权不均衡、不细致和后续土地流转问题。

以 REITs 为抓手，为土地、房地产和基础设施寻找定价的"锚"

"土地财政"和高房价很大程度也是导致金融系统性风险累积的重要原因。中国房地产市场最大的问题是没有一个定价基础。房价缺乏一个"锚"。在金融学里面，一个金融资产的价格取决于它未来收益的净现值。发展租赁住房市场，形成市场化的、反映供需关系的租金价格，能为房地产市场寻找到理性的定价水平。这也符合 2018 年中央经济工作会议提出的"加快建立多主体供应、多渠道保障、租购并举的住房制度"的精神。新时代我们需要重塑中国的房地产金融体系。目前，在中国推出以租赁住房和商业地产为底层资产的不动产信托投资基金（REITs）的条件已经成熟。与之相关的金融产品和金融创新，不仅直接服务实体经济，帮助解决房地产市场结构性的痼疾，也是房地产健康发展长效机制的一部分；推出 REITs，尤其是公募 REITs，还可以盘活各类存量经营性不动产，降低政府和企业的财务杠杆，化解信贷市场的期限错配和高杠杆风险；建设 REITs

市场，能为PPP及基础设施投资提供可行的金融战略，为区域经济发展提供金融新思路；此外，REITs能够丰富资本市场工具，减缓中国金融体系中直接融资比例偏低的问题，提高金融系统的风险分散能力。

金融供给侧改革的其他举措

除了上述举措外，修复中国金融体系的断裂点还需要从其他几个金融供给侧的环节发力。其一，大力发展资本市场，增加直接融资所占比例。中国资本市场最大的问题在于缺乏优质的上市公司。我们的分析显示1998—2018年这21年间，中国A股市场上市公司平均的投资资本收益率只在3%~4%（见图5-8和5-9），远低于美国上市公司过去100年平均10%的水平。中国经济的微观基础（企业）的资本使用效率还有很大的提升空间。我们需要一个能够识别、培育优质上市公司的资本市场。改革企业上市制度和退市制度，推出IPO注册制并坚决执行市场化的退市制度，有利于营造良好的市场和监管氛围，提高上市公司的质量。

其二，新时代的中国金融将与大数据、机器学习和区块链等新兴科技进行深度融合，在支付、借贷、证券交易和发行、保险、资管、风险与征信等领域扮演越来越重要的角色。不论是金融科技（Fin-tech）还是科技金融（Tech-fin），判断科技驱动的新金融业态是否是好金融的标准不变——这些创新能否大幅降低建立"信任"的成本，提高金融中介的效率。

其三，新时代中国金融的监管体制将发生变化，监管的协调和统筹将不断加强。金融监管体制将以防范和化解金融系统性风险的积聚为出发点，同时顺应我国金融混业发展的趋势。随着金融稳定发展委员会的成立，"加强宏观审慎管理制度建设，加强功能监管，更加重视行为监管"成为监管体制改革的目标。新时代的中国金融监管体系将会呈现出从机构监管向机构监管与功能、行为监管相结合的转变。

第十章 2035 年的中国金融

希望,它生长着羽翼,
在灵魂中栖息,
唱着无词的曲调,
从来不会停歇。

——艾米莉·狄金森,《希望》

我们无法把我们的梦想,构建在猜疑的心上。

——埃尔维斯·普莱斯利(Elvis Presley)

描绘出 2035 年的中国金融，我们不仅需要预测未来，更需要对金融不断演进的本质有深刻的认知。以简单、直接、有效的方式将储蓄转换为投资，实现资金跨时间和空间的移动。金融的本质虽然简单，但是伴随人类文明数千年的金融实践却是景象万千。无论是具体采用的金融工具和提供的金融产品和服务，还是金融中介流程、操作以及背后的金融思想和技术，或是金融活动的组织形式，这些从不同维度构成金融的元素与塑造人类文明的各类活动一直持续而且高强度地互动着，并随着时间的流逝呈现出不同的形式和特质。

热力学第二定律和金融的演进

不断演进的金融最终归于何处？我们这个时代的金融是积重难返，还是能够不断吐故纳新甚至凤凰涅槃？几千年的金融发展史呈现在人们眼前的是"形成—演进—融合—蜕变—再形成"这样一个周而复始的过程。借助物理世界的规律来理解金融世界的演进。热力学第二定律认为在一个封闭的系统里虽然能量守恒，但是衡量系统混乱程度的指标熵（entropy）总是随着时间的推移在逐渐增加；除非有外力去打破这个封闭系统，阻止熵值增加，否则这个封闭系统最终将达到熵值最大化，陷入一种混乱的平衡状态。如果把金融理解成热力学第二定律所描述的封闭系统，金融的演进是否也是一个"熵"值在不断增加的过程？我们这个时代的金融虽然也在不断创新、不断在演进，但是金融服务实体经济的效率始终乏善可陈，"金融发展之谜"一直存在，而且金融漫长的演进过程中周而复始出现的金融危机给经济社会带来摧毁性的冲击，不仅给怀疑金融价值的人提供大量的口实，还让人们对金融未来演进的方向产生深深的忧虑。

世事变幻。经历了 70 年发展的新中国金融，如今又进入一轮新的"形成—演进—融合—蜕变—再形成"周期。"金融发展之谜"在中国不仅存在，而且其程度远远超过与中国发展阶段相似的国家，以及那些发展阶段远超过中国的国家。中国金融业的居高不下的利润和金融业增加值占 GDP 比例不断攀升，很难用市场经济的原理来解释。在市场机制下，尤其在充分竞争情况下，过高的利润显然会吸引新的进入者，导致竞争加剧，中介成本下降，最终整个金融行业达到一个均衡状态。在这样一种均衡状态下，行业必然出现结构分化。而整个金融行业在很长一段时间保持高利润，暗示着这个行业正变成一个封闭的系统，享受着制度红利。金融演进，包括中国的金融演进，是否已经变成一个熵增过程？

熵值不断增加的演进过程需要干预。中国金融演进需要新的发展理念和发展路径，否则，花费了这个社会大量的稀缺资源推动形成的金融体系，很难成为"我们热爱的金融"。驱动金融不断演进的金融创新和不断涌现的新的金融思想能否引导金融实践回归到"坚定不移地降低金融中介的成本"这一方向，将直接决定 2035 年的金融是否是好金融。

形成 2035 年中国金融的五个"必然"

中国金融的未来演进能否破解"金融发展之谜"，有效降低金融中介的成本？有必要重温我在本书第二章提出的金融演进模型（见图 2-1）：金融发展的基础设施决定金融中介模式，包括金融产品和服务、流程和交易结构、金融活动的组织形式及其背后不断发展深化的金融思想，而金融中介模式进而决定金融在经济社会生活中所起的作用是正面的或是负面的。

形成中国金融未来演进的基础设施是什么？也就是说，什么样的不可抗拒的力量将帮助形成2035年中国金融？引用凯文·凯利在描述未来不可避免会出现的技术变革趋势时使用的词汇——必然（inevitable），什么样的"必然"将提供未来16年中国金融活动的一个宏大背景，参与形成2035年中国金融？

经济总量和金融资产规模的爆发式增长

经济发展阶段和经济增长模式对金融中介模式的形成具有重要的作用。虽然有各种缺陷，国内生产总值（GDP）和人均GDP还是经济学家们最常用的衡量经济总量或是经济发展水平的指标。中国的GDP在2018年已经达到90万亿元。虽然中国经济已经从高速发展阶段迈向中等增速阶段，对高质量发展的追求使得中国对未来经济增长动能的倚重也在发生从要素投入转向效率驱动的迁移，但是中国未来的经济增长仍有很大的韧性和可持续性。主要原因有四：其一，依国际经验，后发展的国家在经济增速的保持方面大都会做得更好——因为起步晚的国家可以借鉴相似国家的经济发展经验和产业转型经验，更好地提高全要素生产率（TFP）的增长速度；其二，中国未来20年拥有诸多有利于经济保持一定增长速度的结构性因素。例如，中国经济的体量大，增长空间广阔；中国拥有数量不断增长的中等收入群体，他们消费能力和消费意愿在不断加强，这有利于消费在未来成为中国经济增长的重要推动力量；其三，全要素生产率（TFP）将成为中国新一轮经济增长的重要动能，中国在科学技术的投入以及深化改革开放所释放的制度红利，有利于中国在较长一段时间保持比较高的全要素生产率增速；其四，中国目前的人均资本存量只是主要工业国家的1/3~1/2，未来仍有大幅提升投资的空间；如果投资资本收益率（ROIC）能够不断提高，中国经济保持一定增速的可能性非常大。

基于上述分析，我预测中国经济增长的基准情形如下①：2019 和 2020 年能够保持 6% 的 GDP 增速（大约 5.5% 人均 GDP 增速）；2021—2025 年的"十四五"期间，GDP 增速为 5.5%（人均 5%）；2026—2030 年，GDP 增速下调至 5%（人均 4.5%）；2031—2035 年，中国 GDP 增速为 4%（人均 GDP 增速大致也维持在 4%）。②按照上述假设，**中国的 GDP 总量在 2035 年将达到 210 万亿元（按 2018 年不变价），在现在 90 万亿元的基础上增加 133%**。

表 10-1 中国人均国内生产总值预测③

人均 GDP		2017 年	2020 年	2025 年	2030 年	2035 年
增速			2019—2020 年 5.50%	2021—2025 年 5.00%	2026—2030 年 4.50%	2031—2035 年 4.00%
购买力平价（国际元）	2011 年不变价	15 309	18 062	23 052	28 727	34 950
	2017 年不变价	16 806	19 828	25 306	31 536	38 368

数据来源：根据世界银行世界发展指标（WDI）计算。
注：人均 GDP 增速设定已剔除人口增长因素。

210 万亿元的 GDP 总量对应着什么样的经济发展水平？学术界一般用转换成购买力平价来计算的人均 GDP 水平来衡量一个国家的经济发展水平。我在表 10-1 给出了按 2011 年购买力平价计算的中国人均 GDP。按 2011 年购买力平价计算，中国的人均 GDP 在 2017 年已经达到 15 309 国际元。在基准情形下，中国按 2011 年购买力平价计算的人均 GDP 在 2035 年将达到 34 950 国际元。对比世界主要工业国家，美国在 1988 年人均 GDP 达到 3.5 万国际元（按 2011 年购买力平价）；德国在 1998 年达到这一水

---

① 这里引用的是北京大学光华管理学院《2035 年远景目标和 2050 年展望研究》课题组对 GDP 未来增长的假设。
② 一般估计，中国在 2029 年或是 2030 年达到人口峰值，之后，人口开始逐渐下降；但因为人口平均寿命延长，人口数量下降的速度在 2031—2035 年之间应该比较小，对人均 GDP 增速的影响不大。
③ 北京大学光华管理学院《2035 远景目标和长期展望报告》。

准；法国、英国、日本分别于 2001 年、2003 年、2004 年人均 GDP 达到 35 000 国际元。中国 2035 年的人均 GDP 大约对应着美国 1988 年的水平、日本 2004 年的水平，韩国 2016 年的水平。

中国 2035 年的经济总量和人均 GDP 水平对 2035 年中国金融中介模式的形成有极大的影响。首先，中国金融资产的规模在未来 16 年将会出现爆发式增长。我在第四章的图 4-1 给出了中国和美国 2004—2018 年间金融资产与 GDP 的比例。2004—2018 年间，中国金融资产与 GDP 平均比例为 3.3 倍。中国这一指标的峰值出现于 2016 年，4.3 倍，2018 年该指标下降到 3.9 倍。作为对比，美国 2004—2018 年按同一口径计算的金融资产平均为 GDP 的 4.3 倍，2018 年美国金融资产是 GDP 的 4.5 倍。我们假定中国的金融资产与 GDP 的比例在未来不发生结构性的巨大变化，仍然保持在 4 倍。那么，中国金融资产的规模将从现在的 351 万亿元增加到 2035 年的 840 万亿元（按 2018 年价格）。作为世界上金融资产规模最大的银行中国工商银行现在的资产规模大约在 28 万亿元，2035 年 840 万亿元的金融资产规模意味着中国金融在 2035 年能容纳 30 个现在的中国工商银行——伴随着中国经济总量的变化，中国金融资产的规模有极其广阔的增长空间。

其次，经济总量和人均 GDP 的变化对中国金融资产的结构也会带来深远影响。第四章提供的数据显示 2018 年，中国的金融资产中，银行资产、股票市值和债券市值所占的比例分别为 75%、12% 和 13%。中国的融资结构以债务为主，其中银行体系提供的各类信贷更是占到社会融资总额近 80% 的比例；此外，在中国经济高速增长阶段，以房地产和基础设施为抵押品提供的社会信用是中国金融资产的重要来源。2035 年中国经济增长的动能将转向全要素生产率（TFP）。我们的分析显示 2035 年中国全要素生产率水平将达到美国的 65%，意味着中国全要素生产率每年增速需要比美国高出 1.95 个百分点，在 2.5%~3.0% 之间。为此，中国经济增长的动能必须将转向数字经济、AI（人工智能）、大数据、5G（第五代移动通信技术）、量子信息科学等方面的投入以及进一步改革开放所释放的红利。这一切对 2035 年中国金融资产的来源和结构将带来影响——可以预计银行资产所占的比重将大大降低[一]，股权融资尤其是来自高科技驱动行业的股权融资所占比例将大幅上升；金融行业的结构也将发生变化，金融巨无霸们对金融体系的影响将逐渐减弱，采用差异化模式的中、小型金融机构在经济社会生活中将越来越重要。

产业结构的巨大变迁

中国经济正在经历从高速增长向高质量发展的转型，增长引擎如今正从投资转向了消费，从要素投入转向全要素生产率和投资资本收益率的提高。这些宏观的经济趋势正在重新塑造中国经济的图景和产业结构。在传统的资本密集型行业如金融、能源、大宗商品、房地产和低端制造业等领域的巨型企业，无论是国有还是民营，未来增长的前景都不会像过去40年那么明朗。如果无法提升在价值链上的位置，它们甚至有可能被市场所淘汰。而崭露头角的新兴企业也必须认识到持续的增长需要有快速增长的市场来支撑。伴随中国人均收入水平的提高和经济增长动能的变化，未来有高增长潜力的行业包括新兴工业（高端制造业、IT制造业、清洁能源）、新消费（电动汽车、娱乐产业、教育产业）、互联网（电商、游戏、互联网金融）和健康产业（医疗健康服务、医疗保险）等。通过国家发展战略的制定和具体规划的执行，激发全社会创新活力，大力弘扬企业家精神，让市场在资源配置上扮演决定性作用，逐步实现与经济社会发展同步的产业结构。

产业结构的变迁必然影响2035年的中国金融。从上市公司结构看，大量的上市公司将来自未来有高增长潜力的行业：新兴工业、新消费、互联网、健康产业；同时，我们预计债务在金融资产中所占的比重也将下降。来自房地产、基础设施、地方政府等的债务将大比例减少，更多的债务融资将来自上述提到的具有高增长潜力的行业。

来自需求端的剧烈变化

人口结构和质量的变化、消费和消费结构的变迁等将改变中国经济的

[一] 2018年美国金融资产中银行资产的占比只有25%，远低于中国的75%。

需求端，从而对 2035 年的中国金融带来深刻影响。关于人口结构的变化，我在本书第九章特别是表 9-1 中有很多讨论，主要反映为人口老龄化加剧。至 2035 年，中国老年人口抚养比将会达到 36.9%；65 岁以上人口将占到中国总人口的 23.29%，达到 3.35 亿人。而美国在人均 GDP 达到 3.5 万国际元的 1988 年时，65 岁以上的人口占比是 12.46%，老年人口抚养比为 18.91%。中国人口老龄化的程度在 2035 年将非常严重。

中国人口结构当然还有另外一面，按目前人口出生率以及未来可预期的变化趋势，到 2035 年时中国 1990 年后出生的人大约在 4.7 亿~5 亿；其中有一半的人受过大专以上的高等教育，而中国受过高等教育的总人数将达到 3.2 亿人，其中约有 2.5 亿~2.7 亿人仍为劳动力人口。[一] 中国劳动力质量将发生巨大改变。提高的人力资本有利于全要素生产率的提高和经济发展质量的改善。更为重要的是，相当于欧元区人口总数的"90 后"（1990 年以后出生的人）年龄在 45 岁以下，他们将构成 21 世纪上半叶全世界最大的消费群体。他们的消费意愿、消费偏好和消费能力将在很大程度上从需求端来决定未来全球产业格局及其变迁。"中国制造"将变为"为中国制造"——为中国这个崛起的消费群体制造。

除人口结构和质量外，消费也将发生巨大变化。2035 年的中国，人均 GDP 按 2011 年购买力平价将达到 3.5 万国际元，相当于发达国家大约在 21 世纪初的水平。经济发展水平的提高，人口结构的变化等将对消费和消费结构产生巨大影响。我们估测如果中国到 2035 年达到发达国家 21 世纪初的消费率，那么居民消费占 GDP 的比重将从目前的 38% 增加到 58%，相当于 GDP 20 个百分点的增幅；其中，按服务消费占总消费比例来衡量的消费结构也将发生巨大变化，服务消费占比将由目前的 44.2% 上升至 60% 的水平。按照我在上文提到的中国 2035 年经济的基准情形，中国 GDP 届时将达到 210 万亿元（按 2018 年价格），这样意味着中国居民消费在 2035 年将达到 122 万亿元之巨，其中居民的服务消费总额也将达到

[一] 北京大学光华管理学院《2035 远景目标和长期展望报告》。

73万亿元。

这一切将深刻地影响中国2035年的金融中介模式的方方面面。例如，人口老龄化和消费率的提高将冲击储蓄率，储蓄率的下降未来几乎可以确定，这将对建立在高储蓄率基础上的中国金融体系带来直接的冲击，以银行信贷为主要资金提供方式的金融中介模式将被迫转型，以客户为中心的全方位、全生命周期的金融服务模式或将以某种方式脱颖而出。

此外，人口老龄化和消费率的提高也反映在对房地产投资的需求方面。未来房地产投资和土地价格都会显著下降。以土地和房地产等为抵押品形成的社会信用这样一种货币创造机制在中国面临转型的必要，这对中国金融体系尤其是金融资产的结构将产生深远的影响。同时，这个过程将伴随着房地产价格、土地价格、地方政府信用价格等的调整，同样会影响到金融体系。

需求端的变化还反映为未来中国对医疗养老、财富管理和社会保障等的需求将大幅上升，这不仅影响未来产业结构的变迁，也将给金融系统带来不可预测的冲击。人口老龄化时代财富管理需求迅速上升，消费率提高使得消费金融的发展变得更为迫切……这一切将深刻影响2035年中国金融业态和金融体系所提供的产品与服务。

信息技术和AI带来金融底层技术和中介模式的巨大变化

未来16年，数字经济的崛起已成必然趋势。移动互联网的普及，包括电子商务、云计算、移动支付、区块链等在内的数字化工具的不断崛起，大数据和人工智能等技术的发展，物联网的出现和发展，数字科技已经全面参与到我们的生活和经济活动之中。现代科技的成果和金融也在有效结合，反映为金融科技（Fintech）的发展。金融科技指的是由技术带来的金融创新。它能够产生新的商业模式、新的应用场景、改变金融中介的过程或产品服务的呈现形式，从而对金融市场和金融机构产生重大影响。

以针对小微企业的金融服务为例。小微企业贷款难是困扰全世界各个国家金融体系的一大难题，一直没有好的解决方法。在中国，虽然以小微企业为主的民营经济贡献了80%的就业和60%的GDP，但是民营企业融资难、融资贵一直无解。中国互联网的用户数量已经达到8.29亿，互联网尤其是移动互联网把中国变成了全球最大的电子支付市场，各类无处不在的"应用"（例如，支付宝、微信等）产生海量数据，而大数据和人工智能等分析方法的运用大大降低了银行与企业之间的信息不对称，重新塑造了金融机构与企业之间的互动方式，在某种程度上提供了解决小微企业融资难和融资贵问题的答案（刘俏，2018d）。

以蚂蚁金服旗下的网商银行为例，在获得借款人的授权之后，网商银行分析实时交易以了解借款人的信用情况，如果决定给予贷款的话，借款人几乎立即可以获得现金。整个过程只需要三分钟，而且不需要人工。借助实时支付数据和一个分析逾3 000个变量的风险管理系统，迄今成立仅四年的网商银行向近1 600万家小微企业提供了2万亿元人民币的贷款，而且到目前为止的违约率极低，只有1%。[一]

建构在技术基础上的金融科技在深刻改变金融、重塑金融中介模式的同时，也带来一系列新的风险，对金融监管提出新的挑战。数据化正在产生新的市场主导型平台（例如，谷歌、亚马逊、脸书、阿里巴巴和腾讯等），这些平台正在建立一种基于组织和技术的架构，旨在锁定对数字经济更大范围和更深层次的把控。假如这些拥有丰富数据资源和领先数据分析能力的企业大规模进入金融领域，因为"数据垄断"是否会形成新型垄断，产生新的信息不对称？这样的金融科技不仅限制了市场竞争，而且有可能会损害消费者利益。此外，如何监管以数据和算力来驱动的未来金融科技巨头对现有的金融监管思维和架构构成严峻挑战。大数据和AI时代，市场的边界更加模糊，具有数据垄断地位的大平台甚至可以免费提供很多产品和服务——因为"羊毛出在猪身上"。金融科技的发展虽然赋能包括传统金融机构在内的所有金融服务提供者，但是金融科技不能消除期限错配、流动性错配等传统风险。甚至，金融科技的发展可能带来数据安全、网络稳定性、隐私泄露、洗钱等新的风险。监管机构在把握鼓励金融创新

[一]《累计2万亿元，马云的放贷机器正在改变中国银行业》，彭博商业周刊中文版，2019年7月30日。

更好地服务实体经济与管理风险之间将不得不面临更多、更复杂而微妙的权衡。

科技与金融的结合能否把金融中介的成本降下来，破解我在本书多次提及的"金融发展之谜"？如何让一系列金融创新带来的社会收益（social return）超过私人收益（private return）从而使得未来的金融发展不再是一个"熵值"增加的过程——科学技术是答案，还是问题的一部分？

金融思想的演进

法国数学家亨利·庞加莱（Henri Poincare）曾经说，"思想只是漫漫长夜的一道亮光。但这道亮光意味着一切。"（Thought is only a flash in the middle of a long night. But this flash means everything）。上下数千年的金融演进史是一部思想史，那些漫漫长夜中一道道亮光，丰富着人们对不同时代金融本质的理解，也照亮了金融演进的进程。

伟大的金融思想具体体现为一系列基准理论，反映的是它们所处时代的研究者们对重要问题的最大共识。伟大的金融思想追本溯源，探究最根本的因。它们是金融研究的重要范式，推进人们对金融问题的认识，不断处于在证伪的过程中，直至更合适的范式的出现……我无法穷尽数千年金融演进过程中涌现的那些伟大思想，冒着挂一漏万的风险，也反映个人的偏好，我在这里择出那些历经岁月山河仍旧熠熠闪光的基准理论。

金融起源于货币。我首先讨论奠定现代金融中介体系的理论基石——货币理论。千百年来，人们对货币的本质和货币创造机制的认识一直在变化着。马克思在《资本论》里将货币定义为"充当一般等价物的特殊商品"（例如，贝壳、青铜、黄金、白银等）。马克思虽然强调货币的三大基本职能：记账、支付和财富储备。但他基本上将货币的形式确立为"实物商品"。《资本论》面世150多年后，全球货币金融体系发生了天翻地覆的变化。货币的属性逐渐从"特殊商品"变成了"信用货币"，发行主体从私人变成了国家和私人共同参与。

现代货币银行体系下，中央银行是主要的货币发行方，央行发行的货币主要是流通中现金和商业银行在央行的存款准备金，这部分货币被称为基础货币或是高能货币；而商业银行通过银行存款和部分准备金制度，参与到货币的创造过程中。货币创造权，因而由中央银行和商业银行共同分享。央行通过发行现钞获得利益，这部分收益叫铸币税；商业银行通过吸收存款参与货币发行，也分享铸币税。事实上，参与货币发行和进行信用风险管理构成商业银行利润的主要来源。在现代经济生活里，货币的构成除了黄金、现金等，绝大部分剩余部分完全可以变成计算机里的数字表达。央行发行数字货币并不是什么新东西。现代货币理论已经为央行发行数字货币或是机构发行"稳定币"提供了理论基础。我稍后讨论为什么以数字货币为核心的金融创新有可能会催生新的货币理论。

除了货币理论外，人们广为接受的金融基准理论（金融思想）还包括：（1）收益与风险匹配原则，即一个金融资产的收益率取决于其风险的大小，威廉·夏普（William Sharpe）1964年提出了资本资产定价模型（CAPM），为衡量风险和收益之间的关系找到了一个简洁的数学表达；（2）无套利机会原则（Law of One Price），即著名的"一价定律"，指的是两个未来收益完全一样的金融资产应该价格相等，否则存在套利机会。费希尔·布莱克（Fischer Black）和迈伦·斯科尔斯（Myron Scholes）将这一准则应用于金融期权的定价研究，通过严格的微分方程表达与求解，得到著名的布莱克－斯科尔斯期权定价模型，为金融衍生品的定价找到了一个基本框架；（3）MM定理——在一定的假设条件下，企业的资本结构与企业价值不相关。弗兰克·莫迪里安尼（Franco Modigliani）和莫顿·米勒（Merton Miller）1958年联合在《美国经济评论》上发表的这篇著名论文用优美的数理逻辑回答什么是最优资本结构，为后人理解杠杆率这一问题提供了分析框架；（4）市场有效性假说——在一定的假设下，市场价格总是合理的——投资者不可能打败市场，获取超额收益。尤金·法玛（Eugene Fama）在20世纪60年代提出的有效市场假说，使人们对金融市场行为的理解更为深刻，而对市场有效性假说不断证伪的过程催生出行为金融，极大地丰富了人们对投资者行为和金融体系运行的理解；（5）货币中性假说——从长远看，货币政策与经济增长和商业活动无关。诺贝尔经济学奖获得者罗伯特·卢卡斯（Robert E. Lucas, Jr.）从理性预期角度发现经济生活的参与者会对货币政策形成预期,并以此调整改变行为模式,在均衡状态下,货币政策对经济增长、就业等不会带来实质性影响。货币中性假说对我们理解货币政策的局限性带来深刻的启示……

理论是鲜活的实践的映射。理论一旦现成,注定以极大的思想力量引导现实世界中的金融实践和创新。**金融演进过程中随着数据的积累和实证证据的累积,当科学家在深思熟虑后认为现有的范式不能再顺利推进人们对问题的理解和进一步的研究时,他们就会不得不舍弃以往的范式,进而采纳新的范式。**[一] 金融新思想因此产生。

金融学研究到了一个需要新的思想甚至新的研究范式的关键时间节点。现有的理论很难解释为什么不断推陈出新的金融创新,高、酷、炫的金融概念,隐藏在海量数据和复杂的微分方程背后的各种估值模型,甚至金融活动组织形式上的大胆尝试等都没能有效降低金融中介成本这一事实!如果现代金融的演进是个"熵值"增加的过程,我们需要打破这个封闭系统,而这个打破的过程将为崭新金融思想的出现提供最坚实的土壤。

人类社会从农业社会过渡到工业社会,再逐渐进入信息社会,数据量在以几何级数爆发式增长。谷歌前行政总裁埃里克·施密特(Eric Schmidt)曾经观察,"人类社会现在每两天产生的数据量就相当于从史前文明一直到2003年所产生的所有数据量的总和。"在农业社会和工业社会,金融的演进或许是缓慢和循序渐进的;进入信息时代之后,海量数据和更为强大的分析工具无疑加快了金融演进的速度。但是我们这个时代的金融怎样才能通过不断的"试错"找到更好地建立信任、降低中介成本的方法?这一过程中必然会呼唤,也会产生新的金融思想。

突破也许会来自货币理论——金融学最基础的理论之一。2019年6月18日,美国科技公司脸书发布白皮书,宣布它将推出一种叫作Libra的加

[一] 我一直认为经济学和金融学是科学,经济学家和金融学家自然也是科学家。当然,读者不接受此观点也没关系,这不影响对本书的阅读。

密货币，并计划在2020年上半年正式上线。消息一出，引起轩然大波。Libra锚定包括美元等在内的一篮子法定货币，其价格与这一篮子货币的加权平均汇率挂钩，币值因此将呈现较低的波动性。Libra将自己的使命描述为"建立一套简单的、无国界的货币和为数十亿人服务的金融基础设施。"对Libra的可行性和意义进行评估为时尚早。我认为，类似于Libra的加密货币似乎还没有到公开发行的成熟时机，因为它会威胁到国际货币体系的运行。虚拟货币必须在相应法律和监管的前提下活动，必须在尊重反洗钱和反恐怖主义融资的规则下进行交易，而且最起码需要确保交易账户和数据的安全。尽管如此，Libra的宣布将数字货币这个话题放置在聚光灯下。可以预期，未来若干年，一些国家和类似脸书这样的互联网巨头会展开数字货币的尝试。

　　数字货币的尝试极有可能在不久的未来改变货币创造机制，从而对现有的货币理论形成强烈冲击。在高度发达的IT技术支持下，支付结算这种金融行业的基础设施类业务，完全可以由中央银行进行。各经济主体通过直接在中央银行开立账户，跳开商业银行体系。此举将打破商业银行在支付结算体系的账户优势，当前很多数字货币体系的构建设想，都已包含此类内容。这将削弱商业银行的货币创造权，不仅对商业银行利润，甚至对其存在合理性都将构成致命的冲击。此外，类似脸书这样的私人机构涉足货币领域，虽然在最初只是履行货币的支付职能，但在有针对性的监管缺位的情况下，最终会衍生出信用货币创造的能力。这里的货币创造机制将类似资产证券化下（而非银行信贷下）货币的创造："第三方支付—货币基金—债券基金—资产支持证券—信贷资产"。这种新型货币创造链条将赋予更多的机构货币创造的权利，冲击商业银行的业务模式，改变未来的

㊀ 脸书发起的Libra联盟（Libra Association）已得到27家机构的响应，包括Visa（维萨卡）、Mastercard（万事达卡）等传统支付巨头，也包括PayPal（贝宝）、Uber（优步）、eBay（易贝）等新型科技巨型企业，还广泛覆盖了投资、区块链、社交媒体、通信、电子商务、共享出行、非营利组织、音乐、旅行等多领域的"头部公司"。根据计划，到2020年上半年，联盟成员将增加到100家左右，并将在五年后进一步放松准入门槛，向全球机构开放。

金融生态。

在本书的写作过程中，中国人民银行宣布了央行数字货币的投放方案。○未来央行数字货币将采取双层运营体系，也就是央行先把数字货币兑换给银行或者是其他运营机构，再由这些机构兑换给公众。为了保证央行数字货币不超发，商业银行向央行全额缴纳准备金。双层运营体系不会改变现有货币投放体系和二元账户结构，不会对商业银行存款货币形成竞争；而且现阶段的央行数字货币设计，注重 M0（纸钞和硬币）替代，而不是 M1、M2 的替代。显然，央行目前的数字货币设计非常温和，更像是为现金找到了一个数字符号的表达形式。

必须指出，这只是中国法定数字货币发行的第一步。在未来的发展中，会不会有这样一种可能性，央行直接将数字货币投向公众账户，从而剥夺商业银行存款货币的创造权力？这种情况下，央行以国家信用背书直接发行货币给公众账户，中国金融体系在实质上又将回归到改革开放前的单一的中国人民银行体系。兜兜转转，我们又回到了起点？显然，这只是一种猜测，但是通过技术独控货币发行，独享铸币税，这对任何一个机构而言，又何尝不是一种巨大的诱惑？

关于货币创造权的博弈，将深刻影响 2035 年全球金融，当然更包括中国金融。**改写货币理论的时候可能已经提前到来！**

建立信任比掌控信息更重要

尼尔斯·玻耳○曾经说过一段在科学界引用甚广的名言，"预测非常难，尤其是关于未来。"预测 2035 年的中国金融非常非常难。我在上节提到的五个"必然"将以什么样的方式与中国金融机构和金融市场形成多层次、多维度的交互，最终形成 2035 年的中国金融？2035 年的中国金融能

○ 央行支付司副司长穆长春 2019 年 8 月 10 日在中国金融四十人论坛上的讲话。
○ 丹麦物理学家，1922 年诺贝尔物理学奖获得者。

否有效破解"金融发展之谜",成功地将金融中介的成本降下来?

很多业界人士甚至包括政策制定者笃信技术的力量,相信大数据、物联网、区块链、人工智能,甚至数字货币等将从根本上改变未来的金融生态,让金融以全新的面目服务实体经济。我想特别强调,科学技术绝对可以帮助人们更好地收集信息,更好地分析数据,更有效地化解信息不对称,但这一切并不一定能够降低金融中介的成本。技术的进步并不一定带来金融的进步。回到我在图 1-1 中讨论过的金融的本质,降低金融中介成本最重要的前提是降低资金多余方和资金需求方之间建立信任(trust)的成本。**再先进的技术,如果不能有效降低资金两端建立信任的成本,是无法降低金融中介成本的**。如同猫王埃尔维斯·普莱斯利(Elvis Presley)在《猜疑的心》(*Suspicious Minds*)中唱过的,"我们无法把我们的梦想,构建在猜疑的心上。"(We cannot build our dreams on suspicious minds)。

从一项学术研究说起

我想用一定的篇幅,讨论我最近和两位合作者邓家品和汪小圈完成的一篇工作论文。我想以该文为基础特别强调降低"建立信任的成本"的重要性。(Deng, Liu, Wang, 2019) 在这篇论文中,我们研究地级市层面金融中介成本与建立"信任"成本之间的关系。因为数据限制,我们无法直接衡量地级市层面每一年产生和维持单位金融资产的成本。但是,我们利用方程[见式(10-1)]通过线性回归获取式(10-1)中的参数值,在此基础上将 2004—2016 年每个地级市每一年的金融增加值、GDP、银行信贷存量、IPO 融资额、股票市值、债券总额和增资配股金额代入[见式(10-1)],计算出残差项,$\mu_{i,t}$。我们将每个城市每一年的这个残差项称为"额外的金融中介成本"(excessive intermediation cost)。$\mu_{i,t}$ 衡量的是为制造和维持该城市在某年的金融资产,在现有的金融体系和金融资产结构下,融资方需要支付的额外成本。显然,$\mu_{i,t}$ 越高,表明同等情况下金融中介的成本越高。

$$\frac{\text{金融增加值}_{i,t}}{\text{GDP}_{i,t}} = \delta + \psi_1 \frac{\text{银行信贷}_{i,t}}{\text{GDP}_{i,t}} + \psi_2 \frac{\text{IPO}_{i,t}}{\text{GDP}_{i,t}} + \psi_3 \frac{\text{配股}_{i,t}}{\text{GDP}_{i,t}}$$

$$+ \psi_4 \frac{\text{债券}_{i,t}}{\text{GDP}_{i,t}} + \psi_5 \frac{\text{股票市值}_{i,t}}{\text{GDP}_{i,t}} + \mu_{i,t}$$

$$(10-1)$$

我们研究了能找到数据的257个地级市，发现这些城市"额外的金融中介成本"的差异性非常大；从研究角度讲，这为寻找那些决定金融中介成本差异的因素提供了便利。在我们的研究中，我们用一个城市的"文化割裂程度"（culture fractionalization）来衡量在该城市建立"信任"的难易程度。"文化割裂程度"与当地的方言有关，定义为该城市随意碰上的两个人讲不同语言的概率有多大。"文化割裂程度"取值越高，表明在当地碰上讲不同语言（拥有不同子文化）的人的概率也就越高，建立信任的难度就越大。在我们的样本里，257个地级市"文化割裂程度"的均值为23.8%，表明在中国地级市碰上讲不同语言的人的平均概率为23.8%。

我们关注的焦点是"文化割裂程度"与"额外的金融中介成本"之间的关系。我们的假设是：越难建立信任的地方，金融中介的成本越高。我在表10-2中显示了这项研究中一些重要的发现和相关的结论。值得一提的是，严肃的读者会对表10-2中的模型及结论提出各种质疑，包括如何确立因果关系，样本是否合理，衡量金融中介成本的变量是否存在"幸存者偏差"，中国2009年开始崛起的影子银行业务是否会对实证结果产生影响等。我和邓家品、汪小圈在研究中对这些常见的计量经济学问题做了非常详细的处理，有兴趣的读者可以阅读该论文。在这里，我只讨论几个重要的研究结果。

先看表10-2中第一列的结果。我们发现"文化割裂程度"与"额外的金融中介成本"之间存在着非常显著的负相关关系。在我们的研究中，我们用工具变量的方法去控制文化割裂程度这个变量里的内生性，确保它与额外的金融中介成本之间的关系是因果关系。第一列的结果显示当一个城市里的居民更容易碰上与自己语言和文化不同的人时，这个城市总体讲金融中介成本（融资成本）会更高些。值得注意的是，"文化割裂程度"

可能衡量的是人与人之间建立信任的难度，也可能衡量的是"沟通成本"。因为语言隔阂，信息交流不通畅，需要额外的成本去解决信息不对称问题，因此拉高了金融中介的成本。

表 10-2　金融中介成本与信任之间的关系

	中介成本 (1)	中介成本 (2)	信任他人 (3)	地震捐款 (4)	献血概率 (5)
文化割裂程度	3.130** (1.311)	2.612** (1.163)	-0.194*** (0.073)	-0.337*** (0.042)	-0.113*** (0.042)
文化割裂程度 ×普通话		2.151 (3.789)			
普通话		-0.448 (1.054)			
样本量	1 664	1 664	30 747	30 747	30 747

来源：Deng, Liu 和 Wang（2019）；作者整理。

*、**、***分别对应着在10%、5%和1%的水平上呈现统计意义上的显著。

值得注意，如果是"沟通成本高昂"这样的原因，那么通过更为通畅的信息收集和分享，金融中介的成本应该能够降下来。为了区别这两种不同的底层作用机制，我在第三列中显示了另一组结果。在第三列，我们将这257个城市分成讲普通话的区域和不讲普通话的区域。如果一个城市属于普通话语系，那么"普通话"这个变量的取值为1，反之则为0。如果导致文化割裂程度和额外的金融中介成本之间负相关关系的原因是沟通成本（因为讲普通话的地区的人相对而言沟通成本不会太高），"文化割裂程度"对金融中介成本的影响相对会弱些。然而，正如第三列结果显示，讲普通话与否对结果影响并不大，具体表现为"文化割裂程度和普通话"交乘项的系数在统计意义上不显著。是信任，而非沟通成本，导致了我们观察到的实证结果。

当然，最直接的证据来自表10-2的第四~六列。这里，我们利用中国家庭调查数据进行实证分析。在第四列中，调查数据为某人是否愿意信任他人，该变量得分越高表明越容易信任人（满分是10分）。在我们的回归分析里，我们发现在"文化割裂程度"高的城市里的人相对而言并不是特别愿意相信他人。这提供了直接的结果证明当信任难以建立时，金融中介的成本降不下来。

在第五列中，调查数据调查受访人在2008年的汶川地震爆发之后有没有通过各种渠道向灾区捐赠。同样，我们发现，在"文化割裂程度"比较大的城市，当地居民更不愿意给灾区提供捐赠——缺乏信任似乎是背后的主要考量。

在第六列，我们利用中国家庭调查数据中关于受访人是否在当年献血来做有关信任的分析。一个人如果定期或是不定期献血，很大可能反映出这个人更有公心，更愿意付出，更少"猜疑的心"，更愿意在人与人之间建立起"信任"。如第六列的回归结果所示，"文化割裂程度"越高的城市，愿意献血的人的比例越低。

解决问题的不是技术，而是信任

表 10-2 的结果从不同角度印证了我在本书中多次阐释的观点，建设好金融最值得依赖的路径是找到创新的方法去降低建立"信任"的成本。然而，建立信任很难。引用年轻时常听的歌手埃米纳姆（Eminem）在接受访问时曾经说过的一段话，"建立信任很难。这解释了为什么我的圈子很小而且很封闭。我觉得认识新朋友是很滑稽的一件事。"

通过技术手段，利用各类创新，分析海量数据去化解信息不对称，并不一定能够降低金融中介的成本。类似脸书、亚马逊甚至阿里巴巴和腾讯这样的数据寡头会在未来以其数据和算力等方面的比较优势冲击金融行业；而传统金融机构也可以利用资本优势，大力发展新技术去赋能其金融产品与服务。然而，正如我在本节中一再强调，数据寡头的出现并不一定能够降低建立信任的成本。未来的金融演进是否是个"熵增"过程取决于人们能否找到更有效的方式去建立信任。在以大数据和人工智能为代表的新技术狂飙猛进、攻城略地之时，我想引用我在2017年北大光华开学典礼上致辞时讲过的一段话，谨慎地表达怀疑：

"当人工智能在越来越多的领域表现得比人类更为'聪明'时，我们的大学教育能给学生带来什么？计算机和人工智能大师阿兰·图灵曾提出用'模仿游戏'（imitation game）来测试机器是否会思考——在人和机器的对话中，看机器是否能做到和人一样好。后人把这称作'图灵测试'。我一直在想象一个反向的'图灵测试'场景——怎样在一群具有人类级智慧的机器中辨识出人的卓尔不群？在迎面而来的人工智能时代，人以什么样的品性和能力区别于具有高级智慧的机器？其实，正是对这个问题的回答将会告诉我们大学教育应该坚守的本质。**我认为真正的教育应该赋予人两种力量——'定义美好'的能力和'建设美好'的愿力（willpower）。**

AlphaGo 可以完败世界围棋第一人柯洁，但是 AlphaGo 不知道围棋之外的世界——那些胜利时的欣喜若狂和失败后的黯然销魂；人工智能可以写出能媲美优秀诗人的诗句，但不能像人一样感受'雾失楼台，月迷津渡'背后幽深的意境，或是'西风残照，汉家陵阙'里的历史苍凉；在智能投顾领域，AI 可以用复杂有效的算法拿出比人更理性的选股策略，但机器无法解悟牛、熊市交替下个体生命的喜乐和悲伤……运用得当，AI 可以给人类带来前所未有的物质上的富裕，但是人工智能无法帮助解决人类在精神层面的匮乏。机器没有人类拥有的无限创意，没有人类的情感和自我认知，无法理解什么是甜蜜的生活。使人能够区别于机器，乃至宇宙万物的，是思想；是'定义美好'的能力和'建设美好'的愿力。"

建立信任（trust）不是机器能够解决的，它取决于更为积极的人与人之间，人与社区之间，人与企业和各类组织之间的良性互动；取决于人是否具有"定义美好的能力和建设美好的愿力"；取决于人是否能够反思问题，坚守常识，回归到事物的本质。即使是笃信"看不见的手"和"经济人假设"的亚当·斯密也曾在 1759 年出版《道德情操论》（*The Theory of Moral Sentiments*）一书，强调道德和人类情感的重要。他认为，任何一个人必须依赖于他人的支持才能生存和发展，所以，为了获得他人的支持，人必然会压抑自己的私心，使其下降到他人能够接受的程度。利己的经济人在经济交易中，需要人类最原始的一种情感——"同情"——去建立人与人之间的纽带。

我们这个时代的任何金融中介活动，更广而言之，任何商业活动，都是由投资者、管理层、雇员、消费者、供货商、渠道商甚至监管者通过合同和各类"契约"形成复杂的社会网络关系来进行的。只有当这些复杂的社会关系能够通过社会和经济的架构、成文的法律约定或是其他安排形式（文化、宗教等）增强人与人之间的联结（bond），创造出信任（trust），在家庭、企业、社区，甚至更大的组织里建立起表现为所有权（equity）的归属感时，我们这个时代的金融才能够真正创造价值！金融行业不是信息行业，它的最终归宿取决于金融人秉持的价值观。

无独有偶，我在导言提及拉古拉迈·拉詹（Raghuram G. Rajan）的新书《第三支柱》。拉詹在思考如何在政府和市场之外激活构成社会的第三支柱——社区——所扮演的角色。充满活力的社区必然是构建在人与人之间的联结、彼此的信任和对更大的群体的归属感基础之上的。这种具有包容的地方性（inclusive localisam）并不意味着封闭，而是建立在更高层次上的开放精神之上的，它更强调对人的投入和激励，因此具有更大的自主性和更长远的可持续性。我们这个时代的金融如何与这样一种趋势结合？这个过程中将会涌现出什么样的金融实践和金融思想？

我在这里想以摩根大通（JP Morgan Chase & Co.）在底特律城市复兴中发挥的巨大作用为例，讨论金融机构如何积极回应经济生活的需要，真正创造出价值。伴随着美国制造业的衰落，"汽车之城"底特律辉煌不再：城市衰败、人口流出、能够提供就业机会的企业陆续迁离、财政无力支撑包括学校和医疗体系在内的公共服务开支、社会怨怼之气丛生、治安状况持续恶化……

底特律市政府启动"城市复兴计划"，打破只能靠产业投资和政府支出拉动经济增长的思想，通过市场化的手段投资于人力资本、能源效率、清洁技术和城市生态系统。摩根大通在底特律"城市复兴计划"中起到巨大的作用。在2014年"城市复兴计划"启动之时，摩根大通CEO吉米·戴蒙宣布摩根大通将在五年内投资1亿美元用于支持底特律的城市发展；这个数字后来增加到1.5亿美元，然后又增加到2亿美元。摩根大通强调对人力资本和创业精神的长远投资。通过就业培训、创业辅导和早期资金支持、城市核心区域改造等项目的实施，授之以渔，产生了非常好的效果：大量的创业企业涌现、就业机会大幅增加、服务业复苏并开始逐渐繁荣、城市开始变得更加宜居、人口也开始迁入……一个良性循环的生态系统出现在曾经败落、已经被绝大部分人放弃的城市。

摩根大通的"底特律"项目帮助激活了"社区"的活力，带来了非常正面的社会价值。这项金融创新的出发点体现了"好金融"的本质。它所带来的社会收益（social return）超过了私人收益（private return），为大金融机构 2008—2009 年金融危机之后略显不堪的社会形象挽回了不少颜面——**建设我们热爱的金融关键在于建立"信任"。**

建设 2035 年中国好金融

经济总量和金融资产规模的爆发式成长、产业结构的巨大变迁、来自需求端的重大变化、信息技术和 AI 带来金融底层技术和中介模式的巨大变化，以及金融思想的变迁，这五个"必然"（inevitables）将参与形成 2035 年的中国金融。2035 年，中国金融在产品和服务，金融中介的流程和具体操作和金融中介活动的组织方式上会有什么样的创新和变化？银行，是否会像比尔·盖茨曾预言的那样，"是 21 世纪最大的恐龙"，而颠覆银行的最后一根稻草是数字货币的出现及演进？这许许多多令人目眩神迷的问题的陡然出现，让人不禁对未来充满期待。

我不认为这个世界上有任何人能够描述出 2035 年中国金融的十之二三。2035 年中国金融的呈现，是在上文描述的五个"必然"所构成的大背景下，由政策制定者、监管者、金融从业者、金融行业的进入者和潜在进入者、金融产品和服务的消费者、金融中介活动的其他参与方、投资人等共同参与和博弈所形成。如果由这些金融活动的参与者们所形成的社会网络关系通过技术变革和社会资本的积累最终增强了联结，创造出信任，建立起更大意义上的归属感，那么 2035 年的中国金融才能成为我们热爱的金融。至 2035 年,中国的 GDP 按 2018 年不变价格将增加到 210 万亿元,中国将超过美国成为全球最大的经济体;中国金融资产的规模,即使按照目前趋势做个线性估测,也将从 2018 年的 351 万亿元增加到 2035 年的 840 万亿元。这将是 21 世纪人类历史上最为宏大的一个叙事。宏大叙事下无数个体用不同的方式、节奏和力度诠释这个变化的时代,他们留下的深浅不一的印记,将构成我们这个时代金融演进的轨迹。2035 年中国金融的大图景,是由千千万万个人通过共同努力合力创造出来的!

这一次的金融演进会不一样吗?大时代的波诡云谲中,毕竟还有贯穿人类历史长河的基本法则和金融千年发展留下的、历经岁月磨砺的普世规律。在我们回归到金融的本质、思忖怎样建设中国好金融的时候,下面这些思考和建议或有帮助。

没有任何一个时代、任何一个经济体能够否认金融对经济社会发展的重要作用。遗憾的是,金融在过去的演进过程中始终没有解决"金融发展之谜"。林林总总在产品和服务层面,中介流程和操作层面,以及金融活动组织形式层面的创新没有明显改善金融中介的效率,降低金融中介的成本。大量的金融创新带来的更多的是私人回报(private return)而非社会回报(social return)。建设好金融,**我们应该鼓励金融领域有更多的竞争,只有竞争才能够促进效率的改善**。金融领域的在位者(incumbents)出于自身利益考虑,很难主动做出提高中介效率的创新,这也解释了金融行业居高不下的利润率为什么能够长期延续。着眼长远未来的中国应该鼓励更多的进入者(entrants)进入金融,尤其是进入那些集中度特别高的金融业务(例如,保险箱服务、证券交易结算、支付及跨境汇兑等),甚至在时机成熟的时候,允许他们进入存贷业务,参与到货币创造过程中去。我无法确定中国金融未来的发展不再是一个完全由私人回报驱动的"熵增"过程,但是公共政策的实践告诉我们,市场竞争能够限制整个行业普遍存在的"寻租"行为,最终在一定程度上帮助提高金融中介的效率。

2008—2009 年全球金融危机让系统性风险这个概念频频出现在金融教科书或是金融监管白皮书的首页(front page)。系统性风险的出现和金融机构的规模庞大有关。毋庸置疑,任何金融机构都有足够多的动机去变得

"大而不倒"（TBTF）：规模带来市场影响力，带来监管和公共政策上的话语权，带来政治的影响力，甚至还可以绑架政府和纳税人以获得"隐性担保"。可以说，大金融机构一直享受着"大而不倒"的红利和寡头垄断带来的丰厚租金。寡头垄断的格局显然不利于普惠金融的发展；缺乏竞争本身也不利于金融更好地向变化的产业和消费需求提供必需的金融服务；越来越大、越来越不透明的金融机构使得风险更容易汇聚且在金融体系内传染。乔治·索罗斯曾说，"很不幸，系统越复杂，它犯错的空间也就越大。"（Soros，1994）未来的金融发展，一定要限制金融机构的规模。现有的金融机构不该继续越来越大。这一方面需要通过对资本充足率的严格要求防止现有的大机构通过杠杆的方式越变越大；另一方面需要特别警惕大机构通过并购的方式进入新兴业务领域，或是利用资本优势对金融领域的进入者进行围剿。

杠杆是金融的关键概念。金融过去的演进很大程度上围绕着杠杆进行。但是，长期以来，人们对杠杆形成了一系列认知上的误区，其中最大的一个迷思是，没有杠杆就没法做金融！然而，杠杆或许是现代金融体系的一个"bug"（缺陷），人们对它的迷思或许源于金融体系一开始就是错误的设计？过分执迷于利用杠杆来构建商业模式、设计金融产品与服务，是否是金融发展中一大误区？**我必须坦率承认，学界对这些问题还缺乏研究，也没有形成认知上的共识。但是，进入20世纪80年代之后的历次金融危机都与杠杆过高有关。这一事实本身提醒我们，金融未来的演进应该更多地关注杠杆带来的负面性，更应该提倡低杠杆的经营思想。**这或许对现有的金融机构（国有大银行、股份制银行、城商行、农商行、证券公司等）很难，毕竟积重难返——这些大机构已经形成路径依赖，对现有的监管体系和架构也有深入的研究和应对的系统。但是，对于未来新进入金融领域的创新企业，无论它们以什么路径进入金融，提倡低杠杆以及慎用杠杆的经营思想，不仅可行，而且必需，尤其是在这些创新企业还比较小的时候。

行文至此，我非常担心给读者留下一个印象——大型金融机构和金融行业的高集中度一定带来金融中介低效率。我绝非反对一切大机构。我一直记得20多年前在加州大学洛杉矶分校（UCLA）选修哈罗德·德姆塞茨

（Harold Demsetz）的产业组织与市场竞争课。①记得在课上，德姆塞茨用了整整一个学期的时间讲述市场竞争的不同形式。他一再强调，行业集中度绝对不是衡量市场竞争度的好指标：即使在寡头垄断的行业，如果这些巨头们在积极进行"进入新市场"的竞争（competition for the market），那么这个市场也是具有高度竞争性的市场（Demsetz，1968）。显然，德姆塞茨创造性地区分了两种市场竞争形式："进入新市场"的竞争（competition for the market）和市场内竞争（competition in the market）。当行业巨头们在不懈地进行"进入新市场"的竞争，在努力以更低的成本为客户提供更好的产品和服务（进入新的细分市场）时，行业集中化和寡头垄断的形成是技术创新带来的良性结果。它既是市场竞争的结果，同时也是对这些巨头们"企业家精神的馈赠"。正是因为这些公司更好、更有效率，它们的规模才得以扩大（Demsetz，1973）。德姆塞茨提出的政策主张在很长一段时间内影响了美国"反垄断"政策的制定与实施：行业巨头的存在不一定伤害市场竞争；判断一个行业的市场竞争度要从结果入手。

老师的教诲我一直铭记。哈罗德·德姆塞茨的理论其实非常适用于我关于金融体系演进的讨论。我们这个时代的金融体系太大、太臃肿、太不透明。现有的大机构规模上的扩大与它们具有更高的经营效率、更好的创新模式有关。但是，当大机构变成在位企业（incumbents），开始利用规模和网络优势获取竞争优势时，它们对现实生活中各式各样对金融服务的需求，不再能够做出敏捷的回应——**"进入新市场"维度上的竞争开始呈现严重不足**。限制现有的金融巨头利用规模和网络上的优势在"市场内竞争"赢家通吃，鼓励新的进入者，鼓励"进入新市场"的竞争。**我不是反对大机构，我是反对那些限制"进入新市场"的竞争的大机构。**我这些政策建议背后的经济学思想可以追溯到哈罗德·德姆塞茨以及和他同代的那些杰出的市场竞争的研究者和捍卫者。

经过千百年的演进，现在人们广为接受的金融中介范式已经到了改良的极限，金融演进很难不再是一个熵增的过程。"金融炼金术"已经制造了数

---

① 哈罗德·德姆塞茨2019年1月刚过世，成为诺贝尔经济学奖的最大遗珠。

不胜数的既得利益者、冗长的金融中介流程、大量以"寻租"为动机的创新、高昂的协调成本……现有体系改弦更张似乎已经不可能。我们更愿意寄希望于那些金融领域的闯入者们。不可避免地,闯入者会与现有的大机构形成激烈的竞争。未来金融监管理念的设计需要坚持两个原则:其一,营造一个公平、公正的竞争环境,在进入者和现有金融机构之间实施竞争中性原则,绝不厚此薄彼;其二,谨防新进入者变成现存者和市场竞争的阻止者。

结语:崭新的开始

一百年前,英国作家列顿·斯特拉其(Lytton Strachey)曾写过:"任何一段能够留下名字的历史,都是像诗一样的人物史;它的价值取决于这些个人的品性与他们所展现的力量。"

24年前,我最喜欢的美国现代民谣歌手特蕾西·查普曼(Tracy Chapman)在她最有名的专辑《崭新的开始》(*New Beginning*)中将节奏蓝调注入民谣,成功地表达了歌者对经济、社会和政治的多方思考以及触及灵魂的自省。在专辑主打歌曲《崭新的开始》中,她唱道:

> 让我们下定决心,
> 重新开始,
> 一个崭新的开始。
> 重新开始,我们要创造,
> 新的符号,新的标志,
> 发明新的语言,
> 重新描绘这个世界。

站在历史的重要节点,面对迎面而来的金融新时代,我们将以什么样的品性和力量去重新塑造金融的价值?未来的人们又将以什么样的方式称量我们主导的这段金融发展史的重量?一个人的行走决定一个人的存在,而一群人的行走或许决定一个时代的存在。建设我们热爱的金融,我们需要一个崭新的开始。

后记　桃花依旧笑春风①

> 为春天欢呼；为生命欢呼；为成长的灵魂欢呼。
>
> ——西尔维娅·普勒什（Sylvia Plath）

2019年8月31日，在经历了一个漫长的夏天之后，我终于完成了这本书的写作。中国金融是一个宏大的叙事。从1978年中国开启改革开放算起，短短的40余年，中国金融实现了华丽的崛起：40年间，金融行业GDP从区区不到100亿元猛增到2018年的6.9万亿元；现代意义上的股票市场从完全没有发展为全球按市值和上市公司数量排名第二的股票市场；2019年《银行家》杂志（The Banker）发布的按资本金统计的全球前1 000名银行排行榜中，中国工商银行、中国建设银行、中国银行和中国农业银行雄踞前四名……

即便是将叙述的时间维度浓缩到最近20年，把关注的侧重点从一系列令人目眩神迷的经济金融奇迹和揭示这些奇迹的宏、微观经济社会数字移开，那些隐身于时代巨变下无数个体命运的变迁、各种盘根错节的因果、被时间弯曲的故事和史诗般的传奇也在不断提醒——我们经历过的这个时代何其波澜壮阔！

然而，随着时间的推移，我们开始越来越多地观察到这个时代的另一面。经历了40年高速发展的中国经济，曾经的传统和荣光在"黑天鹅"和"灰犀牛"等阴影的映衬下开始出现黯淡的迹象；我们孜孜以求、赖以为荣的高速增长并没有带来更大的包容、分享和普惠，无法在平等和效率之间寻找到一个更加人性化的平衡；我们生存的这个世界在急剧分化，成功阶层（the privileged group）焦虑于无法在琳琅满目、形形色色的机会和

---

① 本节的主要内容改自我2019年正月初五在北大光华发表的同名致辞。

刚性的时间和精力约束之间找到平衡，而更为广大的一个群体却需要真正的机会，需要真正的改变，需要找到路径逃离禁锢之地，远离那种挫败感。

焦虑以及无限焦虑之后的**茫然**陡然成为我们这个时代的两个关键词。而焦虑和茫然背后是普遍的进退失据——人们或者从所谓的历史周期律里寻找各种能够慰藉自己的启示，期望未来几年峰回路转；或者固守在自己熟悉的逻辑体系里，对正在发生的变化惊慌失措，在前行过程中出现的挫折面前自艾自怜，甚至选择放弃；或者蜂拥涌向区块链、人工智能、大数据、5G、量子信息科学和消费升级等新鲜出炉的技术抑或概念，用"答案"倒推自己并不明了的问题。

我们更大的危机在于没有随经济的快速发展培养起我们最稀缺的科学实证精神。缺乏对事物本质和内在逻辑的深刻理解，我们拱手让出思想自由，主动或是被动放弃对影响人类社会进化的第一性问题的思考，为各种机会主义的思潮敞开大门，让一个又一个似是而非的思维泡沫引领自己，在纷繁复杂的各种"答案"面前彻底迷失了对问题本质的认知，进而陷入更深的茫然。

站在时间的十字路口，我们必须深刻理解，帮助构建我们刚刚经历过的这个伟大时代的那些成功因素正在式微，但是另一个全新的时代正迎面而来。我们当下急需回答的问题简单而且明确：**我们在科学理性层面和精神层面是否已经做好了迎接新时代的波澜壮阔的准备**？这里，科学理性的最大价值在于让我们认识到隐身在林林总总复杂性背后的秩序和简单，建立起对那些穿透时间、具有普适性的基本规律的认知，**让我们有能力去定义出那些亟待解决的第一性的重要问题**；而精神层面的重要性体现在让我们展现出行动的决心和勇气，使我们能够在时代变幻的波诡云谲中沉淀下来，深刻洞察那些巨大挑战背后的机遇，用近乎倔强的坚持直面问题并采取果断行动做出改变。

旧时风月虽然伤感，但是一个新时代的喷薄欲出不禁让人抱有期待。整理逝去的时代在思想上留下的印记，塑造新的增长逻辑和发展路径，进而构建一个新的时代，过程注定蜿蜒崎岖。然而，从无尽的困难和挑战中

后 记
桃花依旧笑春风

崛起,是一个文明走向伟大的必经之途。

未来16年,迈向现代化的中国经济社会面临众多亟待破题的重大挑战。[①]其一,全要素生产率(TFP)是构建新时代最重要的增长动能。中国现在的全要素生产率大约是美国的43%。如果2035年中国的全要素生产率要达到美国65%的水平,就需要我们全要素生产率每年的增速比美国高1.95个百分点,这意味着中国每年的全要素生产率的增速需要保持在至少2.5%~3%。这对于刚刚完成了工业化进程、全要素生产率增速已经开始下降的中国构成严峻挑战,未来中国怎样才能继续保持较高的全要素生产率增速?

其二,未来产业结构将发生巨大变化。中国2035年初步实现经济社会现代化时,人均GDP水平大约对应着发达国家21世纪初的水平。按照经济发展的一般规律,届时中国三大产业的GDP占比大概是3%的农业,32%的工业和65%的第三产业。如何从现在的产业结构过渡到十几年之后与高收入国家相似的产业结构?尤其是,在这一过程中,如何实现劳动力的重新配置,将现在占到整个就业人口27%的农业就业人口的绝大部分配置到制造业和服务业中去?

其三,到2035年,中国老年人口抚养比将会达到36.9%,65岁以上的人口占比将达到23.29%,大概是3.35亿人。我们将面临比日本更严峻的人口老龄化挑战——一方面是消费端的变化,对医疗养老、财富管理、社会保障体系等提出更多更高的要求;另一方面,人口老龄化意味着储蓄率的下降,这对我们未来保持高投资率构成巨大挑战。

其四,到2035年,保守预测我国的城镇化率将达到75%,从农村迁到城市的净人口数量将达到2.6亿人,这将对城市的空间布局、规划和城市公共服务体系建设意味着什么?近3.7亿人生活在农村,对应着大致3%的农业GDP,如何在让他们从财产性收益和产业资本投入中同样获取收益,解决可能扩大的城乡收入差距?

[①] 详见本书第九、十章。

其五，40年的高速发展并没有带来收入水平同等幅度的增长。中国目前的基尼系数是0.467，收入分配中居于后50%的人口收入只占总收入的15%，"前10%收入群体的人均实际收入"是后50%群体的14倍。这一比例在法国仅为7倍，在美国为18倍。①高质量发展要求中国在这两个维度上都需要实现较大改善，我们怎样才能显著改善收入严重不平等的状况？

其六，中国研发的GDP占比已超过2.19%，达到高收入国家平均水平，但我们规模巨大的研发大量投向研发的"发"，对基础研究的投入只占研发规模的5.5%——没有对基础科学和底层技术的大量、长期投入，我们如何摆脱在关键技术对其他国家的依赖，形成产业供应链上的相对闭环？

其七，中国的人均资本存量（含建筑）现阶段只是高收入国家的1/3~1/2，这意味着未来我们还有很大的投资空间，然而人口老龄化带来的储蓄率的下降会对我们未来保持高投资率带来挑战。如何提高投资资本收益率（ROIC），摆脱对以债务来驱动高投资率的增长模式的依赖将是我们不得不长期面对的一个挑战。

其八，中国过去40年经济高速发展受益于积极参加全球产业链的分工布局。中国目前外贸依存度已经达到很高的水平，服务贸易占比和高技术产品的出口也在不断上升，已经接近发达国家的水平。但是，中国目前在全球产业链分工布局的位置并不高。一国在价值链中的分工位置具有重要的经济意义，因为处于下游的生产环节（如组装）通常利润较低，更容易被替代。除去原油等基本原料生产部门之后，处于上游的生产环节（如电子元器件）往往有更高的技术含量，形成了稳定的比较优势。中国目前价值链上游程度（本国中间品出口占总出口的比重减去本国出口中包含的外国中间品比重）仅为0.01，低于40个开放经济体的平均水平0.04；更是远远低于美国价值链上游程度，0.29。表明中国在全球产业链中的位置并不理想，核心竞争力不强，关键技术和关键领域仍受制于其他国家。如何

---

① 参见本书第九章。

后 记
桃花依旧笑春风

进一步优化经济结构，完善产业链，增强在关键核心技术和核心领域的竞争力，提升中国在全球价值链中的位置？

不论直接还是迂回，直面这些挑战，拥抱它们背后潜藏的机会将是时代漫长变迁的起点。如果说中国伟大的改革开放及其带来的40年的高速发展能够给我们什么样的启示和信心，那就是中国的发展模式从来不是一个固定不变的概念或是思维框架，它是一个随时间的变化而不断变化的思想探索和实践探索的伟大集成。**中国发展道路的意义并不在于它提供所有问题的答案，而在于它以开放的精神、实事求是的态度，直面发展中的第一性问题，并不断寻求以现实可行的方法去破解这些问题。**

面对那些随时代变迁奔涌而至的巨大挑战，我们唯有通过更为彻底的改革和开放，直面我们发展中的第一性问题。这要求我们在未来以更彻底的体制机制改革和更有效率的研发投入，尤其是基础研究投入，实现较高的全要素生产率的增长；要求我们大力推进包括劳动力、资金、土地市场、技术要素等在内的要素市场改革，让市场在资源配置中起到决定性的作用；要求我们进一步解放思想，实现国家战略和自由市场更有效的结合；要求我们重新梳理我们的人口政策和城镇化战略，大力保护企业家精神，大幅降低企业税负。

未来会更好吗？笃信"做时间的朋友"的巴菲特曾经举过一个例子，阐释透过更长的时间维度捕捉历史趋势、判断事物价值的重要性：

> "整个20世纪，美国经历了两次世界大战的沉重创伤和无数次代价昂贵的军事冲突；经历了大萧条，十几次规模不一的经济危机或是金融危机，一次石油危机，还有一次席卷全国的大流感和严重动摇人们对民主制度信心的水门事件的冲击。然而，道琼斯指数还是从世纪初的66点上升到了世纪末的11 497点。"

透过更长的时间维度思考我们面临的机会和挑战，我们会发现眼前的苟且和满地鸡毛根本无法给奔涌而至的这个时代定性！我们选择张皇失措狼奔豕突，还是选择击节高歌策马扬鞭重新出发？关于未来的答案其实隐藏在现在。

桃花依旧笑春风。一个时代的逝去留下的并不仅仅是一曲悲歌。未来经年,以科学理性精神勇于面对发展中第一性的问题,以乐观和不放弃的精神捕捉那些"破裂世界里透过缝隙照进来的光"(改自莱昂纳德·科恩语),那么穿山越岭,我们或会迎接一个新的、更伟大的时代的到来!

刘俏

全书 2015 年 3 月—2019 年 8 月完成于北京、香港、深圳、广州、上海、杭州、长沙、成都、伦敦、纽约、费城、法兰克福、鹿特丹、新加坡、南昌

致　谢

作家 J. R. R. 托尔金曾经说,"是那些从未开始的工作才会花费最长的时间完成。"说实话,我觉得他讲得不对。我四年前就开始了这本书的写作,直到今天才完成。期间,我开了无数次头,最长的一次已经写了 8 万多字,但由于种种原因又推倒了重新开始。奔波于俗务只是一个方便的借口,主要原因是中国金融发展太快,快到我经常担心自己看不明白。在另一个金融体系里可能需要两三百年才会发生的事情,在中国短短 40 年就全都发生了。找到一个合适的理论分析框架(framework)梳理出中国金融演进的脉络,分析金融在中国经济社会生活中扮演的角色,展望中国金融未来的发展,其实并不容易。我对"金融趋同论"一直高度怀疑。世界上不存在"统一"的金融中介模式,中国独特的经济发展模式、制度环境、文化习俗、科学技术基础以及思维模式,决定了中国金融进化的轨迹注定不同。这本书虽是一家之言,但写作过程中我也尽量去反映研究者们对重要问题和实证证据已经形成的共识。

首先,我要感谢我的研究合作者们。你们的鼓励、支持、合作和偶尔不留情面的批评让我真正理解了科学研究的本质,激发了我作为一个研究者的学术潜能,帮助我形成相对完整且能够自洽的思维逻辑体系去理解中国金融中的"中国"和"金融"两个词。20 年漫长的学术生涯,你们对我的影响反映在我职业生涯几乎每一个阶段以及这本书的方方面面。我想借此机会感谢 Michael R. Darby、Lynne G. Zucker、Bradford Cornell、康强、蔡洪滨、白重恩、宋敏、张俊喜、邵启发、Douglas Arner、Paul Lejot、王杰邦、戚戎、朱元德、郑颖、余淼杰、颜色、罗炜、饶品贵、汪小圈、邓家品等。

特别感谢 Douglas Arner 和 Paul Lejot。十余年前我们合著 *Finance in Asia: Institutions, Regulation and Policy* 一书时,你们关于"金融体系内生

性"的观点深深影响了我。虽然当时我们有过很多争论,但在写作此书时,我还是很自然地选择了用进化的角度研究中国金融,并把分析侧重放在影响中国金融中介模式进化的政治、经济、社会和制度等因素上。记得我们在港大 K. K. Leung 十五层的 Senior Common Room 有过无数次头脑风暴和辩论。下午四五点钟的阳光透过高高厚厚的玻璃照在临窗的沙发上,我们眯着眼睛,略皱着眉头,就着一杯又一杯咖啡讨论着亚洲各国金融体系应该怎样发展这样的话题。多年以后,每当我看到书架上摆放的那本 600 多页厚的书时,想到的大多是这样的场景。

我也特别感谢众多学术同行对我研究的关注和鼓励。Frankin Allen 关于金融体系的比较研究启发我用制度变迁和经济变迁的角度去思考金融发展问题。Franklin Allen, Andrew Karolyi, Loren Brandt 和熊伟为我 2017 年出版的透过微观经济视角看中国经济的英文书:*Corporte China* 2.0:*The Great Shakeup* 写了热情的推荐语。该书从公司金融的角度研究中国经济增长问题,里面的分析为本书的一些观点提供了立论基础。

许多来自监管部门、金融机构、实体企业和国际组织的资深人士以不同的方式关注、支持我关于好金融和坏金融的研究,为避免挂一漏万,我不在这里一一列出。我在内心深处深深感激你们!

过去几年,我任职独立董事的两家金融机构——招商银行和中信建投——给我提供了大量的机会了解中国金融机构的运作;兼职中国证监会第十七届发审委委员的一年期间,我有机会从监管者、被监管者和市场等多个角度观察、思考中国资本市场,这段经历让我充分理解了资本市场各参与方的"苦衷",深刻体会到在中国现有的制度环境下建设一个"好的资本市场"的挑战是何其之大;过去一年,我有幸牵头承接了国家发改委"十四五"规划的前期研究课题《2035 年远景目标和 2050 年展望研究》,在这项以团队为基础的研究中,我深刻体会到通过更长的时间维度思考经济和金融问题的重要性。感谢这些机构给我提供的学习和思考机会。

2013—2014 年,我花了整整两年时间研究怎样给中国的地方政府做资产负债表和财政收入支出表。这期间的思考大多反映在本书的第七章。"中国地方政府金融"这个概念的提出得益于我和蔡洪滨、周黎安、陈玉宇、朱元德等的多次讨论。学术思想很难明确产权，我很确定这里面有许多思想的小火花属于你们。在得出分析地方政府投融资行为的框架之后，我和朱元德、汪小圈等课题组成员有幸在两年的时间里为来自四川、贵州、陕西和广东四个省 11 个城市编制了跨度十年的资产负债表和财政收入支出表。在此基础上，我们分析地方政府债务风险、评估地方经济金融运行的总体质量，给出了市场化的地方政府信用评级。基于这项研究我们提出了许多政策建议，有些被采纳，产生了不错的政策效果。知行合一，中国地方政府金融是我整个学术生涯中最感到自豪的研究之一。我想特别感谢这 11 个城市的书记、市长和相关部门的领导们，谢谢你们给了我们试点的机会，并全力配合我们的试点工作。我也想特别感谢冒大卫、姜万军、陈东、江林生、石林、李嘉等帮助联系试点城市。稍显遗憾的是，我们当时力推以地方政府信用评级为定价基础直接发行地方政府债（类似美国的 municipal bond（市政债）），由于极其偶然的原因在最后关头功亏一篑，错失一个创造历史的机会。

2017 年 6 月，在中联基金的支持下，我和张峥开始系统研究中国的不动产投资信托基金（REITs）。两年时间，北大光华 REITs 研究课题组发布了十篇研究报告，涉及的问题包括推出公募 REITs 的必要性、中国发展 REITs 的模式选择、公募 REITs 的监管架构、税收问题、中国 REITs 市场规模、治理结构、适宜的底层资产、中国类 REITs 的资本化率（cap rate）研究等。作为中国金融体系供给侧改革的重要抓手，中国公募 REITs 正式推出在即，很荣幸我们的研究对此做出了一些贡献。虽然我没有把跟 REITs 有关的研究成果纳入本书，但这两年对中国房地产和基础设施金融的研究极大地加深了我对中国金融发展底层逻辑和未来趋势的理解，直接助力了本书的写作。我想特别感谢张峥、蔡建春、闫云松、刘晓蕾、周芊、何亮宇、范熙武、李博、杨云红、徐爽、李文峥等——我大部分 REITs 知识来自你们。

最近一年，我开始学习用人工智能的方法研究经济和金融问题。虽然还没有太多具体成果，但是这个过程让我对科学技术带来的可能性和局限性有了更为深刻的认知。我和卢海、沈俏蔚正在合作一项关于中国中小微企业信用风险分析的研究课题，谢谢你们提醒我关注机器学习在经济和金融研究中的运用潜力。

我深深感谢过去十多年教书生涯中所结识的各个项目的同学们。我从2015年起和金李联合开设"中国金融热点问题"这门课，以专题的形式讨论本书的部分内容。2018年，这门课改版为"中国金融"，由我和贾春新联合打理，对北大的高年级本科生和研究生开放。教授这两门课的过程中，我常常感受到完成本书撰写的必要性和迫切性。

这本书的很多内容也出现在我为光华MBA和EMBA课程所准备的课件中。光华管理学院EMBA从68班到135班的3 000多名同学和MBA 2010~2016级的许多同学都听过我在课上不停地念叨好金融和坏金融。2019年8月31日，在光华2019级MBA"批判精神和商业伦理"课上，我用了书里大量的例子向400多名MBA新同学讲述如何透过现象看本质，以及那些看起来十分直观的结论是如何经不起科学分析的检验。北大光华高层管理教育中心的企业家学员们也听过我在课堂上讨论中国金融演进逻辑和未来发展趋势，并利用本书图2-2提供的金融中介基准模型分析中国金融体系的断裂点。北大光华-港大经管DBA一班和二班的"高级金融学"课采用了本书的部分章节作为背景阅读材料。我在课上多次提及"基准"理论的重要性，并尝试用图2-1和图2-2作为主体架构梳理中国金融的前世今生。DBA同学有丰富的实务经验，喜欢思考和提问，课上课下的交流给了我很多启发。

2015—2016年，我为包括光华-凯洛格EMBA学生在内的来自Kellogg Global Network六个商学院的各国EMBA学生开设了一门全球选修课，用英文讲授中国金融。事后证明这是一次非常具有挑战性的经历。同学们关于中国金融实践的许多问题经常让我怔住，尽力思考作答之余，我也偶尔感慨，**很多我们习以为常的做法其实根本经不起常识的推敲，而许多我们确信无疑的想法可能一开始就是错的**。有一个有趣的小插曲。我常用李白的"明月直入，无心可猜"来形容好金融。在某一堂课上，我尝试把它译成英文"Good finance should be as simple and pure as moonlight"，话音刚落，课堂的某个角落传来一句嘀咕，"Moonlight is very mysterious!"（月光是非常神秘的!)我当时想,你肯定不知道中国有一首著名的歌曲叫作《月亮代表我的心》!回想起这段经历,仍有些忍俊不禁,它留给我的启示是,讨论中国金融问题不能只看中国,只从中国的角度出发。**各个国家在金融演进过程中沉淀出的厚重规律有其普遍性,是我们理解、建设好金融的重要基石之一。**

2016 年 12 月,在时任院长 Yishay Yafeh 教授的邀请下,以色列希伯来大学商学院聘我为金融学访问教授(visiting professor),为学生讲授"中国金融"这门课。偶得闲暇,漫步在耶路撒冷街头,历史与现实的纠缠延绵不绝,让人常有时空切换的感觉。犹太人历来以善于经营金融著称,一个曾经丧失故土、流离失所的民族靠宗教信仰和众多仪式感很强的活动形成坚实的联结(bond),成功地降低了建立信任(trust)的成本。这经常触发我去思考,降低金融中介的成本,是科学技术还是因文化、信仰等自然形成的彼此信任更为重要?

通过检验和事实观察构建的知识体系往往是非自然、反直觉、后天习得的。以学术研究和大量的实证证据为基础的系统思考能提供更值得信赖的专业判断。过往岁月里,我尝试着用系统的理论架构把琐碎的知识"结构"起来,告诉大家"直觉"其实有多不靠谱。感谢北京大学光华管理学院的同学们,还有天南地北来自世界各地不同项目的学生们,给我机会让我在课堂上尝试讲述这本书中的核心内容,并提出许多建设性的意见。

我还要感谢我的学生和研究助理们。于嘉文承担了本书主要的数据收集工作并负责大部分图表的制作。我近年在光华指导的博士生汪小圈和邓家品毕业后陆续在国内一流学术机构担任教职,从事金融学的教学和研究工作。我在书中关于好金融、坏金融以及金融中介成本的很多讨论源自我与他们俩的合作研究。汪小圈通读了全稿,提醒我关注几篇重要的文献,并对我的一些数据分析提出了不同看法和修正建议。我的博士后王贵东帮助我整理了部分数据并准备了一部分前期文字资料。我的本科学生巴萃敏几年前曾把我上课的录音整理成文字,其中一部分出现在本书的第二章。萃敏现在正在 UPenn 攻读经济学博士学位,预祝你顺利毕业,找到理想的工作去从事你喜欢的经济学研究。

我还想利用这个机会感谢我在光华管理学院的同事张圣平、马力、赵龙凯、沈俏蔚、莫舒珺、王冬霞、柏甜雪、陈晚宜和张琳等。这本书的顺利出版得益于你们多年的支持。特别感谢晚宜，花了很多时间帮我校对文字，查遗补漏，协调与出版社的沟通；俏蔚阅读了部分文稿，为我指出了书中几处谬误。

感谢机械工业出版社的陈海娟副社长和本书的编辑赵屹先生——感谢这么多年来始终如一的支持和大量专业、中肯的建议，感谢本书的责任编辑朱鹤楼先生，帮助克服了许多意想不到的障碍，使得本书能够按期顺利出版。感谢国家自然科学基金杰出青年基金（项目编号75010005）和教育部长江学者奖励计划对我过去研究工作的大力支持——这些研究促成了本书很多想法的萌芽和成型。特别致谢"光华思想力"平台对我研究的支持。"光华思想力"倡导用国际通行的科学方法研究中国问题，讲述中国故事。我希望这本书的形成过程以及最后的呈现体现了这样一种学术精神。

这本书是献给你的！

参考文献

中文部分

[1] 高云龙,等. 中国民营经济发展报告 No.14（2016-2017）[M]. 北京：中华工商联合出版社,2018.

[2] 霍颖励. 金融市场开放和人民币国际化 [J]. 中国金融,2019（14）：22-25.

[3] 刘鹤. 两次全球大危机的比较研究 [G]. 北京：中国经济出版社,2013.

[4] 刘俏. 金融改革有利于提高投资效率 [N]. 人民日报,2015-04-23.

[5] 刘俏. 地方政府投融资行为的生态系统 [J]. 中国金融,2017（858）：15-18.

[6] 刘俏. 从大到伟大2.0：重塑中国高质量发展的微观基础 [M]. 北京：机械工业出版社,2018a.

[7] 刘俏. 激活高质量发展的"微观基础" [N]. 人民日报评论版,2018b-01-04.

[8] 刘俏. 中国金融学理论创新的新时代机遇 [N]. 人民日报学术版,2018c-01-08.

[9] 刘俏. 以深化改革化解民营企业融资难困局 [N]. 人民日报学术版,2018d-12-09.

[10] 刘俏,北京大学光华管理学院课题组 [R]. 2035远景目标和长期展望报告,2019.

[11] 彭博商业周刊中文版. 累计2万亿元,马云的放贷机器正在改变中国银行业 [EB/OL]. http://database.caixin.com/2019-07-29/101444915.html,2019.

[12] 威廉·戈兹曼. 千年金融史：金融如何塑造文明,从5000年前到21世纪 [M]. 北京：中信出版社,2017.

[13] 西南财经大学课题组. 中国小微企业发展报告 [R/OL]. http://www.gov.cn/xinwen/2014-03/31/content_2650031.htm,2014.

[14] 中国人民银行. 中国金融稳定报告 [R/OL]. http://www.gov.cn/gzdt/2013-06/07/content_2422098.htm,2013.

[15] 中国人民银行. 2017年第三季度中国货币政策执行报告 [R/OL] http://www.gov.cn/xinwen/2017-11/18/content_5240675.htm,2017.

[16] 张军. 土地与增长,理解过去40年中国经济发展的关键 [J] 复旦金融评论,2018（1）：33-41.

英文部分

[1] ACHARYA V V, QIAN J, et al. In the shadow of banks: wealth management products and issuing banks' risk in China [J]. working paper, 2017 – 08 – 09.

[2] ALESINA A, FERRARA E L. Who trusts others? [J]. Journal of Public Economics, 2002, 85(2): 207 – 234.

[3] ALLEN F, YAGO G. Financing the future: market-based innovations for growth [M]. Philadelphia Wharton School Publishing, 2010.

[4] ALLEN F, QIAN J, et al. Law, finance, and economic growth in China [J]. Journal of Financial Economics, 2005, 77(1): 57 – 116.

[5] ATKINSON A B, PIKETTY T, et al. Top incomes in the long run of history [J/OL]. NBER working paper 15408, http://www.nber.org/papers/w15408, 2009.

[6] AU C C, HENDERSON J V. Are Chinese cities too small? [J]. Review of Economic Studies, 2006, 73(3): 549 – 576.

[7] BAI C E, LIU Q, SONG F. The value of corporate control: evidence from China's distressed firms [J]. University of Hong Kong Working Paper, 2004.

[8] BAI C E, LIU Q, LU J, et al. Corporate governance and firm valuations in China [J]. Journal of Comparative Economics, Elsevier, vol. 32(4): 599 – 616, December, 2004.

[9] BAKER M, WURGLER J. Market timing and capital structure [J]. Journal of Finance, 2002, 57 (1): 1 – 32.

[10] The Banker. Top 1000 world banks 2019 [EB/OL]. https://www.thebanker.com/Top – 1000. 2019 – 03 – 31.

[11] BAZOT G. Financial consumption and the cost of finance: measuring financial efficiency in Europe (1950 – 2007) [R]. Working paper, 2017.

[12] BECK T, LEVINE R, et al. Finance and the sources of growth [J]. Journal of Financial Economics, 2000, 58 (1 – 2): 261 – 300.

[13] BECK T, DEMIRGÜÇKUNT A, LEVINE R. Finance: inequality and the poor [J]. Journal of Economic Growth, 2007, 12(1): 27 – 49.

[14] BENMELECH E, DLUGOSZ J. The alchemy of CDO credit ratings [J]. Journal of Monetary Economics, 2009(56): 617 – 634.

[15] BENMELECH E, MOSKOWITA T J. The political economy of financial regulation: evidence from U. S. state usury laws in the 19th century [J]. Journal of Finance,

2010, 65(3): 1029-1073.

[16] BERGER A, DEMSETZ R, STRAHAN P E. The consolidation of the financial services industry: causes, consequences, and implications for the future [J]. Journal of Banking and Finance, 1999(23): 135-194.

[17] BERGSTRESSER D, Chalmers J, Tufano P. Assessing the costs and benefits of brokers in the mutual fund industry [J]. The Review of Financial Studies, 2009, 22(10): 4129-4156.

[18] BERLE A A, MEANS G C. The modern corporation and private property [M]. New York: Macmillan, 1933.

[19] BLACK F, SCHOLES M. The pricing of options and corporate liabilities [J]. Journal of Political Economy, 1973(81): 637-654.

[20] BOLTON P. Debt and money: financial constraints and sovereign finance [J]. Journal of Finance, 2016, 71(4): 1483-1510.

[21] BOYREAU-DEBRAY G, WEI S J. Pitfalls of a state-dominated financial system: the case of China [M]. Social Science Electronic Publishing, 2004.

[22] BRANDT L, LI H. Bank discrimination in transition economies: ideology, information or incentives [J]. Journal of Comparative Economics, 2003, 31(3): 387-594.

[23] CAI H B, LIU Q. Competition and corporate tax avoidance: evidence from Chinese industrial firms [J]. The Economic Journal, 2009(119): 764-795.

[24] CHEN K, REN J, ZHA T. The nexus of monetary policy and shadow banking in China[J]. American Economic Review, 2018, 108(12): 3891-3936.

[25] CHEUNG S N. The economic system of China [M]. Arcadia Press, 2008.

[26] COGMAN D, WANG E. Can Chinese companies live up to investor expectations? [J]. McKinsey on Finance, 2011(39): 8-13.

[27] CORNELL B, LIU Q. The parent company puzzle: when is the whole worth less than one of the parts[J]. Journal of Corporate Finance, 2011 (7): 341-366.

[28] CULL R, XU L C. Why get credit? The behavior of bureaucrats and state banks in allocating credit to Chinese state-owned enterprises [J]. Journal of Development Economics, 2003, 71(2): 533-559.

[29] DE SOTO H. The mystery of capital: why capitalism triumphs in the west and fails everywhere else [M]. New York: Basic Books, 2000.

[30] DEANGELO H, ROLL R. How stable are corporate capital structures [J]. Journal of Finance, 2015, 70(1): 373-418.

[31] DE LONG J B, SHLEIFER A, et al. Noise trader risk in financial markets [J]. Journal of Political Economy, 1990(98): 703-738.

[32] DENG J P, LIU Q. Good finance and bad finance: the effects of financial development on city-level misallocation during China's reform era [R]. PKU Guanghua working paper, 2019.

[33] DENG J P, LIU Q, WANG X Q. Trust and finance: the impact of cultural fractionalization on financial intermediation [R]. PKU Guanghua working paper, 2019.

[34] DEMSETZ H. Why regulate utilities? [J]. Journal of Law and Economics, 1968, 11(1): 55-65.

[35] DEMSETZ H. Industry structure, market rivalry and public policy [J]. Journal of Law and Economics, 1973, 16(1): 1-9.

[36] DESAI M A. The wisdom of finance: discovering humanity in the world of risk and return [M]. Boston and New York: Houghton Mifflin Harcourt, 2017.

[37] DEYOUNG R, EVANOFF D, MOLYNEUX P. Mergers and acquisitions of financial institutions: A review of the post-2000 literature [J]. Journal of Financial Services Research 2009(36): 87-110.

[38] DIAMOND D W, DYBVIG P H. Bank runs, deposit insurance, and liquidity [J]. Journal of Political Economy, 1983(91): 401-419.

[39] DIAMOND D W, RAJAN R G. Liquidity risk, liquidity creation and financial fragility: A theory of banking [J]. Journal of Political Economy, 2001, (109): 287-327.

[40] EL-ERIAN M A. The only game in town [M]. New York: Random House, 2016.

[41] FAMA E, FRENCH K. Luck versus skill in the cross section of mutual fund estimates [J]. Journal of Finance, 2010, 65(5): 1915-1947.

[42] Finanical Times. We are trapped in a cycle of credit booms [N]. October 8, 2014.

[43] FLUG K, SPILIMBERGO A, WACHTENHEIM E. Investment in education: do economic volatility and credit constraints matter [J]. Journal of Development Economics, 2008, 55(2): 465-481.

[44] FROOT K A, SCHARFSTEIN D S, STEIN J C. Risk management: coordinating corporate investment and financing policies [J]. Journal of Finance, 1993, 8(5): 1629-1658.

[45] GAO H Y, RU H, TOWNSEND R M, et al. Rise of bank competition: evidence

from banking deregulation in China. [EB/OL] https://ssrn.com/abstract = 3087081, 2019.

[46] GARMAISE M, MOSKOWITZ T. Bank mergers and crime: the real and social effects of credit market competition [J]. The Journal of Finance, 2006, 61(2): 495 – 538.

[47] GLAESER E L, LAIBSON D I, SCHEINKMAN J A, et al. Measuring trust [J]. The Quarterly Journal of Economics, 2000, 115(3): 811 – 846.

[48] GLAESER E, HUANG W, MA Y, et al. A real estate boom with Chinese characteristics [J]. Journal of Economic Perspectives, 2017, 31(1): 93 – 116.

[49] GOLDSMITH R W. Financial structure and development [M]. New Haven: Yale University Press, 1969.

[50] GREENWOOD R, SCHARFSTEIN D. The growth of modern finance [J]. Journal of Economic Perspectives, 2013, 27(2): 3 – 28.

[51] GUISO L, SAPIENZA P, et al. Does local financial development matter [J]. The Quarterly Journal of Economics, 2004, 119(3): 929 – 969.

[52] HAYEK F A. The use of knowledge in society [J]. American Economic Review, 1945(35): 519 – 530.

[53] HAYEK F A. Notes on the evolution of systems of rules of conduct (The Interplay between rules of individual conduct and the social order of actions). Studies in philosophy, politics and economics [M]. Chicago: University of Chicago Press, 1967.

[54] HIRSHLEIFER J. The private and social value of information and the reward to inventive activity [J]. American Economic Review, 1971, 61(4): 561 – 574.

[55] HOLMSTROM B, TIROLE J. Market liquidity and performance monitoring [J]. Journal of Political Economy, 1993, 101(4): 678 – 709.

[56] HSIEH C-T, KLENOW P. Misallocation and manufacturing TFP in China and India [J]. Quaterly Journal of Economics, 2009(124): 1403 – 1448.

[57] HUANG Y. Inflation and investment controls in China: the political economy of central-local relations during the reform era [M]. New York and Melbourne: Cambridge University Press, 1996.

[58] JENSEN M C, MECKLING W H. Theory of the firm: managerial behavior, agency costs and ownership structure [J]. Journal of Financial Economics, 1976(3): 305 – 360.

[59] KANE E J. Interaction of financial and regulatory innovation [J]. American Economic Review, 1988, 78(2): 328 – 334.

[60] KANG Q, LIU Q. Information-based stock trading, executive Incentives, and the principal-agent problem [J]. Management Science, 2010, 56(4): 682-698.

[61] KASHYAP A, RAJAN R, STEIN J C. Banks as liquidity providers: an explanation for the coexistence of lending and deposit-taking [J]. Journal of Finance, 2002(57): 33-73.

[62] KEYNES J M. The general theory of employment, interest, and money [M]. Londen: Harcourt Brace & Co, 1935.

[63] KHANNA T, PALEPU K. Is group affiliation profitable in emerging markets? An analysis of diversified Indian business groups [J]. Journal of Finance, 2000, 55(2): 867-891.

[64] KING M A. The end of alchemy: Money, banking and the future of the global economy [M]. New york: W. W. Norton & Company, 2016.

[65] KING R G, LEVINE R. Finance and growth: schumpeter might be right [J]. Quartrly Journal of Economics, 1993, 108(3): 717-737.

[66] KIYOTAKI N, MOORE J. Credit cycles. [J]. Journal of Political Economy, 1997, 105(2): 211-248.

[67] KRUGMAN P. The myth of Asia's miracle [J]. Foreign Affairs, 1994, 73(6): 62-78.

[68] LAEVEN L, LEVINE R. Is there a diversification discount in financial conglomerates? [J]. Journal of Financial Economics, 2007, 85(2): 331-367.

[69] LEMMON M, ROBERTS M, ZENDER J. Back to the beginning: persistence and the cross-section of corporate capital structure[J]. Journal of Finance, 2007(63): 1575-1608.

[70] LEVINE R. Financial development and economic growth: views and agenda [J]. Journal of Economic Literature, 1997, 35(2): 688-726.

[71] LEVINE R. The legal environment, banks, and long-run economic growth [J]. Journal of Money, Credit and Banking, 1998: 596-613.

[72] LEVINE R, ZERVOS S. Stock markets, banks and economic growth [J]. American Economic Review, 1998, 88(3): 537-558.

[73] LEVINE R. In defense of Wall Street: the social productivity of the financial system. The role of central banks in financial stability: how has it changed [M]. Singapore: World Scientific Press, 2015.

[74] LEVINE R, RUBINSTEIN Y. Liberty for more: finance and educational opportunities [J]. Cato Papers on Public Policy, 2014(3): 55-106.

[75] LI H B, ZHOU L A. Political turnover and economic performance: the incentive role of personnel control in China [J]. Journal of Public Economics 2005, 89(9 – 10): 1743 – 1762.

[76] LIU Q, RONG Q. Stock trading and diversification discount [J]. Economics Letters, 2008, 98(1): 35 – 40.

[77] LIU Q, SIU A. Institutions and corporate investment: evidence from investment-implied return on capital in China [J]. Journal of Financial and Quantitative Analysis 2011, 46 (6): 1831 – 1863.

[78] LIU Q. Corporate China 2.0: the great shakeup [M]. New York: Palgrave Macmillan, 2016.

[79] LIU Q, LEJOT P, ARNER D. Finance in Asia: institutions, regulation and policy [M]. London and New York: Routledge, 2013.

[80] LIU Q, LUO W, RAO P. The political economy of corporate tax avoidance [R]. Working paper, 2016.

[81] LUCAS R E J. Inflation and welfare [J]. Econometrica, 2000, 68(2): 247 – 274.

[82] LUCAS R. Why doesn't capital flow from rich to poor countries [J]. American Economic Review, 1990, 80(2): 92 – 96.

[83] MARAIS E N. The soul of the white ant [M]. New York: New York University Press, 2009.

[84] MARKOWITZ H. Portfolio selection [J]. The Journal of Finance, 1952, 7(1): 77 – 91.

[85] MARX K. The eighteenth Brumaire of Louis Bonaparte [M]. London: George Allen & Unwin, 1923.

[86] MCKINNON R I. Money and capital in economic development [M]. Washington DC: Brookings Institution, 1973.

[87] MEHRA R, PRESCOTT E. The equity premium: a puzzle [J]. Journal of Monetary Economics, 1985, 15(2): 145 – 161.

[88] MIAN A, SUFI A. House of debt: how they (and you) caused the Great Recession, and how we can prevent it from happening again [M]. Chicago: University of Chicago Press, 2014.

[89] MODIGLIANI F, MILLER M H. The cost of capital, corporation finance and the theory of investment [J]. American Economic Review, 1958(48): 261 – 297.

[90] MORCK R, YEUNG B, et al. The information content of stock markets: why do emerging markets have synchronous stock price movements [J]. Journal of Financial

Economics, 2000, 58(1): 215-260.

[91] MYERS S C. The capital structure puzzle [J]. Journal of Finance, 1984(39): 575-592.

[92] MYERS S C, MAJLUF N S. Corporate financing and investment decision when firms have information that investors do not have [J]. Journal of Financial Economics, 1984, 13(2): 187-221.

[93] NORDHAUS W. The political business cycles [J]. Review of Economic Studies, 1975, 42(2): 169-190.

[94] OYER P. The making of an investment banker: stock market shocks, career choice, and lifetime income [J]. Journal of Finance, 2008, 63(6): 2601-2628.

[95] PENSO DE LA VEGA J. Confusion de Confusiones [M]. English translation includes a relevant selection of 40 pages, out of a total of 391, and has been recently edited and reprinted by M. S. Friedson. New York, 1996.

[96] PHILIPPON T. Has the US finance industry become less efficient? On the theory and measurement of financial intermediation. [J]. American Economic Review, 2015, 105 (4): 1408-1438.

[97] PHILIPPON T, RESHEF A. An international look at the growth of modern finance [J]. Journal of Economic Perspectives, 2013, 27 (2): 73-96.

[98] PIKETTY T, LI Y, et al. Capital accumulation, private property and rising inequality in China, 1978-2015 [R/OL]. NBER Working Paper (No. w23368). https://www.nber.org/papers/w23368. 2017.

[99] PISTOR K, XU C G. Governing stock market in transition economies: lessons from China [J]. American Law and Economic Review, 2005, 7(1): 184-210.

[100] QIAN Y Y, ROLAND G. Federalism and the soft budget constraint [J]. American Economic Review, 1998(88): 1143-1162.

[101] QIAN Y Y. How reform worked in China [M]. Cambridge: MIT Press, 2017.

[102] RAJAN R. Fault lines: how hidden fractures still threaten the world economy [M]. New Jersey: Princeton University Press, 2010.

[103] RAJAN R. The third pillar: how markets and state leave the community behind [M]. London: Penguin, 2019.

[104] RAJAN R, ZINGALES L. Financial dependence and growth [J]. American Economic Review, 1998, 88 (3): 559-86.

[105] RAJAN R G, ZINGALES L. Saving capitalism from the capitalists [M]. New York: Crown Business, 2003.

[106] RESTUCCIA D, ROGERSON R. The causes and costs of misallocation [J]. Journal of Economic Perspectives, 2017, 31(3): 151-174.

[107] ROBINSON J. An introduction to modern economics [M]. London: McGraw-Hill, 1973.

[108] ROLL R. R-squared [J]. Journal of Finance, 1988(43): 541-566.

[109] ROLL R. What every CFO should know about scientific progress in financial economics: what is known and what remains to be resolved [J]. Finanical Management, 2012(23): 69-75.

[110] ROMER P M. Increasing returns and long-run growth [J]. Journal of Political Economy, 1986, 94(5): 1002-1037.

[111] SCHARFSTEIN. D. The disciplinary role of takeovers [J]. Review of Economic Studies, 1988(55): 185-200.

[112] SCHULARICK M, TAYLOR A M. Credit booms gone bust: monetary policy, leverage cycles and financial crises, 1870-2008 [J]. American Economic Review, 2012: 1029-61.

[113] SEXTON A. The awful rowing toward god [M]. Boston: Houghton Mifflin, 1975.

[114] SHARPE W. Capital asset prices: a theory of market equilibrium under conditions of risk [J]. Journal of Finance, 1964(19): 425-442.

[115] SHILLER R J. Finance and the good society [M]. New Jersey: Princeton University Press, 1998.

[116] SHLEIFER A, VISHNY R. The grabbing hand: government pathologies and their cures [M]. Cambridge: Harvard University Press, 2012.

[117] SILBER W L. The process of financial innovation [J]. American Economic Review, 1983, 73(2): 89-95.

[118] SMITH A. The theory of moral sentiments [M]. Oxfordshire: Clarendon Press, 1976.

[119] SOLOW R. A contribution to the theory of economic growth [J]. The Quarterly Journal of Economics, 1956, 70(1): 65-94,.

[120] SONG Z, STORESLETTEN K, ZILIBOTTI F. Growing like China [J]. American Economic Review, 2011, 101(1): 196-233.

[121] SOROS G. The alchemy of finance: reading the mind of the market [M]. New Jersey: John Wiley & Sons, 1994.

[122] VOLCKER P. Think more boldly [N]. The Wall Street Journal, 2009-12-14.

[123] WEI S J, ZHANG X. The competitive saving motive: evidence from rising sex ratios

and savings rates in China [J]. Journal of Political Economy, 2011, 119(3): 511 – 564.

[124] WOLF M. We are trapped in a cycle of credit booms [N]. Finanical Times, 2014 – 10 – 08.

[125] WURGLER J. Financial markets and the allocation of capita [J]. Journal of Financial Economics, 2000, 58 (1 – 2): 187 – 214.

[126] XIE Y, ZHOU X. Income inequality in today's China [J]. Proceedings of the National Academy of Sciences of the United States of America, 2014, 111(19): 6928.

[127] XIONG W, YU J L. The Chinese warrants bubble [J]. American Economic Review, 2011(101): 2723 – 2753.

[128] XU C G. The fundamental institutions of Chinas reforms and development [J]. Journal of Economic Literature, 2011, 49(4): 1076 – 1151.

[129] ZINGALES L. Does finance benefit society? [J]. Journal of Finance, 2015, 70 (4): 1327 – 1363.

[130] ZHU X D. The varying shadow of China's banking system [J]. University of Toronto working paper, 2018.